中国式商道

老子商学院+孙子商学院大全集

何菲鹏 编著

升级版

中国华侨出版社

图书在版编目(CIP)数据

老子商学院+孙子商学院大全集/ 何菲鹏编著.—北京:
中国华侨出版社,2010.12(2015.3 重印)
ISBN 978-7-5113-1113-9-01

Ⅰ.①老… Ⅱ.①何… Ⅲ.①老子-研究②孙子兵法
-研究 Ⅳ.①B223.15②E892.25

中国版本图书馆 CIP 数据核字(2010)第 257615 号

老子商学院+孙子商学院大全集

编　　著 / 何菲鹏
责任编辑 / 文　心
责任校对 / 吕栋梁
经　　销 / 新华书店
开　　本 / 787×1092 毫米　1/16 开　印张/20　字数/300 千字
印　　刷 / 北京建泰印刷有限公司
版　　次 / 2011 年 3 月第 1 版　2015 年 3 月第 2 次印刷
书　　号 / ISBN 978-7-5113-1113-9-01
定　　价 / 36.00 元

中国华侨出版社　北京市朝阳区静安里 26 号通成达大厦 3 层　邮编:100028
法律顾问:陈鹰律师事务所
编辑部:(010)64443056　　64443979
发行部:(010)64443051　　传真:(010)64439708
网址:www.oveaschin.com
E-mail:oveaschin@sina.com

前　言

当翻开《老子》，我们就会发现这本书被称作《道德经》不是没有原因的——在这本书里通篇说的都是天道和人德。天道是哲学观点，人德则是方法论。

而对于有志于在商场上做出一番事业的我们来说，《老子》绝不仅仅是一部上古的哲学著作那么简单。哲学是涵盖一切的学问，商道自然也不例外。

老子说："常善救人，故无弃人；常善救物，故无弃物。"我们可以从中悟出管理者看人要既看长处又看短处，扬长避短，发挥优势，以至人尽其才的道理。

老子说："福兮，祸之所伏，祸兮，福之所伏。"我们可以从中悟出管理者只要能做到随机应变，就可以把企业的危机转化为发展契机的道理。

诚然，《老子》全篇都是涵盖一切的大道理，无一字谈商业，但也正因为如此，我们才有了更广阔的思考空间，才能在老子广袤无垠的思想之海里任意驰骋，挖掘出那些对于商战和企业管理具有极强指导意义的点，给那些有志于在商业领域有所作为的人以启示，以指导。

俗话说"商场如战场"，"兵书"不可少。一本《老子》在手，恐还有如鸟之一翼。对此，我们不禁想到了北大教授李零曾说过这样一段话："《孙子》是一部兵书，但不是一般的兵书，而是具有战略高度，带有哲学色彩，侧重于运用之妙的兵书。在兵书中的地位最高，是经典中的经典。"

据说，在第二次世界大战之后，日本商界几乎人手一册《孙子兵法》。被称作"经营之神"的松下幸之助甚至直接把日文版的《孙子兵法》当作了松下公司的员工培训教材。可以说，日本经济在二战之后的腾飞与《孙子兵法》

给日本商界带来的影响是分不开的。

正如李零所说，《孙子兵法》绝不仅仅是一本兵法而已，早在两千多年前，孙子就已经把他的用兵之道上升到了哲学的高度。哲学本身就可以对世间之事起到指导作用，《孙子兵法》中所阐述的上兵伐谋、知己知彼、兵贵神速、出奇制胜、避实就虚等兵战之策同样可以对我们的企业管理和经营之道带来无尽的启示。

本书分为两个部分：

第一部分是"老子商学院"。这里，我们通过对老子道家思想的深度解析，挖掘出其中的商学内涵。从企业治理、精细管理、人力调配、商战谋略、领导修为五大部分分别进行具体论述，以《老子》为师，学习老子的智慧，深化我们对商业本质的认识。

第二部分是"孙子商学院"。在此，我们通过对孙子的战争理念进行细致研究，精心提炼其中对企业经营管理最有价值的思想内涵。并以《孙子兵法》的十三个篇章为线索，深入探讨孙子博大精深的战争谋略到底在商道上给我们带来了哪些有益的启示。

本书将研究天道人德的《老子》和研究战争谋略的《孙子兵法》进行集中讨论，就是为了让这两大已经上升到哲学高度的思想流派进行比较和碰撞，擦出智慧的火花，以便让读者在深入了解这两大思想流派的同时加深对经商理念的理解，最终达到在商战当中战无不胜，攻无不克的境界。

目　录

❖ 上部　老子商学院 ❖

《老子》是一本哲学著作。当我们翻开《老子》，我们就会发现这本书里通篇说的都是天道和人德。同时，《老子》也绝不仅仅是一部上古的哲学著作那么简单。哲学是涵盖一切的学问，商道自然也在其中。诚然，《老子》无一字谈商业，但也正因为如此，我们才有了更广阔的思考空间，才能在老子广袤无垠的思想之海里任意所至，挖掘出那些对于商战和企业管理具有极强指导意义的点，给那些有志于在商业领域有所作为的人以启示，以指导。

第一章

企业治理："治大国若烹小鲜"

从表面上来看，老子是一个隐士。但从本质上来说，隐而不出的老子跟四处宣传自己的政治理念的孟子没有什么不同——他们都是心里怀揣着崇高政治理想的人。这就是《老子》一书中蕴含着如此之多的治国之道的原因。"治大国若烹小鲜"，政治家管理国家与我们进行企业管理没有本质上的不同，老子的治国理念中的某些思想，同样可以很好地应用在企业管理当中。

第二章

精细管理："图难于其，为大于其细"

无为而治是老子最基本的治国理念。但所谓"无为"，实际上只是一种表象，其本质是外松而内紧，表面上什么都不做，却在暗中励精图治，对国家进行更加精细的管理。那么，我们在进行企业内部管理的时候，是不是也可以从老子的"无为"理念当中得到某些启示呢？没错，那种外松内紧的精细化管理既不会给员工们带来太大的压力，同时也能让公司的管理水平提高到一个新的层次，绝对是一种既实用又新潮的管理模式。

第三章

人力调配："天法道，道法自然"

治国讲究权力制衡，恩威并施，治理企业则讲究完善制度，提高效率。无论是国家还是企业，都是由一个个独立的人组成的，而这个世界上最难管的，也恰恰就是人。在这个方面我们不妨借鉴一下老子的思想，看看主张"天法道，道法自然"的老子是如何由天道而入人道的。

第四章

商战谋略："福兮祸所伏，祸兮福所倚"

曾有人这样评价《老子》：表面看来《老子》是本哲学著作，但实际上里面满纸都是关于权谋的内容。商业竞争虽不如权力斗争那样你死我活，但商海沉浮，没点谋略怎么行？对于想要在波诡云谲的商场上混出个名堂来的你来说，老子这个有史以来城府最深的谋略家绝对是个好老师。

第五章

领导修为："上善若水，能为百谷王"

《老子》虽短，但却是一部及其复杂的大书，这本书的内容由天道而入人道，绝对称得上是包罗万有。但无论如何，《老子》仍旧是道家学派最经典的著作，而道家学派最讲究的，则是修身养性。对于一家企业来讲，企业领导的个人修为同样是非常重要的，这不仅关系到企业经营战略决策方面的问题，更关系到企业的凝聚力——一个缺乏人格魅力的领导，是不可能真正赢得下属的尊敬和忠诚的。事实上，拜老子这个修炼人品质的老祖宗为师，"太上老君"的修身养性之法绝不会让你失望，要知道，《道德经》这个名字，那可不是白叫的。

❖ 下部　孙子商学院 ❖

《孙子兵法》同样是一部哲学著作，一部把军事上升到哲学高度的著作。哲学本身就可以对世间之事起到指导作用，而且商场于战场也有诸多相似之处。因此，如果从哲学的高度来看待《孙子兵法》的话，那么其中所阐述的上兵伐谋、知己知彼、兵贵神速、出奇制胜、避实就虚等军事思想不仅仅可以教会人们如何在战场上战胜敌人，同样也可以教会人们如何才能在商场上无往而不利。

第一章

始计篇：运筹帷幄，在战略层面上压

《始计篇》虽然是整部《孙子兵法》的第一篇，但作用和内容却类似于整部书的"前言"，讲的是应该如何从战略的高度来看待战争，对整部《孙子兵法》有提纲挈领的作用。国家战略和企业战略并无本质上的差别，要知道，"国之大事，唯祀与戎"，战争是国家的大事，商战也不是说打就打的。要想赢得商战的胜利，利用商战让企业为企业赢得发展的空间，那么你必须学会如何从战略的高度来规划企业的发展方向。

第二章

作战篇：市场竞争，打的就是资源牌

打仗就是打钱，这是古今中外所有亲身体会过战争的人所达成的共识。打仗需要物资，士兵吃的粮食，用的兵器，这都是钱。而商战需要资金，无论是打价格战还是收购战，没有大量的资金作为支持，都是没有胜算的。所以说，市场竞争，打的就是资源牌，想要赢得商战，先得要有取胜的资本才行。

第三章

谋攻篇：上兵伐谋，在策略上压制对手

俗话说，杀敌一千，自损八百。在战场上，只会兵对兵将对将地跟对方决战的将领不能称其为名将。孙子所主张的上兵伐谋，用智慧和策略来战胜对手，用尽可能小的代价来取得尽可能多的战果的理念是绝对正确且不容置疑的。在商战当中，跟对手进行旷日持久的价格战显然不是一个明智的办法。通过谋攻轻易获胜，这才是那些成功企业家所推崇的商战策略。

第四章

军形篇：要想打赢商战就得认清形势和实力

《军形篇》全篇，说的虽然都是攻守之势和战争胜负的关系，但实际上，背后的潜台词则是要求为将者必须时刻认清战争的形势，只有认清了敌我双方的实力对比，然后才能据此来制订攻守的对策。我们所在的商业领域与瞬息万变的战场是极其相似的。所以《军形篇》中的战争理论也同样可以应用在我们的经营策略当中，并在我们需要选择攻守之势的时候给我们一些有价值的启示。

第五章

兵势篇：竭尽所能，创造于我有利的态势

本篇名为《兵势篇》，其精髓就在一个"势"字上。军队取胜靠"势"，现代企业在经营管理中也要谋"势"、造"势"。有了"势"，企业的成功就变得顺理成章，而失了"势"，企业则会举步维艰。商道博大精深，变化无穷，但只要企业能够营造好对自己有利的势头，那么做大做强就并非什么难事。

第六章

虚实篇：避实就虚，赢得商战需要有高明的手段

战场上战胜敌人的方法，从来都不是一成不变的。在孙子看来，兵法讲究虚虚实实，变化之妙，存乎一心。《孙子兵法》虽然是这个星球上最伟大的军事著作之一，但其所论述的，也并非是如何克敌制胜的办法，而是一整套关于战争的理念，避实就虚就是这套理念中一个极其重要的关键点。同样，要想在商场上战胜对手，也没有固定的套路可供你选择，只有根据具体情况来制订相应的对策。事实上，无论商场形势如何千变万化，我们只需要坚持自己的取胜理念就可以了，这一理念总结起来就只有两句话，那就是"致人而不致于人"和"避实而击虚"。

第七章

军争篇：争夺利润，保持机动是关键

　　"军争为利，军争为危"，孙子认为对于战场主动权的争夺，是一件既存在风险，又可以获取极大利益的事情。据此，孙子指出了优秀军队应当具备的基本素质是"其疾如风，其徐如林，侵掠如火，不动如山，难知如明，动如雷震"，因为只有这样的军队才能在获取"军争"之利的时候规避"军争"之害。在商业领域，每一家企业都相当于是战场上的一支军队。因此，企业要想在"军争"当中趋利避害，同样需要像孙子所说的那样，时刻保持机动性，能攻能守，能进能退。进而争夺利润，退而保全自身，这才是真正精明的企业家所应采取的"军争"之道。

第八章

九变篇：灵活、多变，要做到适时而动

"将通于九变之利者，知用兵矣"。为将者要懂得根据战场上的现实情况来因地制宜地制订应敌之策，企业的管理者同样应该根据企业自身各个方面的情况来制定企业下一步的经营战略。要想让企业决策做到因地制宜，那么企业管理者就一定要有一个灵活多变，敢于创新，善于接受新生事物的大脑。只有企业领导的思想活络了，认识上去了，企业本身才能变得更加灵活，更加充满朝气，才能做到因地制宜，适时而动。

第九章

行军篇：在发展中谋求更好的自我管理

孙子在本篇中所论述的如何行军、如何打仗的理论虽然很难实际应用在商业领域，但是孙子关于治军方式的论述却是对我们极有启发性的。毕竟，无论是治军还是管理企业，做到令行禁止都是极其重要的，这就是我们今天常说的"执行力"问题。因此，我们也不妨以孙子"令之以文，齐之以武，是谓必取"的治军理论为参考，多花些心思，多用些手段，在发展中谋求更好的自我管理，把自己手下的团队打造成一支战无不胜、攻无不克，拥有无比强大执行力的铁军。

第十章

地形篇：知己知彼，方能战无不胜

"夫地形者，兵之助也。料敌制胜，计险厄远近，上将之道也。"孙子对于地形与战争的关系做出了极其精辟的论断。但对于企业经营者来说，仅仅做到对周遭的形势了如指掌也还是远远不够的。现代社会已步入信息化时代，谁能做到知己知彼，谁最先掌握市场信息，谁就能在现代商战中处于优势地位。而这，正是《孙子兵法·地形篇》所带给我们的商学启示。

第十一章

九地篇：根据敌我形势，制订应对策略

孙子在《九地篇》中强调，将领应当根据部队所处的九种不同的情况分别作出判断，进而得出在某一种情况下具体应该采取何种策略的结论。而对于企业来讲，作为领导者你同样应该根据企业所处的具体情况作出相应的判断，或"衢地则合交"，或"践墨随敌，以决战事"等等。只有做到了这一点的企业领导者，才能算是一个合格的企业家。否则，你治理企业就像是盲人骑瞎马，掉进沟里是迟早的事。

第十二章

火攻篇：谨慎、周密，要有计划性和目的性

"主不可以怒而兴师，将不可以愠而致战"，这是孙子在《火攻篇》中所阐释的核心观点。发动商战是企业的大事，同时也是迫不得已的选择。如果你仅仅只是为了商战而商战的话，那么你的企业就很可能会陷入商战的泥潭不可自拔，甚至会使企业遭受灭顶之灾。相反，只有那种时刻做到谨慎、周密，并且一举一动都有超强的计划性和目的性的企业才能获得在相对稳定的市场环境中快速发展的机会，才称得上是有"名企相"的企业。

第十三章

用间篇：情报、信息是商战决胜的关键

一个间谍决定一场战争的胜负，这样的事例在战争史上屡见不鲜，这充分说明了信息对于战争的重要意义。而对于企业来讲，在商业竞争中，除了要全力争取获得别人的情报，同时也要隐机藏略，不过早暴露自己的新工艺新技术、产品经销和发展的计划，并需要采取必要的措施，防止渗透、杜绝泄密，以此来保护企业的安全和利益。

上 部

【老子商学院】

《老子》是一本哲学著作。当我们翻开《老子》，我们就会发现这本书里通篇说的都是天道和人德。同时，《老子》也绝不仅仅是一部上古的哲学著作那么简单。哲学是涵盖一切的学问，商道自然也在其中。诚然，《老子》无一字谈商业，但也正因为如此，我们才有了更广阔的思考空间，才能在老子广袤无垠的思想之海里任意所至，挖掘出那些对于商战和企业管理具有极强指导意义的点，给那些有志于在商业领域有所作为的人以启示，以指导。

第一章
企业治理："治大国若烹小鲜"

从表面上来看，老子是一个隐士。但从本质上来说，隐而不出的老子跟四处宣传自己的政治理念的孟子没有什么不同——他们都是心里怀揣着崇高政治理想的人。这就是《老子》一书中蕴含着如此之多的治国之道的原因。"治大国若烹小鲜"，政治家管理国家与我们进行企业管理没有本质上的不同，老子的治国理念中的某些思想，同样可以很好地应用在企业管理当中。

其出弥远，其知弥少
——创新是长久发展的唯一出路

【回眸经典】

不出户，知天下；不窥牖，见天道。其出弥远，其知弥少。是以圣人不行而知，不见而名，不为而成。

——四十七章

【经典阐释】

有道之士不出门，就能知道天下事。不看窗外，就能了解天时。在求知的道路上走得越远，越发现自己懂得太少。所以圣人不用亲自走出去，就能知天下事；不用亲自观察事物，就能了解事物；不用亲自去做，就能成功。

【老子商道】

有这样一个故事，向人们形象地阐述了"其出弥远，其知弥少"的道理。

一个学生问苏格拉底："老师，你掌握的知识比我多许多倍，可是为什么你对自己的解答总是有点怀疑呢？"苏格拉底用手杖在沙土上面画了个大圆圈，又画了个小圆圈，然后说："大圆圈的面积代表我掌握的知识，小圆圈的面积代表你掌握的知识，这两个圆圈以外的地方就是你和我无知的部分。因为大圆圈比小圆圈大，因而接触的无知的部分也比小圆圈多，这就是我常常怀疑自己的原因。"

这就像我们小时候，在我们上中学只有十几岁时，我们总是很骄傲，认为自己已经懂得很多，已经是大人了。可是再过几年，当我们的年龄过了二十岁，当我们真正进入了大学，踏入了社会，我们才发现，其实我们懂得的真的很少，而且直到现在，我们也还只是个别人眼中的孩子。闭关自守、坐井观天，永远只能看到巴掌大的一块天，跳出井口，打开大门，你才能在广阔的天地里尽情驰骋。

做人做学问是如此，经商也是一样。在你经商的过程中，同样是越发展就越知道发展的重要，越创新就越知道创新的必要。如今在商场上，在各行各业中，每个企业都想出类拔萃，发展壮大，尽可能地多赚钱。这就是现代商业竞争如此激烈的原因。在商业竞争中，领先的一方需要不断创新，因为他们要想维持住自己的领先态势，就必须不断地想出新的吸引客户的点子，以便守住自己的既得利益。另一方面，处于追赶状态的一方同样需要创新，因为他们本身就在竞争当中处于劣势，如果拿不出什么特别的东西，客户们凭什么要放弃自己原来的选择，转投你的旗下？因此，只要市场竞争存在一天，创新就是企业必须要做的事情，只有创新才是企业长久发展的唯一出路。

2005 年，宝洁在中国的一家分公司为了进一步扩大经营规模，决定高薪招聘有能力有创意的职场精英担任营销主管。面对众多应聘者，招聘工作的负责人说："相马不如赛马。为了能选拔出高素质有创造力的人才，我们决定出一道实践性的试题，题目是：想办法把木梳尽量多地卖给和尚。卖得最多人就可以成为本公司的营销主管，年薪二十万，外加提成，公司配备专车，每年享受 3 周带薪假，五险一金。"虽然公司开出的条件足够优厚，但绝大多数应聘者却对题目感到异常愤怒：出家人剃度为僧，要木梳有何用？岂不是神经错乱，拿人开涮？应聘者接连拂袖而去。最后只剩下两位应聘者，张文博和吴子轩。负责人对他二人交代："以 10 日为限，届时请两位将销售成果向我汇报。"

10 日之期转眼即过，张文博卖出了 10 把木梳。他是这样对寺院的住持说的："由于山高风大，进香者的头发都被吹乱了，而蓬头垢面显然是对佛祖的大不敬，因此应在佛殿的门口放把木梳，供善男信女梳理鬓发之用。"住持采纳了张文博的建议，买下了木梳。10 天时间，张文博去了 10 座香火旺盛的名山大寺，卖出了 10 把木梳。

吴子轩迟到了几天，但是吴子轩的推销成果令从事销售工作 20 年的招聘负责人都大跌眼镜，他一次性卖出了 1000 把木梳，并且还有后续订单。

吴子轩说他去了峨眉名寺清音阁，清音阁颇具盛名、香火极旺，一年四季朝圣者络绎不绝。

吴子轩对住持说："凡是大老远跑到峨眉山来进香朝拜的人，都有一颗虔诚之心，贵寺乃是名山大寺，理应对这些虔诚之人有所回赠，以作纪念，保佑其平安吉祥，鼓励其多做善事。我有一批木梳，而住持您的书法超群，可先刻上'积善梳'三个字，然后便可做赠品。"

住持大喜，立即买下 1000 把木梳做成了积善梳。并请吴子轩在寺中小住几天，共同出席了首次赠送"积善梳"的仪式。得到"积善梳"的施主与香客很是高兴，一传十、十传百，进香者更多，清音阁的香火也比原来更旺了。这还不算完，清音阁住持希望在吴子轩那里再订购更多不同档次的木梳，以便分层次地赠给各种类型的施主与香客。

最终，张文博和吴子轩二人都被录取了，因为公司看中的不是他们最终卖出了多少木梳，而是他们在把木梳卖给和尚时体现出来的创造力。因此，招聘负责人对他二人说："公司所看重的，是你们的创新能力和创新意识，只要你们能在今后的工作中将创造力充分地发挥出来，那么你们在公司当中，绝对是前途无量！"

作为全球第一大日用品公司的宝洁公司就是如此看重员工的创新能力，把员工的创新能力视作是其个人能力当中最重要的部分。而这，也正是宝洁公司能够永保竞争力的一大诀窍。

"其出弥远，其知弥少"，如果你想在商场上有所作为，那么闭关自守，固步自封是不行的。哪怕是在市场上拥有举足轻重影响力的大企业，也同样经不起保守，也同样需要不断创新来维持企业的勃勃生机。企业要想发展，只能不断创新。

禄禄如玉，落落如石

——步子迈得稳，企业才能走得远

【回眸经典】

昔之得一者：天得一以清；地得一以宁；神得一以灵；谷得一以盈；万物得一以生；侯王得一以为天下贞。其致之一也：谓天无以清，将恐裂；地无以宁，将恐发；神无以灵，将恐歇；谷无以盈，将恐竭；万物无以生，将恐灭；侯王无以为贞而贵高，将恐蹶。故贵以贱为本，高以下为基。是以侯王自称"孤"、"寡"、"不谷"。此其以贱为本耶？非乎！故致数舆无舆。不欲禄禄如玉，落落如石。

——三十九章

【经典阐释】

以往保持自然状态者，遵从自然，天会清朗祥和，地会宁静太平；即使是神明，也要保持自然状态，才能显灵护佑；守法自然，谷物粮食方能生长丰盈，侯王君主才能沿着正道健康发展。由这些事例可以推演出：天若没有保持自然清明的状态，恐怕就要崩裂；地不得安宁，恐怕就要震溃；人神若不能保持灵性，恐怕就无法显灵；川谷不能保持充盈，恐怕就要枯竭；万物不能保持生长，恐怕要灭绝；侯王不能保持原有位居高位的本性，恐怕就要被颠覆。所以侯王要保持自然状态，必定是贵以贱为根本，高以低为基础。他们自称为"孤"、"寡人"、"不谷"等，不也正是以谦虚的态度，以平民为根本吗？难道不是吗？追求过多的荣誉则没有荣誉，所以与其以虚假的谦虚谋取荣誉，不如踏踏实实不追求荣誉，真正地以贱为本。一个遵循道的人，不希望生活得像闪闪发光的美玉，而宁愿像朴素无华的坚硬石头，这就是保持自然状态，就是得一。侯王也要以老百姓为本，以人民利益为基础，踏踏实实地像朴素无华的硬石一样，坚持邦国正道，而非像闪闪发光的美玉似的追求荣誉。

【老子商道】

"无为"，这是老子的政治理想，之所以要无为，为的就是能让老百姓安居乐业，每个人都可以享受自己的劳动果实。对于一家企业，无为的政治思想同样可以发挥自己的作用。当然，我们这里所说的"无为"并非是完全无所作为，任由企业自行发展；更多的是要告诫企业领导者绝不要贪功冒进，只有步子迈得稳，根基扎得牢，才能够有长远的发展。

格兰特公司是美国著名的日用品零售公司。一开始，格兰特在马萨诸塞州的一个小镇上开了一家鞋店，经过多年的努力经营，积累了一定的资本，于1906年用自己的全部积蓄1000美元，在林恩市投资开办了一家日用品零售店。

20世纪初，由于美国的经济发展迅速，格兰特的商店适应了市场需求，生意很好。接下来的几年时间，他又相继在美国的一些城市开设了几家连锁店，这些分店的盈利也非常好。

然而到了 1968 年，情况就急转直下。当时，格兰特年事已高，将公司交给查理德·迈耶管理。年轻气盛的迈耶非常大胆，他不顾及任何一家商店从创业到成熟都需要有一个被消费者认识的过程，而且任何一个公司都时刻面临着竞争。在对这些都没有基本认识和研究的前提下，他就放手开始大规模地增设连锁店，一味地扩大经营规模。

20 世纪 70 年代中期，格兰特公司的发展达到了顶峰，在各地的连锁店已增长到 8 万多家，这个数目是 10 年前的 1000 倍，其扩张速度远远超过美国任何一家零售公司。而迈耶也为自己的果敢而洋洋自得。但是，在这样的情势下，格兰特公司的销售额并没有随着分店的增多而增长。相反，每家分店的平均销售额都在迅速下降。

为什么会如此？企业高层展开了调查。这时他们才发现，原来新店的增多，导致了经营费用的增加，而公司的销售额下降肯定会使经营成本增加，这样一来，格兰特公司开始由盈转亏。由于连年的亏损，格兰特公司不得不向银行贷款。结果公司债台高筑，信誉急速下降。

格兰特公司的陨落速度非常快，不出两年的时间，就因为资不低债，向法院提出了破产申请，成为美国零售业中最大的破产公司。

格兰特公司为什么会由盛转衰？为什么会迅速破产？原因就在于其第二代领导人理查德·迈耶过于贪功冒进，把企业的经营规模扩得过大。过大的经营规模会使企业的负担急剧加重；而承受不起这样负担的结果，也就只有破产这一种可能了。

巨大的成功往往会冲昏经营者的头脑，让他们头脑发热，做出许多急功近利的决定。这些决定实际上是在给企业埋下各种各样的隐患，给未来制造危机。终有一天，积累到一定程度的危机总有一个爆发。但到那时，经营者再想回头，可就为时已晚了。看看格兰特公司，再想想当年赚了些钱就想造巨人大厦的史玉柱，他们犯的都是同样一个错误。

因此，无论在什么时候，企业的经营者都要保持冷静，知道什么样的事情能做,什么样的事情不能做。绝不能贪功冒进,轻易地把企业置于危险的境地。要知道,步子迈得稳,企业才能走得远啊!

大道甚夷,而民好径

——单纯的模仿不会取得成功

【回眸经典】

使我介然有知,行于大道,唯施是畏。大道甚夷,而民好径。朝甚除,田甚芜,仓甚虚;服文采,带利剑,厌饮食,资财有余,是谓盗竽。非道也哉!

——五十三章

【经典阐释】

如果我是智慧而有见识的话,就要走在大道上,因为我害怕自己走入邪路。大道很平坦,而人们却偏喜欢走所谓的捷径。朝政很腐败,农田很荒芜,仓库很空虚。人君却仍然穿着华丽的衣服,带着锋利的宝剑,饱餐精美的饮食,聚敛过多的财富,这简直就是强盗头子。这是多么无道啊!

【老子商道】

比尔·盖茨、巴菲特、马云、任正非……这些人是如何走上成功之路的?他们是如何经营自己的企业的? 实际上,他们之间并没有太多的共同点,而是在通向成功的道路上各自踩出了一条属于自己的小径。

作为一个普普通通的企业经营者,我们要跟在他们后面亦步亦趋吗? 然而,世界上还有那么多和他们一样的成功者、企业家,我们又要向哪一位学习? 每个成功者都走出了属于自己的路,而我们又要走哪条路呢?大道甚夷,而民好径。别人走过的路,也许对于他们来说是捷径,但放到我们身上就未必合适。正如大象可以迈过一条小溪，而蚂蚁只能绕道而行。古人邯郸学步，而今天我们却依旧走在这样的迷思中。

印度国家的独立超过半个世纪，它们不仅在经济制度，甚至在国家制度安排上也是完全的英国模式。按说，英国这个老牌资本主义国家的成功模式是已经经过了历史的考验而被认可过的，但一个不争的事实是，印度同样没有产生世界级的企业。按照经济总量和经济发展增长速度，目前它甚至远远落后于中国这样一个从计划经济向市场经济转轨的国家。而我们中国，恰恰是在走我们自己的具有中国特色的发展道路。

就好比英国的发展模式难以在印度取得成功一样，世界上没有两个完全一样的企业。不同的文化传统，不同国家、地区的企业不可能用完全一样的成长模式，因为管理本身就是一种没有终结答案可寻的理论。管理一家企业就好比是统帅一支军队，兵法讲究虚则实之，实则虚之，变化之妙，存乎一心。没有任何一个成功的大企业家是沿着别人走过的道路发展起来的，生搬硬套兵书上的东西最后当然也就只能成为纸上谈兵的赵括、马谡。事实上，在这个世界上没有什么行事准则一朝有效就可以保证放之四海而皆准的，更没有完美万能的公式或方法。所以最好的经书就是"无字真经"。

藤原君是日本著名企业家，但在创业之前，他不过是个清理城市街道的环卫工人。同事们对于这种早出晚归、平庸且单调的生活早都已经习以为常，而只有藤原君却心有不甘。每天看着停在马路边的名车、高楼，藤原君心中不由生出向往。

工作之余，藤原君不忘寻找财富的机遇。一个偶然的机会，他听工友说当时金属材料很值钱，于是就暗自琢磨：我每天清洁垃圾桶，都会拾到很多易拉罐，这些易拉罐都是用金属做成的，若是将它们熔化了，那不就变成金属材料了吗？那样不就可以挣钱了吗？

想到这里，藤原君急忙跑回家，把以前捡来的一个个空易拉罐剪碎，装进自行车的铃盖里，熔炼成一小块银灰色金属。

这个时候，藤原君并不知道这块金属是否能用，于是就带着这块金属到有色金属研究所去化验。结果，化验报告表明，这是一种很值钱的金属材料——铝镁合金。当时，在日本市场上，铝锭的价格是空易拉罐的十数倍。这样算下来，要是将易拉罐简单熔炼后，其价格就有了巨大的提升。

看到这里蕴含着巨大的财富，藤原君下定决心，辞掉了环卫工人的工作，靠回收、熔炼易拉罐改变了自己的人生。经过 3 年的努力，藤原君从一个平凡的环卫工人摇身一变，成为了坐拥亿万财富的成功人士。

纵观藤原君的成功经历，他并没有沿着前人走过的路向前进，而完全是凭一己之力，同样达到了那些曾让他仰望的高度。藤原君是一个真正的成功者，而他的成功之路不是照搬来的。而事实上，如果他一门心思地想要模仿前人，也绝不可能想到熔炼易拉罐这条生财之道。

再看看我们华人真正的骄傲——李嘉诚。在许多企业一味地模仿西方管理模式的时候，李嘉诚则以自己独到的管理模式，首先适应了国人。

李嘉诚说："我的管理模式，原则上是西方管理模式，但是我对西方经典的管理模式进行了改进，我在其中加入了中国的文化哲学。你们听到西方国家叫做 Ouarter-CEO。如果一年做得不好，你这 CEO 就应该打好包袱，立刻回家。但是我会去看，去分析，比如一个行业，这个行业本身不景气，大家都在赔钱，同行们掉了 90%，我们只掉了 60%，这个 CEO 我非但不会炒掉他，反而要奖励他。人家掉了这么多，你掉了这么少，说明你是有真才实学的。但是假如有一个行业，人家赚的是 100 块钱，我们赚 80 块钱，那我就会问：为什么人家赚得这么多，你赚得这么少？虽然你也在盈利，但我还是要责备你，让你好好总结经验教训。"

李嘉诚的管理模式融合中外，既讲科学，又重感情。他认为，美国科学化的管理有它的优点，可以应付急速的经济转变，但太不通人情，业绩不太好时他们就会进行大规模裁员。但中国是人情社会，太不通情理是不行的，员工会说你没有人情味，感觉自己没有安全感，也会导致许多人突然失业。

我们糅合两者的优点，以外国人的管理方式，加上中国人的人情理念，以求员工最大化的干劲和热诚。这就是李嘉诚的管理哲学。

世界上没有任何一个人，任何一家企业的成功之道是适合后人去模仿或照搬的。每一个企业的管理者都应该时刻去考虑，什么样的道路才是适合自己特点的道路。单纯地模仿他人，既是庸人，更是懒人。

坚强处下，柔弱处上

——认清自己的实力，别逞强

【回眸经典】

坚强处下，柔弱处上。

——七十六章

【经典阐释】

追求强大是下策，依靠柔弱才是上策。

【老子商道】

1998 年 10 月，毛耀武用自己全部的积蓄盘下一家酒店，凭着低价、实惠的策略他很快挣到了 500 万。那个时候的他，有理想有抱负，更有一颗敢于尝试的心和冷静的思维，因此成功自然不在话下。然而，开局的顺利冲昏了毛耀武的头脑，他觉得自己是个经商奇才，天生就是赚钱的料，因此开始大张旗鼓地进行扩张。

1999 年 9 月，毛耀武在武汉关附近投资 50 万元开了家黄金海岸酒店；同年 10 月，又在大智路投资 20 万开了一家美容院；随后又投资 10 多万元开了一家土特产贸易公司。这一切，都在武汉市掀起了轰动。大家认为，武汉出了个商业奇才，这个人日后必将成为武汉商界的骄傲。

令踌躇满志的毛耀武意想不到的是，到了年底，账务报表交到他面前，亏损 40 万元。然而，前期的亏损并没有引起毛耀武的警觉，他认为这是新店开张的正常过程，没什么可担心的。但是，又过了两个月，他的各家店铺依然是亏损。更令他手足无措的是，各个店都陆续传来供应商催付货款的消息，可他银行账户里的存款已所剩无几。为了能让各店运作正常，毛耀武开始四处借钱，拼命地保住自己的事业。

尽管毛耀武做出了积极的行动，但他那些借来的钱就像是扔进了无底洞。亏损，除了亏损还是亏损。供应商似乎也觉察到了什么，要的货不见送来，催款的人倒是天天找上门来。正在四面楚歌之时，又一记"重拳"打了过来：美容院所在地面临拆迁，这意味着他连转手套现的机会都没有了，前前后后几十万的投资打了水漂。

终于，毛耀武的资本被吸干了，已经涨到极限的资金链终于崩断。他再也拿不出钱来维持各店的运作了。2000 年底，他关掉了自己所有的店面，用剩下的资产来偿还欠账。而他之前赚来的 500 万早就赔得一分钱都不剩了。

毛耀武的问题出在了哪？不能正确地评估自己的实力，一味逞强，贪功冒进，最后也只有一赔到底的的结果。有了毛耀武这个前车之鉴，你就应该明白，自己千万不能逞强，尤其不要为了面子而逞强。

如果说你现在还是一只羊，实力弱小，还在食物链的底端，那么，你难道不想让自己的企业由羊变成狼，由狼变成狮子，由被吃变成捕食吗？说实话，每个人都想。但是，当目前的实力决定了你最佳的生态位还只是一只羊时，你就千万不要梦想自己一夜之间能成为狼、成为狮。不能成为全球 500 强，成为中国 500 强或者行业 500 强也不错。不能成为中国第一，成为全市第一或者行业第一也是好事！企业的成长总是循序渐进的，那些突如其来的财富来得快去得也快，而且它们再去的时候还会把你原有的也都一并带走。

下面这则故事会告诉你认清自己有多么重要。

有两只老虎，一只被关在笼子里，三餐无忧；一只在野外，自由自在，这两只老虎都非常羡慕对方。笼子里的老虎渴望像野外的老虎那样自由，想去哪就去哪，笑傲山林；野外的老虎却渴望像笼子里的老虎那样过上安逸的生活，再也不需要自己觅食。

有一天，两只老虎达成了协议，他们决定互换各自的生活。于是，笼子里的老虎返回了大自然，野外的老虎走进了笼子。从笼子里走出来的老虎高高兴兴，在旷野里拼命地奔跑，舒活早已在笼子里蹲得酸痛的筋骨；走进笼子里的老虎也十分快乐，它不再为食物而发愁，享受从离开母亲之后就再也没体会过的安逸。

但不久之后，这两个过上了自己梦寐以求生活的老虎都死去了。原因是从笼子中走出的老虎获得了自由，却没有同时获得捕食的本领，别说那些体型庞大的动物，就连只兔子都难以捕到，最后被活活饿死了；走进笼子的老虎得到了安逸，但却因再也不能在旷野中尽情地奔驰，最终忧郁而死。

作为一个企业的领导者，你认清自己的实力了吗？如果说企业界就是一个特殊的生态圈，那么你在其中是老虎还是山羊？事实上，每一个人或每一个企业在我们身处的大环境当中都有其独特的生态位。受生态位的影响，人与人之间、企业与企业之间暂时可能会存在难以逾越的巨大差异。这种差异把人与企业依据能力大小和实力强弱排列在生存链上，就好比自然界里的等级序列一样。你一旦离开了自己的生态位，就像笼子里的老虎去了野外，野外的老虎被关进了笼子，原有的优势就会丧失殆尽。

认清自我实力，是羊就甘心当羊，甚至你是老虎也可以把自己当成是羊。坚强处下，柔弱处上，扮猪吃老虎的人永远是最精明的。比如，温州、宁波等地有很多规模不大的中小企业，他们的经营思维就是："既然是小船，就不要到大海中去同大船争着捕小鱼，而要在小河里捕大鱼。"把自己放在弱者的位置上永远比当强者更省力。与其在一个很大的市场占有很小的份额、赚取较少的利润，远不如在一个较小的市场占有很大的市场份额、赚取较高的利润来得省力，来得划算。

祸兮，福之所倚；福兮，祸之所伏
——危机，同样也是你发展的契机

【回眸经典】

其政闷闷，其民淳淳；其政察察，其民缺缺。祸兮，福之所倚；福兮，祸之所伏。孰知其极？其无正邪！正复为奇，善复为妖。民之迷，其日固已久矣。是以圣人方而不割，廉而不刿，直而不肆，光而不耀。

——五十八章

【经典阐释】

政治（制度）宽厚清明，民众便淳朴忠诚；政治（制度）苛酷昏暗，民众就狡黠、抱怨。灾祸中隐藏着福报，幸福中隐藏着祸患。祸与福反复变化，谁能通晓它的终极本质呢？它们并没有确切的标准（来考量和评判）。正会转变为反，善瞬间也能成为恶。人们的困惑由来已久了。因此，有道的圣贤方正而不锐利，有棱角而不刺伤他人，率直而不张扬，光明而不炫耀。

【老子商道】

"祸兮,福之所倚;福兮,祸之所伏。"这是世界上最早的辩证法理论,同时也是老子思想的核心所在。世界上本来就没有绝对的祸,也自然没有绝对的福。祸和福总是相对于一定的参照物来说的。

人的一生有顺境逆境,企业也同样有高速发展和陷入危机的时候。老子告诉我们说,这个世界上的福和祸是可以互相转化的,发展得过快,同样有可能把公司给拖垮;陷入危机的时候只要处理得当,同样可以把危机转化为赚钱的契机。因为"危机"这个词本身就是由"危"和"机"两个字组成的，"危"是危险，"机"是机遇，危险中也同样可以包含着商机。这就是辩证法。

美国记者基泰丝工作繁忙，经常在世界各地飞来飞去，有时会买些特别的小礼品带给家人。这次，她来到了日本东京的奥达克余百货公司，于是准备买一台索尼牌的唱机作为见面礼，送给住在东京的婆婆。

售货员很热情，在得知了基泰丝买唱机的用途后，亲自为她挑了一台尚未起封的机子。基泰丝本来很满意这件完美的礼物，谁知当她回到住所开机试用时，却发现该唱机根本无法使用。原来，唱机没有装内件，只是一个空壳。火冒三丈的基泰丝计划第二天一早就去奥达克余百货公司交涉，并迅速写好了一篇新闻稿，题目是《笑脸背后的真面目》。

第二天清晨，基泰丝正准备出门，突然，她收到奥达克余百货公司打来的道歉电话，并询问她的住所地址。没过半个小时，奥达克余百货公司的副经理就带着职员来到了基泰丝的住所。那位职员的手里，还拎着一个大皮箱。

简单介绍后，奥达克余百货公司的副经理诚恳地做出了道歉，并向基泰丝鞠躬。看到对方诚恳的态度，基泰丝一下子不知道说什么好。更令她意外的是，这些职员除了送来一台新的合格的唱机外，又加送蛋糕一盒、毛巾一套和著名唱片一张。

基泰丝原以为，这件事就这么结束了，自己也接受了对方的道歉，可是，令人更吃惊的是，副经理打开纪事簿，宣读了公司通宵达旦地纠正这一失误的全部经过："昨天下午4点30分清点商品时，售货员发现错将一个空心货样卖给了顾客。此事非同小可，她立即报告经理，经理派公司警卫迅速寻找，并马上召集有关人员商议。当时只有两条线索可寻，即您的名字和您留下的一张美国快递公司的名片。为了联系到您，我打了20多次紧急电话，不过东京各大宾馆都没有确切的消息。后来，我又打电话到美国快递公司总部,得到了您父母的电话。从您父母哪里,我们终于弄清了您在东京期间的电话。这期间拨打电话的次数,合计35次。"

听完这些,基泰丝深受感动。她撕掉了昨晚写的《笑脸背后的真面目》,立即重写了一篇题为《35次紧急电话》的新闻稿。这篇新闻稿见报后,奥达克余百货公司声名大振,无论是日本人还是外国游客,在日本购物时都会首选奥达克余百货公司。就这样,在一年多的时间里,奥达克余百货公司的营业额翻了一番。

所有投身商业圈的人都明白:这个世界上,如果得罪了记者,就可能让自己身败名裂。可以说,奥达克余百货公司得罪了基泰丝这个记者,这是非常不幸的事情,危机就在眼前。然而,正是因为自己的处置得当,奥达克余百货公司不仅没有就此没落,反而借着基泰丝的报道,让生意变得更加红火。

危险与机遇并存,这不仅仅是商业市场的特点,更是整个世界的不变法则。这个世界本身就是辩证的,有明就有与明相对的暗,有福就有与福相对的祸,有契机当然也就有与契机相对的危机。当然,辩证法也不只给了我们这些,它还给了我们化危机为契机的可能性。只要应对得当,就可以让危机所造成的破坏降到最低,甚至有可能让坏事变好事。

另一方面,在任何危机未发生前,我们都必须事先做好心理准备。企业由盈至亏正如经济危机不断循环一样,属同一定律下发生的事。我们必须及早建立危机意识,如老子所言"其脆易破,其微易散",在危机萌发的最初阶段就要未雨绸缪,及早注视并解决。这种洞悉危机的启示,在某种程度上与西方危机管理的原则实际上也是同出一辙的。

天下万物生于有，有生于无

——企业要在变化中不断进步

【回眸经典】

> 反者，道之动；弱者，道之用。天下万物生于有，有生于无。

——四十章

【经典阐释】

万事万物的规律都是"反动"的，反向运动、反复运动；而柔弱才能发挥"道"的最大作用。天下万物生于有形的天地，有形体的天地又生于无形的道。

【老子商道】

虽然这里老子所说的"道"仅是对一种规律性事物所起的代号，但既然"道"是世间万事万物运行的规律，那么老子在这一章所说的就非常明白了。世间万物循环往复，这就是"道"的运行规律。天下万物生于有，有生于无。作为企业，就必须不断变化，这样，企业才能进步，而一成不变的经营，则是不符合自然规律的。

众所周知，福特是现代汽车产业的鼻祖。福特汽车公司于1913年创造并首先采用流水线作业，使大批量生产得以实现，生产成本大大下降，也正是从这一刻开始，汽车才真正作为一大产业出现在人们的视野中，并在之后的很长一段时间之内作为全球的支柱产业不断拉动着世界经济的发展。

大名鼎鼎的"T"型车是福特早期的拳头产品，他们靠着流水化生产的"T"型车整整独霸了美国汽车市场十几个年头。"T"型车让福特发家，但同时，福特第一次败走麦城也是因为"T"型车。

当福特在汽车市场上势头最猛的时候,它的对手们(共有多达 29 家汽车公司)联合起来向它展开进攻。它们在内部推行专业化、制度化管理的同时,采用了多品牌、多品种的产品特色化策略,先后推出多款比"T"型车更先进的车型。但福特公司的创始人亨利·福特根本不以为然,他认为福特公司财大气粗,只需要通过价格战,就可以让那些规模不大的竞争对手们全都破产。因此,每次竞争对手们推出一个新型号,福特就以降价来应对。但是,从 1920 到 1924 这短短的 4 年时间里,福特的竞争对手们竟然先后推出了八款新型车。而福特呢?他们经历了 8 次大的降价。长期的降价经营使福特公司利润率已经很低,在继续降价余地已经变得不可能的情况下,"T"型车已经走到了穷途末路。

眼看着最大的竞争对手通用汽车一点一点地蚕食着自己的市场份额,福特公司内许多人都非常着急,希望亨利·福特能够及时调整策略,按顾客需求改进生产,重新设计产品,研制能够跟上时代的新车型。但是这些合理建议都遭到了亨利·福特的拒绝。"T"型车是老福特的骄傲,他始终坚信,即使价格战打不垮竞争对手,那么在生产流程、组织设计、产品观念做相应的调整,就仍然可以保证福特公司保住美国汽车业"掌门人"的地位。但是,这对于把流水线视为最高理想境界的亨利·福特来说,是绝对不愿意看到的。就这样,任何对福特车型提改革建议的人都在亨利·福特石墙一样的顽固面前碰了壁。其结果是福特车的销售额不断下降,福特帝国不断崩塌,有才华的人们纷纷离去。到 1946 年,通用公司所占据的市场份额终于超越了福特公司,成为了美国第一大汽车制造商,而福特则因为自己的顽固付出了惨重的代价。

在一片死气沉沉的景象中,企业是不会有前途的,而一些具有划时代意义的改变和进步才是企业经营的必胜之路。恰恰因为亨利·福特不懂得这一点,才把福特公司原本积累下来的巨大优势拱手让人。

世界上没有永久的产品,也没有永久的市场。然而,正是这"两个没有"，才迫使企业不断改进、不断进步。在不断变化中，企业才能时时刻刻充满活力。一个能不断奉献新意的人会觉得自己充满活力和有着旺盛的生命力，对一个企业来说也同样如此。企业要生存和发展就必须有活力，而改变可以说正是让企业充满活力的动力之源。

在内蒙古某市，有一家国营制胶厂。在改革开放之前，这家制胶厂生意很是红火。然而随着改革开放，越来越多的新型私营制胶厂开始抢占市场，守着老传统的制胶厂，市场份额严重缩水，甚至到了濒临倒闭的地步，欠下5万元外债，拖欠工人9个月的工资。

面对这样一个厂子，没有人对它产生兴趣。然而肖天却积极地接了过来。刚接手烂摊子的时候，肖天用集资的办法招收了多名工人，买了油毡把漏屋蒙起来，暂时解决了厂房问题，又从工人家里借来生产工具，解决了设备问题。

就这样，制胶厂渐渐又恢复了生机。就在日益转好之时，肖天看到了这样一条消息：制胶业市场产品过剩，而皮革塑料制品行业的许多厂家为谋求更大利润纷纷转产。一下子，肖天脑子里立即就出现了一个"变"字。当然，肖天明白变通并不是鲁莽行事，"变"也要从客观实际出发，因地制宜。为此，他从资源、市场入手，对当地的各个环节都进行了最细致的考察。

通过考察，肖天发现本地的畜牧业非常发达，并且自己的工厂也有相关加工技术和设备，因此，他决定以畜牧业为突破口，从皮革制品杀出一条财路。于是，肖天带着工人就地取材，用皮革制作自行车坐垫、手提包、背包、儿童书包、旅行包等产品，很快占领了市场。没多久，工厂债务还清了，工人工资补发了，小本生意获得了大利润。

"天行健，君子以自强不息。地势坤，君子以厚德载物。"这是《周易》中的名句，表达了中国人的民族精神和道德思想。什么叫"自强"？自强就是努力向上，就是奋发进取，就是对美好未来的无限憧憬和不懈追求。

企业只有在不断的变化当中,才能不断取得进步,只有不断地革故鼎新、应时以变,才能步入更高更强的境界。

上善若水,水善利万物而不争

——见缝插针,任何一个发展的机遇都不容错过

【回眸经典】

上善若水,水善利万物而不争,处众人之所恶,故几于道。

——八章

【经典阐释】

最高境界的善行就如同水的品性一样。流水善于滋养万物,而不会同万物相抗争,处在众人所憎恶的卑洼地方,所以近似于大道。

【老子商道】

老子的哲学讲究柔能克刚,而水恰恰就是天下之至柔,所以老子才会说上善若水。水的特性是随物赋形,外部条件是什么样,水就是什么形状;见缝就钻,哪怕有一点点缝隙,水都可以见缝插针,趁虚而入。而这,难道不正是一家企业、一个企业家所需要具备的素质吗?善于见缝插针、生财有道的企业家,是最能看清政策变化的人,他们常常利用国家或地方新颁布的政策,制定企业的防御或进攻计划。这是一种见效快、利润高的企业经营方略。在这里,获得成功的钥匙就是时刻注视并最早获取法规的变化信息,争取在这些法规开始发生效力的时候见缝插针,乘市场之虚而入。

20世纪初的一年,奥利莱只身在波兰街头闲逛。突然,他想起要买一支钢笔,便信步走进一家文具商店。

然而,在这家文具店里,他却被钢笔的价格吓了一跳:在英国只需要3

美分的钢笔,在这里却卖到了 26 美分。为了摸清原因,奥利莱进行了一番调查,这才知道:原来这里的钢笔之所以这么昂贵,是因为波兰并没有钢笔厂,所有的钢笔都需要进口,因此价格居高不下。

得到了这个信息,奥利莱感到赚钱的机遇就在眼前。于是,一个决定浮现在他的脑海:在波兰投资办钢笔厂!

接下来,奥利莱开始了前期规划。他先是筹备资金,并来到德国历史最悠久的钢笔名城,那里有许多的著名钢笔生产厂家,他们掌握着制作钢笔的技术,奥利莱聘请了一位有专业技术的骨干,为公司注入了技术活力。

德国之行结束后,奥利莱又快速赶到了卢森堡,利用各种手段,将生产钢笔的设备陆续运送到波兰。没过多久,生产钢笔所需的原材料也运到了生产车间,属于他的钢笔厂也迅速正式投产。

不出奥利莱的预料,他的钢笔厂在波兰生意非常红火。第一年,工厂的利润就达到了 100 万美元。到了 1926 年,这家钢笔厂已经开始进行出口生意,足迹遍布世界各个角落。而奥利莱凭借着这些生意,轻松地赚取了数千万美元。

奥利莱是如何成为千万富翁的?他只不过是敏锐地发现了市场的缝隙,然后迅速行动,弥补市场空白罢了。这是不折不扣的"机会主义",甚至我们把奥利莱称作一个投机商都不为过。但事实上,奥利莱所拥有的,正是绝大多数企业管理者所欠缺的,那就是发现机遇、把握机会的能力。我们不应该把机会主义作为贬义的管理理念看待,企业应该善于等待时机并且灵活抓住机会,从而获得成长的空间,这在竞争激烈的市场当中,比什么都重要。

哈佛大学的校训是这样说的:"时刻准备着,当机会来临时不要犹豫,死死地抓住它,你就成功了。"确实是这样,不管是机会主义还是别的什么称呼,遇到机遇,你需要像水一样的敏感;发现机遇,你需要像瀑布一样奔流直下的速度。

提到制船业，我们必然会想到奥纳西斯。奥纳西斯是闻名于世的希腊船王，但年轻时，他曾经是流浪在阿根廷的穷小子。正是由于他慧眼识珠，发现了机遇，才使得他白手起家，创造了一番伟业。

由于世界局势的不稳定，1929年，阿根廷出现了严重的经济危机，工厂倒闭、工人失业、民生凋敝、百业萧条，海上运输业也在劫难逃，可谓陷入了一个看不到底的深渊。

面对这样的环境，所有人想的就是退，尽可能地减少损失。然而，奥纳西斯却没有这么做。一次，他得知加拿大有家铁路公司为了度过危机准备捐卖产业，其中6艘货船10年前价值200万美元，如今每艘仅以2万美元低价出售。

得到这个消息，奥纳西斯兴奋得手舞足蹈，立刻买了机票，奔赴加拿大谈这笔生意。他的这一举动令同行们瞠目结舌，认为他太不理智了，这无异于把钞票白白地抛入大海，经济危机让每一个人都在想尽办法卖东西换钱，只有他还傻乎乎地用钱去买东西。

不过，奥纳西斯并没有把众人的劝说放在心上，因为他看到，经济的复苏和高涨终有一天将会代替眼前的萧条。随着经济的振兴，货运运输必将重新获得高额利润。于是，他果断而坚决地做了下去。

果然，不出奥纳西斯的所料，经济危机过后，海运行业迅速恢复了生机和活力。一夜之间，那些从加拿大购买的船只身价比过去高出了数倍。奥纳西斯又毫不犹豫地将它们全部高价租出，一下子收入了上千万。

所有的人都在考虑如何才能度过经济危机，只有奥纳西斯考虑的是经济危机这股寒流过去后的发展：只有在寒冬准备好种子，当春天到来时，才能抢到第一个破土而出的先机。站得高、望得远，这就是眼光的力量，就是行动的力量，就是成就事业的"必杀技"。你不得不佩服奥纳西斯敏锐的洞察力和想到就做的魄力以及强大有效的行动力。正是这些优秀的品质造就了奥纳西斯的成功，造就了一代希腊船王。

水有两面性,平静时是涓涓溪流,无孔不入。可一旦激活了水的力量,它就会变得狂暴无比,无可阻挡。这是自然的伟力,无可匹敌。

上善若水,作为一个企业家,你也需要像水一样,随时保持一颗敏感的心,随时做好迎接机遇的准备,一旦发现了机遇,同样要像瀑布一样,飞流直下、毅然决然。这就是老子的道家思想给我们的商学启示。

曲则全,枉则直

——做企业,要能委曲求全以小搏大

【回眸经典】

曲则全,枉则直,洼则盈,敝则新。

——二十二章

【经典阐释】

树木长得卷曲不合规矩反而会免除先伐之祸,屈就反而能伸展,低洼反而能充盈,破旧反而能生新。

【老子商道】

一个非常现实的问题摆在这里:当你的企业在市场竞争中面对的是一个或者几个比你强大得多的对手时,你该怎么办?

老子告诉了你解决这个问题的思路。"曲则全,枉则直","夫唯不争,故天下莫能与之争",委曲求全,以小搏大,这就是老子给你支的招。

一般来说,大公司资本雄厚、人才济济、设备精良、管理正规,这些都是他们的优势。不过在与大公司竞争中,也不要被对方表面的强大所吓倒。其实,对手再强大,他们的实力再雄厚,也同样会有自己的弱点。如果能先委曲求全,不引起对方的注意,然后针对其弱点,以己之长克敌之短,也能制敌取胜。

比方说，公司越大就越肯花钱，所以你跟他在正面市场上硬拼，那肯定是徒劳的。但公司规模越大划分的部门就越多，部门越多人员预算就越高，成本也就会水涨船高。因而大公司虽然资本雄厚，但可以用来打价格战的空间却并不充裕。而小公司组织结构简单，成本，尤其是人力成本比较低，他们的利润率普遍要高于那些实力雄厚的大公司，因而只要能够始终保持低成本，坚持薄利多销的策略，大公司就很难能够奈何得了。

与此同时，大公司机构复杂，决策程序繁多，因而效率不高，行动上容易导致混乱无序。而小公司部门少，人员精干，决策程序简捷，因而效率高，行动容易快速统一。决策执行迅速，这也同样是小公司的一大优势。所以我们只要抓住大公司的不足，发挥自己的优势，照样可以以小敌大，以弱胜强。

众所周知，电视是现在的传媒系统中最重要的一个分支，看电视也几乎是全世界所有人共同的一个习惯。人们从中愉悦身心、了解社会、获取信息，将自己与社会融为一体。

上世纪60年代末70年代初，美国的电视业几乎全部由美国广播公司、全国广播公司和哥伦比亚广播公司这三家实力雄厚的广播公司所垄断。三大公司达成默契，通力合作，一致对外，并且不惜一切代价地坚决打压敢于踏足这一领域，与他们争抢利益的其他势力。面对如此联系紧密、如此根深蒂固的广播电视业三巨头，似乎任何人都不可能有实力在这一领域挑战他们的权威。

泰德·特纳在亚特兰大拥有一个小型超高频电视台——17台。但它的信号非常微弱，有时甚至在亚特兰大也接收不到。特纳不久前发现，广播电视领域中还有一片尚未被三大公司控制的处女地那就是电缆电视台。要知道，三大广播公司从来都是依靠卫星信号传输来把自己的电视信号覆盖到整个美国的。显然，这是一个进军广播电视业的天赐良机。

　　但特纳也深切地知道，以他目前的实力，如果贸然去和三大公司进行竞争，必然会落得个血本无归的下场，在那个战场上，他几乎连招架的功夫都没有。因此，他为自己制定了"暗度陈仓"的进攻策略，以求出奇制胜。一方面要给对手造成一种假象和错觉：特纳公司实力弱小，只能在不起眼的行当里维持生存，不敢涉足新闻制作领域，使三大公司忽略他的存在。另一方面则要不动声色地积蓄力量和资金。经营 17 台的经验告诉他，维持一家大型电视台的费用几乎是一个天文数字。

　　特纳首先涉足的领域是生活娱乐节目。以电视新闻制作为主的三大公司素来瞧不起这个领域，认为凡是经营这种节目的电视台都是小打小闹。因为任何其他节目都不可能跟新闻争夺收视率，娱乐节目更不可能，而收视率却恰恰是电视行业最看中的一项指标，它决定着电视台的收入情况和生存状况。如果不委曲求全地经营娱乐节目，特纳的电视台恐怕早就被三大公司合伙挤垮了。

　　1973 年，亚特兰大市举行勇士棒球赛，特纳觉得这是个好机会，于是就花高价买到了棒球赛的转播权。棒球是美国人的最爱，这次比赛吸引了数千万的美国观众关注的目光。这一次，他们只好将频道锁定在那个不起眼的 17 台上了。当地的广告商也第一次发现不应轻视这家电视台。

　　但特纳醉翁之意不在酒，他是要以棒球赛为契机，建立起崭新的以电缆为传输平台的电视网络，开发和占据这一片颇有潜力的空白地带。通过这次的棒球直播，人们终于认识到了电缆电视所蕴含的无穷商业潜力。再加上这次直播让特纳的电视台有了知名度，特纳的资金也更充裕了。由于已经在电缆电视领域占据了先机，在接下来的几年内，特纳的电视事业得到了长足的发展，凭借电缆电视一举崛起，成了全美范围内赫赫有名的大电视台，把美国电视业的"三分天下"变成了"四分天下"。现在，特纳旗下最有名的电视产业就是大名鼎鼎的 CNN 电视台。

　　泰德·特纳所做的这一切分明就是委曲求全，以小搏大的典范。"三巨头"相互之间联系紧密、壁垒森严，主要市场全部被他们所垄断，业内其他的"小鱼小虾"们只能在他们的夹缝中求得生存的一丝空间。而特纳先是在娱乐节目领域委曲求全、韬光养晦，然后凭借电缆电视和转播棒球赛的机会一举上位。这不得不让人佩服他的谋略和胆气。作为一个美国人，把我们中国祖训传下来的谋略运用得如此纯熟，实在令人赞赏。

第二章

精细管理："图难于其，为大于其细"

无为而治是老子最基本的治国理念。但所谓"无为"，实际上只是一种表象，其本质是外松而内紧，表面上什么都不做，却在暗中励精图治，对国家进行更加精细的管理。那么，我们在进行企业内部管理的时候，是不是也可以从老子的"无为"理念当中得到某些启示呢？没错，那种外松内紧的精细化管理既不会给员工们带来太大的压力，同时也能让公司的管理水平提高到一个新的层次，绝对是一种既实用又新潮的管理模式。

天下大事必作于细

——成功的企业离不开细节管理

【回眸经典】

为无为，事无事，味无味。大小，多少，报怨以德。图难于其易，为大于其细。天下之难事，必作于易；天下之大事，必作于细。是以圣人终不为大，故能成其大。

——六十三章

【经典阐释】

以无为的态度有所作为，以不滋事的方式处理事物，把恬淡无味细细品味。做大事从小事着手，做众多的事情也要从少量的开始做起。用恩德来回应仇恨。解决难题要从容易的地方入手，实现远大要从细微之处起步。天下的难事，一定从简易的地方做起；天下的大事，一定从微细的部分开端。所以圣人始终不贪图大，反而能成就伟大的事业。

【老子商道】

我们常说企业领导者必须具有全局意识，但其细节往往可以控制整个局势的变化。古语有云，"千里之堤，溃于蚁穴"，如果领导者在做决策的时候，忽视了某些细小的环节，那很可能导致满盘皆输，前功尽弃，原先所有的努力都付之东流。其实，全局和细节看似是矛盾的两个方面，但它们既对立又统一。全局决定着细节的性质，但细节也影响着全局的发展。这也正应了老子"天下之难事，必作于易；天下之大事，必作于细"的论断。

二十年前，有一个问题始终困扰着那些从事日用品生产的公司和企业，那就是人们在刷牙的时候经常会被牙刷的刷毛划破牙龈，导致牙龈出血。

为了攻克这一难题，日本狮王公司进行了不少次试验，例如牙刷改为柔软的狸毛、刷牙前先用热水把牙刷泡软，不过，这些都没有取得预期的效果。

后来，有人提议在牙刷的刷毛形状上做文章。于是，狮王公司的研究人员们发现：那些牙刷刷毛的顶端并不是尖的，而是四方形的，这正是牙刷划破人们牙龈的最大原因。

找到了出现问题的根源之后，一名叫加藤信三的研究人员提出："那我要是把刷毛的头磨成圆形，是不是就不会损伤牙龈了呢？"说干就干，加藤信三他们立即着手对牙刷的刷毛进行改进。

经过试验，加藤信三和朋友们发现那些被磨成圆头的刷毛一点也不像以前那样坚硬了，基本不会出现牙龈出血的现象，而且还能伸进齿缝更好地清洁牙齿。这次试验成功后，几个人一起来到公司，提出了改变牙刷刷毛形状的建议。

幸运的是，狮王公司非常重视这个建议。他们立即成立了论证小组，在论证过可行性后，果断地将顶端四方形的狮王牌牙刷刷毛改为圆形。这种新式牙刷不仅受到了消费者的喜爱，还引起了相关专家的赞同。再加上媒体的宣传，连续畅销十多年之久，销售量占全国同类产品的 30%~40%。

牙刷还是原来的牙刷，只不过牙刷的刷毛头部变成了圆形，这样一点点细节上的改进就让原本藉藉无名的狮王公司一步登天。由此可见，细节对于一家企业的前途会造成多么大的影响。

因此，推行细节化管理是每一家企业都应该落实到位的。在企业中，每一项决策的制定，领导者都应该将所有环节考虑进去，全面地统筹规划，用扩散性的思维去分析和研究，从而做出一个切实可行、保障有力的决策。而将重视细节融入公司的企业文化，让每个员工都自觉遵守，则是企业实施细节管理的最高境界。

快餐行业的"巨无霸"麦当劳就是一家非常讲究在细节上做文章，实施细节化管理的公司。当麦当劳对员工进行培训时，在他们所用的的教科书和录像带里，会不断重述公司的一些细节：要不断地有人在清洗厕所；要转动汉堡而不是翻动汉堡；如果巨无霸做好 10 分钟后无人购买，薯条做好 7 分钟后无人购买，就必须扔掉；收款员必须与顾客保持眼神的交流，并且一定要微笑着说"欢迎光临"和"谢谢，再见"……其实这些都只是微不足道的小事，但是正是这些细节在潜移默化当中让顾客感觉到舒心，最后成为了反复上门的回头客，成了只吃麦当劳的"死党"。

在快餐行业，唯一有能力与麦当劳展开正面竞争的就是肯德基。在每一家麦当劳餐厅的 500 米内，你必然能够找到一家肯德基餐厅。肯德基同样也是一家注重细节管理的公司。比如说，肯德基为驾驶汽车的消费者专门设立的"汽车穿梭餐厅"业务。既然是快餐，肯德基就要把"快"做到极致：当驾车顾客来到点餐窗口时，窗口的自动计时器就开始计时，到车离开时就立刻计时结账，而肯德基对员工们的要求是，不得让任何一位顾客在窗口前停留超过两分钟。

世界上流传着这样一句俗语，"钱在犹太人的口袋里，而智慧在中国人的脑袋里"。当今中国，绝不缺少雄韬伟略的战略家，唯独缺少精益求精的执行者；绝不缺少各类管理规则的制定者，唯独缺少对规章条款不折不扣的执行者。面对盛行的浮躁之风，面对竞争走向垄断、利润趋近于零、市场标准日渐提高、产品高度同质化、服务标准人性化的现实，重视细节，重视并推行细节化管理则是一条再好不过的出路。

夫唯病病，是以不病

——坚持创新，从失败中吸取教训

【回眸经典】

知不知，尚矣；不知知，病也。圣人不病，以其病病；夫唯病病，是以不病。

——七十一章

【经典阐释】

知道自己还有所不知，这是很高明的；不知道却自以为知道，这就是一种很糟糕的病态。圣人没有这种病态的体现，正是因为承认自己有这种不足。承认自己有不足之处，才能让自己不断进步。

【老子商道】

划火柴有两种必然结果：点着，没点着。这就是我们所处的世界，成功和失败是一对互不调和、对立统一的矛盾体。当我们在追求事业成功的时候，同样也会不可避免地面对失败的可能性。

因为小儿麻痹的缘故，阮文龙在 3 岁时就成了一个四肢不健全的残疾人，并因家境贫困，初中未毕业就休了学。

虽然身患残疾，但是，从小酷爱美术的阮文龙还是不顾别人的反对，参加了当地的一个美术培训班。后又辗转于杭州、新疆等地，边打工，边学习。他当过油漆工，干过美术装潢，但艰苦生活的磨砺始终没能改变他对艺术的痴心。

就这样边打工边画画，阮文龙积累了一定的经验。这时，他在家乡创办了一家装潢厂，做得有声有色。但阮文龙不甘于此，他赚钱的目的是想报考中国美术学院深造。

终于在1993年，凭着惊人的毅力，阮文龙叩开了中国美院的大门，成为成教学院的一名大学生。读书期间，他带着全部积蓄，开始了在杭州的创业——他开了一家照片彩扩店。

尽管阮文龙的初衷很好，但是，当全部的15万元的投资变成彩扩设备后，由于不了解市场，在半年的时间里，他就亏损了5万多元。

这次惨败，让阮文龙元气大伤。不过，他没有放弃，而是总结经验，继续寻找商机。2000年9月，他创办了杭州亚龙雕塑艺术有限责任公司和中国第一家民办的城市雕塑设计研究院。凭借着30万元的启动资金和7名员工，阮文龙就这样再次走上了创业路。

不过，这次创业之路依旧一路坎坷。3个多月的时间，公司没有接到一单生意，这让他感到了莫大的压力。但他仍然充满了希望，并用自己坚强的毅力和对艺术的执著赢得了临安市中心和平鸽雕塑的建筑订单，在建筑的过程中，他精益求精的工作态度感动了不少圈内人士，也为他的公司带来了成功的机遇。如今，阮文龙的公司已经为全国170多个城市设计、建造了雕塑。

现在要想取得商业成功靠什么？靠人才，靠品牌，靠市场……答案可以说是多如牛毛。其实这些回答都有道理，但归根结底是要靠创新。但是，创新这种东西却是相当的"不靠谱"，不得不承认，创新失败的例子要远比创新成功的例子多得多，只不过我们平时耳熟能详的都是那些成功的例子罢了。

事实上，人们在现实中都追求成功，不愿意失败，不过这种想法却是会阻碍你进行创造性思维的。对于创造性思维而言，如果你强烈地认同"失败是一件坏事"，那么你的思维就会受到限制。要知道，创造性思维没有任何先例可循，只能摸着石头过河，慢慢进行探索。因此可以说，失败是创造性思维必要的副产品。但是，正是那些失败的创新让我们知道自己还有所"不知"，应改变原有的方向而探寻新路，从错误和失败中获取经验教训，从而踏着失败这块垫脚石，迎来新的希望。

趋势科技股份有限公司的董事长张明正曾说："经济危机让原本就'不好混'的市场变得更加险恶，风险重重。但对于一家企业来说，最大的危险莫过于员工失去失败的勇气。"张明正"敢于失败"的管理理念已经成为了趋势科技的企业文化中重要的组成部分。在张明正潜移默化的影响之下，趋势科技公司的员工心中有着这样一种观念："犯错误不要紧，但要敢于失败"。

新员工从第一天起就看到同事采取"敢于失败"的态度，他们召开小组会议，会上人们站起来，承认自己犯了错误或是在某件事上失败，却从中吸取了教训。这样，新员工很快认识到失败并不可怕。在趋势科技，每一个员工都深知，要想开拓创新，推行对企业有益的变革，就必须容许失败，因为变革和创新本来和失败就是一对"双胞胎"。但是，通过对失败原因的检讨，对于经验教训的吸取，这些失败最终都会转化成学习和进步的源泉，给趋势科技未来的创新之路指明了方向。

麦当劳连锁店的创始人克罗克认为："成就必须是在战胜了失败的可能、失败的风险后才能获得的东西。没有风险，就没有取得成就的骄傲。"优秀的组织总是热情地鼓励员工尝试和冒险，积极支持员工的创新思想和创新行动，同时又能宽容地对待失败，甚至鼓励犯错误，以保护员工创新的热情和积极性。事实上，企业在商业上的成功不是从"已知"的成功中掘取的，而是从"未知"的失败中总结出来的。

当然,宽容失败并不是放任自流、为所欲为,而是激发员工们的挑战精神和战胜困难的勇气。正如爱迪生发明电灯经历了无数次失败而面对着世人的嘲笑时所说:"是的,我已经失败了1600多次,但我至少知道了这1600种材料并不适合做灯丝。"创新具有高风险性,因此,员工的创新活动是应该允许失败的。但是,允许失败并不是放任自由地、不负责任、无目标无目的的行为,而是激励员工不被一两次失败吓倒,冷静地分析原因,从而实现成功。在IBM发生的一件事就能很好地体现出那些世界知名企业是如何对待员工失败的。

IBM公司一位高级负责人在创新工作中出现了严重失误,因为他的失误,IBM公司遭受了高达1000万美元的巨额损失。

事情发生之后,许多人提出应立即把他革职开除,但公司董事长老沃森却认为,一时的失败是创新精神的"副产品",如果继续给他工作的机会,他的进取心和才智有可能超过未受过挫折的人。

结果,这位由于创新而失误的高级负责人不但没有被开除,反而被调任同等重要的职务。老沃森对此的解释是:"如果将他开除,公司岂不是在他身上白花了1000万美元的学费?"后来,这位负责人确实从自己的失败当中吸取了教训,为公司的发展做出了卓越的贡献,没有辜负IBM公司为他交的"1000万学费"。

美国的媒体业巨擘时代华纳公司已故总裁史蒂夫·罗斯曾说过:"在这个公司,你不犯错误就会被解雇。"在那些站在世界商业领域顶端的大公司当中,普遍推崇的价值观就是"允许失败,但不允许不创新"、"要奖赏敢于冒风险的人,而不是惩罚那些因冒风险而失败的人"等。这种坚持创新,从失败中汲取教训的思维模式实际上已经成为一种理所当然的创新理念。

为之于未有，治之于未乱

——高瞻远瞩，把危机扼杀在襁褓之中

【回眸经典】

其安易持，其未兆易谋，其脆易泮，其微易散。为之于未有，治之于未乱。合抱之木，生于毫末；九层之台，起于累土；千里之行，始于足下。为者败之，执者失之。是以圣人无为故无败；无执故无失。民之从事，常于几成而败之。慎终如始，则无败事矣。是以圣人欲不欲，不贵难得之货；学不学，复众人之所过，以辅万物之自然而不敢为。

——六十四章

【经典阐释】

事物稳定，则容易掌握；处于酝酿阶段的事情易于谋划；事物脆弱时容易消解；事物细微时易于消散。处理事情要在它未发生之前就处理妥当，治理国家要在祸乱没有发生之前就早做准备。一棵茁壮得需要合抱的大树总是从幼苗长起，九层的高台也要由一撮撮泥土堆积而成，完成千里之遥的路程，还得靠一步步行走。做那些别人已做过的事就会失败，执守于已有的成果不思进取，也会失去眼前的果实。所以圣人无所为却不会失败，不固守当前的业绩，因而不会丧失已有的业绩。一般人办起事来，常常在接近成功的时候而失败。假如能像开始时那样慎重，就不会招致失败了。所以圣人总是想那些一般人不去想的问题，也不去尾随普通人追求的难得之物，而是学习那些一般人不去学的知识，补救众人常常易犯的错误。他只是辅助万物的自然发展，而不妄加干预。

【老子商道】

记得有这样一个笑话：一天，暴雨忽然来袭，路上很多行人都措手不及。那些没有带雨具的人全都快步地向家的方向奔去，只有一个人——既没打伞也没穿雨衣——在慢慢地走。有人就问他："你怎么不赶快往家跑呢？"他回答说："前面不是也有雨吗？"

在笑话这个喜欢"雨中漫步"的人的同时，我们难道不应该扪心自问：我们自己在经营企业的时候是不是也像这位"前面不是也有雨吗？"的人一样消极和被动？试想，当危机到来时抱着"听天由命"的态度心里想着"危机反正要发生，那就让它发生吧"，如此经营，企业又怎么可能安全地度过危机呢？

事实上，危机管理已经是现代企业管理当中一个重要的分支了。危机管理是企业为应对各种危机情境所进行的规划决策、动态调整、化解处理及员工培训等活动过程，其目的在于消除或降低危机所带来的威胁和损失。懂得危机管理的企业负责人对外界哪怕是一点儿"风吹草动"都应保持充分的敏感，时刻对危机进行科学的监测、诊断、识别与评价，迅速拿出有力措施应对危机，第一时间就开始进行补救，尽心尽力使负面影响降到最低。把危机扼杀在襁褓当中，保证企业能够在相对安全的环境当中进行稳定高速地发展。危机管理是企业有序运行的有力保障，也因此而深受重视。如果没有危机管理，等到企业出了危机之后才想起了"危机管理"，那就只能是消极被动地给危机造成的危害"擦屁股"了。

开饭馆的人，总担心消费者说自己的菜难吃。然而，有这样一个小店，却拥有一个"怪难吃"的名字。并且，这家店的生意也非常火，这是为什么呢？

"怪难吃"餐馆的老板，是一个名叫朱伟明的下岗工人。刚下岗时，凭借小时候祖父教他做的一种名为鸡柳的小吃，开设了一家"好美味"小吃店。

有一次，一位顾客刚刚将鸡柳吃到口中，就开口大骂道："这算什么好美味呢，纯粹是'怪难吃'。"

顾客的批评，让朱伟明一愣。原来，那天他不小心放错了调料，使鸡柳的味道变得很糟糕。朱伟明见状，急忙向顾客赔不是，但客人却咄咄相逼："好美味是假，怪难吃才是真！你的鸡柳做得这么难吃，还好意思要钱吗？"这使得一些同行幸灾乐祸地大喊："好美味就是怪难吃呀！"

更令人难堪的是，第二天，有人竟用毛笔在他的店门旁写下了"怪难吃"3个大字。要是换了一般人，遇见这样的情况肯定早就气疯了，但是朱伟明灵机一动，心想："莫不如干脆顺水推舟，将店名改成'怪难吃'算了，这样一来，那些希望自己倒霉的同行们肯定没话说了。更何况，现在的人喜欢猎奇，这'怪难吃'的店名说不定反而可以为自己招揽顾客呢！"

不出朱伟明所料，自从店名改成"怪难吃"之后，顾客竟然一天天多了起来。他跟那些顾客一问，原来那些顾客真的是冲着这个奇怪的店名来的，因为他们都想知道"怪难吃"到底是何种滋味，到底难不难吃。吃过之后，顾客们都对朱伟明的鸡柳大加赞赏，"怪难吃"小吃店也渐渐有了名气，每天的中午和晚上，店门口都会排起长长的队伍，朱伟明自己当然也是赚得盆满钵满。

看看朱伟明，将店名随手一改，不仅将一次重大危机消弭于无形，更兼"因祸得福"，让自己的小吃店借此火了起来。想来，"好美味"身上所发生的事在其他小店甚至大企业中也同样发生过无数次，但能像朱伟明这样快速将危机扼杀在襁褓之中的却并不多。

这种成长的危机在不同的行业、不同的地区、不同的企业、不同的年代轮番上演，虽然表现形式不同，但共性是如此惊人的相似。有些公司，尽管昔日的行为无可挑剔，甚至所获得的利润让整个业界都垂涎三尺，但也很有可能由于"居安不思危"而败于一时的失误，经不起对手的竞争。想想当年拥有 T型车的福特，想想当年拥有超级蓝光刀片的吉列，你就会彻底明白危机管理究竟有多么重要。

见小曰明，守柔曰强

——企业管理要从小处着眼

【回眸经典】

天下有始，以为天下母。既得其母，以知其子。既知其子，复守其母，没身不殆。塞其兑，闭其门，终身不勤。开其兑，济其事，终身不救。见小曰明，守柔曰强。用其光，复归其明，无遗身殃，是谓袭常。

——五十二章

【经典阐释】

天下万物都有它的根源，都是由道产生的，顺应历史自然便产生了新的政权。如果知道本源，就能认识万物，认识了万事万物又把握着万物的本源，那么终身都不会有凶险。封锁那些放任欲念的通道，关闭其放任欲念的闸门，那么一辈子都不会遭受烦扰；相反，如果打开那些可以放任欲念的通道，即使竭尽全力，做尽外在的事功，也将终身不可救治。能够体悟到细微暗昧之处道理的人，可以称之为明察；能够恪守柔弱、不恃强暴的人，可以称之为真正的强健。利用外界所呈现出来的形质，有效地反馈于本体的内部，就不会招致各种祸患了。这便可以说是承守常道了。

【老子商道】

"见小曰明，守柔曰强"，《老子》中的这句话简直就是为精细管理的经营理念"度身定做"的。在现代市场竞争中，参与竞争，争夺市场的双方或多方往往势均力敌，而在这些竞争者之间最终所比拼的，其实就是细节。

日本 SONY 与 JVC 在进行录像带标准大战时，双方技术不相上下，SONY 推出的录像机还要早些；两者的差别仅仅是 JVC 一盘带是 2 小时，

SONY 一盘带是 1 小时，其影响是看一部电影经常需要换一次带。仅此小小的不便就导致 SONY 的录像带全部被淘汰。

纵观世界上那些强势企业，他们之所以"强势"，就是因为他们在细节的比拼上下了很大的功夫。在绝大多数企业经营者的脑中，一家企业单单只靠战略就能挣大钱的想法是极其幼稚的，企业的成功与否，固然有战略决策方面的原因，但更在于决策后面的小事情是否做得足够好，是否能把这些决策真正细化地推行下去。

事实上，越是大企业，越容易犯那种不注意细节的毛病，诸如浪费巨大而熟视无睹，人浮于事相互推诿，对市场信息不敏感，内部各部门之间沟通障碍，员工创新动力不足等等。而这些，不也正是 SONY 这个大公司在市场竞争中败于 JVC 的原因吗？

彼得森是一家戒指公司的创办人，为了打开竞争激烈的市场，他不得不开动脑筋，寻找新的盈利点。

彼得森明白，想要让自己的戒指充满创意，那么就必须着力打造自己的特色，否则便是哗众取宠。经过一些考察，彼得森在订婚戒指图案的表现方法这一细节上动了一番脑筋。

彼得森想到，象征着爱情的首饰多数以心形构图，这已经被广大消费者接受，所以，他对此传统依然沿用。然而在构图的表现方法上面，彼得森却独具匠心。他将宝石雕成两颗心互相拥抱状，以此表现出"心心相印"的浪漫。接着，为了表现爱情的纯洁，他又用白金穗铸成两朵花托住宝石。

这个细节上的设计，受到了消费者的好评。不过，彼得森仍然没有满足，他在两个白金穗中，又设计出了一个男婴和一个女婴。女婴手里，牵着挂在宝石上的银丝线，以此来祝福新郎新娘未来美满幸福的家庭。那条男女婴儿牵的银丝线更是独具特色，那银丝线上有很多手工镂刻出的皱纹，皱纹的数目能够随意增减。这个设计，彼得森是为了方便购买者，让他们可以利用皱纹来做记号，比如男女双方的生日、订婚日期、结婚年龄及其他私人秘密。

彼得森的细节设计，令这款戒指非常受欢迎，几乎每对新婚夫妇都会对它赞不绝口。就这样，彼得森公司的生意越来越兴隆，很快从市场上脱颖而出。

对于细节上的改进，彼得森永远不会感到疲倦。他不断思索如何能在戒指设计上找到新的能够吸引消费者的细节，并且不断探索戒指生产的新方法、新工艺，终于在1948年发明了镶嵌戒指的"内锁法"。

1948年的一天，一位富商慕名而来，他拿出一颗硕大漂亮的蓝宝石，要彼得森镶嵌出一个与众不同的戒指，并且最好能使蓝宝石得到很好的体现。商人想将这枚特殊的戒指送给自己的女友。看着这颗宝石，彼得森并没有在图案上做什么大的变动，而是在宝石的镶嵌方式这一细节上进行了创新。他按照商人要尽量体现出宝石的要求，用金属将宝石底部包托起来，宝石的90%便暴露在外，只是掩盖了底部的一点面积，完全满足了商人的需要。

正是这一次的细节改进，使得内锁法这种钻戒行业中的经典加工方式被彼得森创造了出来。这种内锁法一经上市，立刻得到了消费者的喜爱。这一项发明很快便获得了专利，珠宝商们竞相购买，在技术转让费上，彼得森又赚了一大笔。

后来，彼得森又发明了一种"联钻镶嵌法"，采用这种方法将两块宝石合二为一做成的首饰，能够使两块1克拉的钻石看来像一块2克拉的那样大，要知道，一块2克拉的钻石可要比两块1克拉的贵得多。这种新技术引发了新一轮的戒指消费热潮，而彼得森利用自己重视细节的理念和聪明的头脑，最终成为了一代"钻石大王"。

彼得森的实例告诉我们：产品和服务微小的细节差异有时会放大到整个市场上变成巨大的占有率差别。因为，一家企业在产品或服务上有某种细节上的改进，也许只给用户增加了1%的方便，然而在市场占有的比例上，这 1% 的细节会引出几倍的市场差别。原因很简单，当消费者对两个产品做比较之时，他们会自觉地将两种产品的共同点忽略掉，同时在心里将这两种产品的不同点加以比较，而此时，那 1% 的细节就成了决定消费者心理倾向的关键点。

因此，对于消费者的购买选择来讲，是 1% 的细节优势决定那 100% 的购买行为，微小的细节差距就这样决定了企业生死存亡的市场占有率指标。而这，正是彼得森可以靠改善细节而取得成功的原因所在。

物或损之而益，或益之而损

——要重视管理当中的每一个细节

【回眸经典】

道生一，一生二，二生三，三生万物。万物负阴而抱阳，冲气以为和。人之所恶，唯"孤"、"寡"、"不谷"，而王公以为称。故物或损之而益，或益之而损。人之所教，亦我义教之。强梁者不得其死，吾将以为教父。

——四十二章

【经典阐释】

在空灵自然的道的作用下，混沌的无极转化为太极，进一步化生为阴阳两仪。两仪化合而衍生和气，从中繁衍出天下形形色色的万物。万物虽然繁杂，却都蕴涵阴阳二气，调和阴阳二气就成为和气。人类所厌恶的，莫过于孤寡和贫困，而侯王却反而常用它来作为自己的谦称。所以说，事物有时表面上的损害反而能使它真正得益；有时表面上的增益反而在实际上造成了损害。别人的教诲，我也常用来教育人。逞强好胜的人不会有好下场。我将把这句话视为施教的最高宗旨。

【老子商道】

眼下,有一句很流行的话是"细节决定成败"。在此种理念的诱导下,管理逐渐演变成对所有运营细节全面而严格的控制,只有处理好那些细节,才能让企业的管理水平步入一个更高的层次。

作为世界上最大的零售商并长期占据世界 500 强第一位宝座的沃尔玛公司,他们的管理方式一向为世人所称道。而细节管理就是沃尔玛的管理模式中非常重要的一个组成部分。

当年,沃尔玛公司的创始人山姆·沃尔顿为沃尔玛引入了一套先进的信息管理系统。在这套系统中,公司总部可以通过一台高速电脑,随时监控着全国 20 个发货中心及上千家商店的销售情况。通过商店付款柜台扫描器售出的每一件商品,都会自动记入这台高速电脑。当某一商品数量降低到一定程度时,商店的电脑在一秒钟内就会发出信号,向总部要求进货。总部的高速电脑在接到信号后,会在几秒钟内调出货源档案提示负责发货的员工,让他们将货物送往距离商店最近的分销中心,再由分销中心的电脑安排发送时间和发送路线。

这一高效的自动化控制使公司在第一时间内能够全面掌握销售情况,合理安排进货结构,及时补充库存的不足。这套系统使沃尔玛在很多细节上都得到了优化和加强,让沃尔玛的管理变得更加规范化,不仅增加了企业的运转效率,而且还极大地节约了成本。

紧接着山姆·沃尔顿又在沃尔玛建立了一套卫星交互式通讯系统。凭借这套系统,公司总部可以随时与所有商店的分销系统进行通讯。如果有什么重要或紧急的事情需要与商店和分销系统的管理者进行交流,沃尔顿就会走进他的演播室并打开卫星传输设备,这套卫星交互式通讯系统会在最短的时间内把消息送到那里。

这套看似无关紧要的系统花掉了沃尔顿 7 亿美元,是当时世界上最大的民用数据库。在这套系统建立之初,人们都说沃尔顿一定是疯了,他的脑子被钱烧坏了，把整整 7 亿美元扔在了如此无关紧要的地方。但沃尔顿却认为花费巨资建立这套卫星系统是完全值得的，他说："别看这套系统只能够从细节上改进公司的管理，为我们节约了一些时间，你要看到的是这套系统提高了整个公司的运转效率，它每分钟都在为我赚钱。"

什么是好的管理？在这里我们不做大方向上的讨论，但有一点是毋庸置疑的，那就是当你处理好了管理当中的每一个细节，那么你的管理"段位"自然也就上去了。沃尔玛成功的原因当然不仅仅是一个细节管理就能够通盘概括的，但我们也绝不能否认，正是细节管理，正是山姆·沃尔顿肯下血本在细节上进行加强，才让沃尔玛在管理上如此"上档次"。

在重视管理当中每一个细节的同时，对于那些细节当中的关键环节，我们更应该重视。正所谓"具体问题具体分析，特殊问题特殊对待"，那些真正能够影响到我们事业成败的关键环节，我们又有什么理由不对他们进行"额外关照"呢？

老李夫妇俩是一座二线城市中的私营业主，他俩凭着祖辈传下来的手艺，在一处农贸市场租了一个摊位，干起了宰羊、煮羊肉、卖羊肉的行当。

夫妇俩虽然文化程度不算高，但这生意做得却是相当有讲究的。首先，他俩不是死板地宰宰羊、卖卖肉而已，他们卖肉是分季节的。春夏季，他们主营煮熟的白切羊肉，秋冬季则以卖生羊肉和羊肉片为主。在炎热的夏天，那些适合下酒的熟羊脸羊蹄是顾客们的首选；到了滴水成冰的冬天，热气腾腾的羊汤让每一个过路的人都有想要喝一碗暖暖身子的冲动。

与此同时，卖熟羊肉时，热情的李嫂总忘不了给客人送上一小包椒盐；卖生羊肉时，细心的她又准备了一些萝卜，给每位买肉的客人称好羊肉后随手放上一两个，以便煮羊肉时消除膻味。正是这些热情周到为客人着想的小举动，使他们从众多的摊位中胜出，生意相当兴旺，有一大批固定的回头客。

对于摆摊卖羊肉的老李夫妇来说，那些能够让顾客感觉贴心，买了一次还想再来的环节是他们经营上的关键环节；也正是这些贴心的细节，让顾客们感到了老李羊肉摊的与众不同，成为了他们的回头客。

像老李夫妇一样，许多经营者越来越注重经营过程中的关键环节，依靠某些不显眼但极富个性、极能吸引人的环节取胜。而许多消费者也越来越被消费过程中的种种人性、温情环节所"俘获"。

因此，在现在这个任何事情都有可能发展成一门学问的时代，"细节经济"也与"注意力经济"、"眼球经济"等新学问一样，越来越受到企业管理者们的关注和重视。重视每一个细节，主抓关键环节，这就是细节管理的精华之所在。

大道泛兮，其可左右
——管理之中无小事

【回眸经典】

大道泛兮，其可左右。万物恃之以生而不辞，功成不居。衣被万物而不为主，故常无欲，可名于小矣；万物归焉而不知主，可名于大矣。是以圣人能成其大也，以其不自大，故能成其大。

——三十四章

【经典阐释】

最为博大的自然规律，它广泛地渗透到天地万物之中，既可主宰万物，又可协助万物。万物正是倚仗着它的法则赖以生存发展，但不将主观意志加于万物，有功也不自居。滋养万物、有德于万物却并没有受到万物的推崇，可以说它好像是弱化了自身的作用；万物都遵循并纷纷归附于它，却都不知道它的本来，可以说它的胸怀又表现得很博大。正因为它始终不自认为很伟大,所以才能成就了它真正伟大的功德。

【老子商道】

现代化的大生产,涉及面广、场地分散、分工精细、技术要求高,许多工业产品和工程建设往往涉及到几十个、几百个甚至上千个企业,有些还涉及到几个国家。如要做一双鞋要经过五个人的分步加工,制造一台电视要通过数百人齐心协力地工作,一台汽车有数万个零件,需要几千名工人分工协作并且需要数百家公司提供原料和零部件,而一架波音747客机则有450万个零件,还有美国的"阿波罗"宇宙飞船,则要两万多个协作单位共同完成。

现代社会的商业规模如此庞大,想到要有成千上万件事情需要你去操心,估计每个人都难免头疼。但越是这样,你越不能忽视其中的任何一点小事。现代商业的特点是庞大而不粗糙,分工却不粗放,而且越来越需要企业领导者实施更加精细的管理。人的精力是有限的,我们只能通过制定和贯彻执行各类技术标准和管理标准,从技术和组织管理上把各方面的细节有机地联系协调起来,形成一个统一的系统,从而保证其生产工作有条不紊地进行。

在这一过程中,每一个庞大的系统是由无数个细节结合起来的统一体,忽视任何一个细节,都会带来无法想象的灾难。如我国前些年澳星发射失败就是细节问题:在配电器上多了一块0.15毫米的铝质物,正是这一点点铝质物导致澳星爆炸。认识到了这一点,你还会认为在管理当中存在无关紧要的小事吗?

说起"大奔",那是中国人心中世界名车的代表。奔驰是德国厂商,全世界的人都知道,要说机器,那肯定是德国人制造的最好。因为日耳曼人生性严谨,所以他们做出来的机器才格外可靠。奔驰汽车在德国机器当中也同样是佼佼者。奔驰公司的管理人员大多数都是最正统的德国人,他们对产品每一个部件的制造都一丝不苟,有时可以说到了吹毛求疵的地步。

人们看一辆汽车，首先注意的肯定是这辆车的外观，其中比较具备专业知识的则会关注这辆车的性能，而汽车的座位却很少有人关注。但即使在这个极少惹人注意的部位，奔驰厂也极为认真。奔驰车的座位座套所用的纺织面料是羊毛，这些羊毛必须专门从新西兰进口，其粗细必须在23~25微米之间。细的用来织高档车的座位面料，柔软舒适；粗的用来织中低档车的座位面料，结实耐用。纺织时，根据各种面料的要求不同，还要掺入从中国进口的真丝和印度进口的羊绒。这一切，在严谨的德国人眼里都是不能掺半点假的，因为这是大事。

座套下面就是奔驰车的真皮座椅了。据说，为了选好皮子来做椅子面，奔驰公司曾经派人到世界各地进行考察，最后还是在德国本地选了一家质量最好的供应商并额外要求他们的供货商在饲养过程中防止牛出现外伤和寄生虫，保护良好的卫生状况，以保证牛皮不受伤害。如果你认为这样应该已经可以了，那你可就太小瞧德国人的严谨态度了，因为选好牛皮的原料才只是一个开始。一张6平方米的牛皮，奔驰厂拿来做椅子面的还不到一半，因为肚皮太薄、颈皮太皱，而脚皮又太窄，这些"边角余料"都是不符合规格的。此后的制作、染色都有专门的技术人员负责，直到座椅制成。最后还要由1名工人用红外线照射器把皮椅上的皱纹熨平，这样才能体现奔驰的品质。

奔驰车向来以品质卓越著称不假，但就连相对来说并不重要的座椅都下了这么大的功夫，我们不得不对那些严谨的德国人表示钦佩了。不过我们必须得承认，就连座椅所用的布料和皮子都要做到尽善尽美，奔驰车的其他关键部位难道还会差吗？奔驰公司能够得享大名，绝对不是偶然。

我们始终在强调德国人天生严谨的性格，但奔驰公司能够有今天的成就只是因为德国人天生的性格吗？要知道，并非所有的德国公司都有奔驰这样的成就呢。事实上，让奔驰公司受益最深的还是他们先进的管理理念。他们强调的是为了品质不惜精力，不惜成本，对待公司的管理一丝不苟。这既是他们的理念，更是他们在经营上的战略方向。这些先进的思想再融合上德国人天生的严谨性格，才成就了今天的奔驰公司。公司从上到下每一个人在每一个微小细节处的工作态度都极为严肃认真，这是奔驰车获得成功的真正"秘诀"。

美国国际电话电报公司行政总裁哈罗德·吉宁曾经说："有许多事不需要我知道，可是在事后我要知道这是怎么回事。"他手下的一位行政主管也曾说过："在国际电话电报公司由吉宁一级解决的问题——有许多是小问题——比其他任何一家大公司都要多。"这难道不正是管理之中无小事的最好例证吗？诚然，作为一个公司的领导和管理者，宏观调控固然需要，但微观掌握更不可少。

自见者不明，自是者不彰
——自以为是让企业万劫不复

【回眸经典】

跂者不立；跨者不行；自见者不明；自是者不彰；自伐者无功；自矜者不长。其于道也，曰：馀食赘行。物或恶之，故有道者不处也。

——二十四章

【经典阐释】

踮起脚尖想站得更高一些，却反而不能长久地站稳；迈着大步想走得快些，却反而无法远行；只看到自己的长处，虽然能增强自信，但并不是开明的表现；自以为是，不愿接受别人意见，虽然显得有主见，但不能接纳雅言，反而容易固步自封，判断不清是非；经常自我夸耀的反而没有功劳，自以为高大的反而不能被认可并获得尊重。如果从"道"的方面来说：上面的行为都是多余、累赘不堪的东西，就如同剩饭、赘瘤一样，百害而无一利。所以修道的人一定要避免它，不要让这样的事情发生在自己的身上。

【老子商道】

"跂者不立；跨者不行；自见者不明；自是者不彰；自伐者无功；自矜者不长"。老子说了这么长一段话，其实最终目的就是为了证明一件事，那就是对任何事来说，过犹不及。

就拿企业经营来说，自信肯定是企业经营者所必备的一种优秀品质，没了信心，任何经营管理策略都是空谈。但是自信也同样不能过分，过分的自信就成了自负，成了自以为是。企业经营不是种庄稼，"种瓜得瓜，种豆得豆"；也不是做数学题，一加一得二，二加二得四。这是一个充满变数的领域，是一个遍布不确定因素的过程，目标常常表现出很大的弹性，结果也往往具有很大的未知性。在这种未知当中，企业经营者如果盲目自信，就会忽略市场上所存在的风险，一味贪功冒进，最后所造成的危害无疑也是巨大的。

杜邦公司从20世纪30年代末期就开始着手研发多孔聚合薄膜技术，但是直到50年代，当鞋面市场上合成纤维和装饰材料开始受到人们的广泛欢迎时，该项研究工作仍然没有取得任何实质性的进展。但颇具战略眼光的公司总裁查尔斯坚持认为新材料的诞生是大势所趋，杜邦公司一定要不遗余力，力争走在其他公司的前面。最后，杜邦公司终于开发出了可发姆——一种以合成纤维材料做底衬，上面覆盖着多孔薄膜的双压合成革。

要将可发姆应用在成品上就必须解决龟裂、软化和硬化等一系列问题。杜邦公司严格监督指定的高级制鞋商按要求做了少量的样品，在本公司内部进行试用。在得到绝大部分人的认可后，杜邦公司又将15000双鞋免费发放给消费者试用，结果仍旧令人振奋。

由此，杜邦公司总裁查尔斯越发觉得自己高瞻远瞩，认定可发姆这一新型材料将在不久的将来以席卷之势横扫整个制鞋业。这样一来，接下来要做的便是在市场上大张旗鼓地宣传了。由于杜邦公司使用可发姆制作的鞋款式非常新颖，广告宣传力度又强大无比，再加上杜邦公司原有的成熟销售网络，使可发姆鞋的前景看上去很美好。巧合的是，1965年美国皮革出口量剧增，导致国内市场皮革奇缺，价格飞涨。因此，一些传统的制鞋商也开始尝试用可发姆作为制鞋原料，这种结果进一步加深了查尔斯的信心，他决定将可发姆作为杜邦公司今后的经营重点，不惜血本地确立可发姆的市场地位，只要可发姆能够一统鞋类面料市场，杜邦公司的前景就是一片光明。

可世事难料，乙烯基纤维革，这种崭新的制鞋面料的出现彻底打乱了查尔斯的计划。这种面料外观极像皮革，价格比可发姆低了将近一半，而且花色和图案也相当繁多，消费者挑选余地大。相对于可发姆，这种面料显然更受欢迎一些。

但是查尔斯已经被可发姆之前的成功冲昏了头脑，在人人都看出可发姆已经完败于乙烯基纤维革的情况下仍然做出决定，于1970年10月又推出了第二代合成革。原指望借此恢复过去的市场份额，没想到结果却出人意料。日本人将一种更加质优价廉的合成革投放到市场，给了杜邦公司最沉重的打击。这种崭新的乙烯基纤维面料更加廉价，成本只有第二代可发姆的1／3到1／5。因此查尔斯最初所希望出现的市场巨大需求永远也不会再来了。

仅在1964~1971年这7年里，杜邦公司在可发姆上亏损了近1亿美元，这还不包括之前花在新材料研发上的费用。1971年4月14日，查尔斯果断地向股东们宣布，杜邦公司从此放弃可发姆的生产。

诚然，世事难料，谁也想不到原本市场前景一片光明的可发姆会忽然被其他新型材料所替代，这原本并不是查尔斯的错。但是，在可发姆的市场前景已经十分渺茫，失败已成定局的情况下仍然坚持不放手，花大力气推出可发姆的改良版，这就只能归罪于查尔斯的决策失误了。而促使查尔斯做出错误决策，蒙住双眼的，恰恰是因之前成功所过分膨胀的自信心。

清醒认识现实资源条件的有限性，是理智现实的态度；充分认清自身的潜力所在，追求有限资源的效益最大化，则是科学积极的态度。有限的人力资源使用得当，可以发挥"无限"的主观能动性；有限的物质资源运营得当，可以产生"无限"的经济效益；有限的人、财、物、信息资源组合得当，可以创造冲破"极限"的奇迹。

这一点，在历史上的"官渡之战"、"赤壁之战"、"马陵之战"等著名战役，以及当年轰动一时的"巨人倒下"、安然公司破产等经济事件当中已得到充分印证，而这不也正与老子"自见者不明，自是者不彰"的论断相合吗？

少则得，多则惑
——集中精力处理主要问题

【回眸经典】

少则得，多则惑。是以圣人抱一为天下式。不自见，故明；不自是，故彰；不自伐，故有功；不自矜，故长。夫唯不争，故天下莫能与之争。古之所谓"曲则全"者，岂虚言哉？故诚全而归之。

——二十二章

【经典阐释】

少取反而多得，贪多反而迷惑。因此，圣人总是掌握万事归一的法则，方可治理天下。不单凭自己所见，反能看得清楚，不自以为是，反而受尊敬，不自我夸耀，反能见功劳，不自高自大，反能得到长久的进步。正因为不和世人相争，所以没有谁能与他相争。古人所说"曲则全"的道理，怎能只是一句空话呢？（对于辩证统一的规律）只能诚心诚意去遵循，这就是人们常说的自然之道。

【老子商道】

我们常常会用一个词来形容那些工作繁忙的人，这个词叫做"日理万机"。事实上，用日理万机来形容我们这些企业经营者实在是再恰当不过了。别说是那些大企业的老总，就算是个体户，每天也要考虑进货、销售、成本、利润等许许多多的问题。但是，人的精力毕竟是有限的，每个人每天也就只有区区24个小时，精力再充沛，再热爱工作的人每天也需要花上几个小时来睡觉，我们可能把所有的事情都大包大揽起来，靠自己一个人全部决断吗？显然不能。

既然不能自己一个人全部搞定，工作又必须有人来做，那么就只有一个办法，就是优先选择那些最重要的工作，把那些相对次要的工作分派下去，发挥团队的力量。这就是管理的魅力。如何能够让团队高效运转，难道不是企业管理的重要课题吗？

提到美国著名的伯利恒钢铁公司，就不得不说起理查斯·舒瓦普。当理查斯·舒瓦普接任该企业CEO后，不由为公司的低效率感到担忧。不过，他自己的状态也好不到哪里，因为各种事情就像雪片一样堆到他的案头上，这让他越来越感到力不从心。

为了改变这一局面，理查斯·舒瓦普不惜重金聘请效率专家艾维·李寻求帮助，希望艾维·李可以教给他一套可以在单位时间内完成更多工作的方法。

对公司进行一番走访后，艾维·李很快制定出了解决方案。他对舒瓦普说："我10分钟就可以教你一套至少可以把工作效率提高50%的最佳方法，并且，我不会马上让你付钱，允许你试用，并且不加时间限制。如果你觉得很满意，那么你可以给我开张支票，并且价格由你说了算。你觉得多少合适，那么你就写多少。"

听到艾维·李的话，舒瓦普又惊又喜，急忙问："到底是什么方法呢？我急切地想知道。"

艾维·李没有着急,而是喝了杯咖啡,缓缓说道:"你今晚需要做的事情是把明天必须做的最重要的工作记下来,按重要程度编上号码。最重要的排在首位,以此类推。比方说,当你早上刚进办公室,那么你就看下今天的第一项事情是什么,然后就开始动手干。如果这项工作没做完,那么,你就不要碰其他工作。当第一项工作完成后,你再用这种方法对待第二项工作、第三项工作……直到你下班为止。即使你花了一整天的时间才完成了第一项工作也没关系,只要你能保证它是最重要的工作就可以了。这个方法需要坚持不懈,你需要每天都这样做,把它变成你做事情的习惯。如果你觉得工作效率确实得到了提高,并且对这种方法的价值深信不疑之后,你还可以教你公司里的其他员工也都这么做。"

艾维·李的建议,令舒瓦普将信将疑,不过,他还是选择了听取意见。一周之后,舒瓦普发现自己在这一周的时间里整整做了原来两周才能做完的工作,他填了一张 25000 美元的支票寄给了艾维·李。

后来,舒瓦普将这个方法在各个部门推广,伯利恒钢铁公司的效率顿时提高了许多,效益越来越好。舒瓦普常对他的朋友们说:"艾维·李让我学会了如何才能提高工作效率,我和整个团队坚持选择最重要的事情先做,我认为付给艾维·李的这 25000 美元是我经营这家公司多年来最有价值的一笔投资!"

艾维·李教给舒瓦普的这个"绝招"你也可以试试看,而且,你还不用花25000 美元进行"投资"。其实,提高自己效率的方法非常简单,而且非常容易理解。我们的每一天就像是那个玻璃杯,在我们要做的事情中,最重要的那些事就是"鹅卵石",而相对不重要的就是那些"沙子"。如果我们总是被琐碎的事情所牵绊,就相当于我们先把沙子放到杯子里,结果重要的鹅卵石就再也放不进去了。这就是为什么我们同样努力付出,但是最终收获的只是一些沙子,而没有鹅卵石。所谓"少则得,多则惑",只做目前最重要的事,其效率当然会比一大堆事情摆在手边不知道该做哪件要高得多。

现在你知道为什么集中精力处理主要问题可以提高你的工作效率,为什么这也同样属于一种精细管理的方式了吧? 因为如果在你的公司中,每个人都能够做到这一点,那么公司的运转效率绝对是其他公司所不能比的。而从公司管理上获得竞争优势,不也正是精细化管理的目的所在吗?

第三章

人力调配："天法道，道法自然"

治国讲究权力制衡，恩威并施，治理企业则讲究完善制度，提高效率。无论是国家还是企业，都是由一个个独立的人组成的，而这个世界上最难管的，也恰恰就是人。在这个方面我们不妨借鉴一下老子的思想，看看主张"天法道，道法自然"的老子是如何由天道而入人道的。

虚其心，实其腹

——让下属对你死心塌地

【回眸经典】

不尚贤，使民不争；不贵难得之货，使民不为盗；不见可欲，使心不乱。是以圣人之治，虚其心，实其腹，弱其志，强其骨。常使民无知无欲，使夫知者不敢为也。为无为，则无不治矣。

——三章

【经典阐释】

国家不应过分看重财产，从而作为追求的唯一目标，这样人们才不会纷争。国家不应过分看重稀有难得的东西，这样人们才不会去偷窃、抢劫。国家不应让人们的眼中只有对自己有利的事，这样才不会引发社会秩序的动荡。

因此，圣人治理国家的方法是：教导人民胸怀天下，以免自私褊狭；确保人民的生活需要，以免受冻挨饿；教导人民丢弃一己私利的小志；保障人民的身体健康。使人民超越片面有限的认识和追求，从而把无限永恒的真理(即关于道的知识)作为认识和追求的对象，这样也就是使得那些只具备片面有限知识的所谓智者再也不敢公然冒犯普遍的真理，并且以他们那些似是而非的知识去招摇撞骗、自欺欺人了。

一旦人民都服从整个世界的必然规律，以世界整体作为自己思想和行为的出发点，那么个体与个体、个体与整体、人与人、人与世界的全部关系和秩序都将和谐统一，人民在这种关系中也将获得终极的幸福。

【老子商道】

《老子》的这一篇讲的是如何安定人心，如何让一个国家内部稳定，不出现各种各样的社会问题。其实，一个公司和一个国家是很相似的，尤其是在老子所处的那个多国分裂的年代。公司的负责人就像是国家的国君，公司的各部门与国家的各部门也很相似，而公司里的普通员工则是国家里的普通民众，再加上公司和那个时候的国家都时时刻刻面临着威胁和挑战。因此，《老子》中的治国之术同样可以横向运用到现代企业的管理上，任何人都不可以忽视团结的力量。

二战后期，在德国柏林东南部有一个德军战俘营，里面关押着数千名盟军战俘。为了逃脱纳粹的魔爪，这所战俘营里的250多名英军战俘开始了他们的越狱计划。

越狱是一件非常复杂的事，战俘们知道，单凭自己的努力是不可能在纳粹灭亡前从战俘营里面逃出去的，而且一旦越狱失败，等待他们的只有死亡，因此他们必须最大限度地合作，才能确保成功。

结果，这些英军战俘们真的凭借自己的团结协作成功了。要想越狱，就得挖地道。为了收集挖地道所需要的材料和工具，250多名战俘绞尽脑汁、精诚合作。最终，他们收集到的工具和材料之多令人难以置信：总共有5000

张床板、1250 根木条、2100 个篮子、71 张长桌子、5180 把刀、60 把铁锹、700 英尺绳子、2000 英尺电线,还有许多其他的东西。

"越狱工程"整整持续了一年多,由于战俘们的密切协作,直到他们越狱成功后,德国人才发现这群战俘竟然完成了如此庞大的一项工程。而这群英国战俘早已逃离险地,获得了自由。

看看这群手无寸铁的英国战俘在荷枪实弹的德国人的监视下都做到了什么吧!他们所能倚仗的就只有团结。在商场中打拼的企业就好比乱世中的诸侯国,随时都有被外敌算计或侵略的可能。有句俗话叫"堡垒最容易从内部攻破",如果企业里的员工本身不够团结,对企业不够忠诚,对领导不够死心塌地,那么这家企业无疑是很危险的,对于商战和市场中所存在的风险根本没有什么抵抗力可言。而且企业内部的团结同样是这家企业的重要资本和凭借,一家人力配置精当、领导和员工齐心协力的企业在市场竞争中绝对拥有令人刮目相看的竞争力。

那么,作为企业的领导者,如何才能让员工们死心塌地、一心一意地跟你站在同一条战线上,为了企业的利益努力拼搏呢?俗话说带人不如带心,领导者要获得下属的心,应当以诚信为本。首先领导者要做到言出必行,没有把握的事不要轻易许诺,而对许诺的事则要一定办到,绝不能假装样子、表面文章。对已经制定的规章制度,领导者不可摇摆不定、朝令夕改。领导者的一言一行都被下属看在眼里,记在心上。你的真心诚意、你的言出必行、你的信誉为本,必然会换来下属的忠心追随。

吴舜文出身苏南纺织世家。1951 年,她在台湾新竹成立台元纺织公司,当时的台湾工业正处于起步阶段,因此,台元的棉纱、棉布一上市就赢得了台湾民众的青睐,因为这正是那些民众们所急需的。

对于企业管理,吴舜文有自己的原则。她说:"一个现代化的企业必须走向制度化,我个人做事的原则是绝对要求公平,答应别人的事就一定要做到。"

1961年，台元公司建立10年后，台湾纺织业出现衰退现象，许多企业陷入困境，因而停发了工人的年终奖金。但吴舜文却认为，企业亏损一方面是市场不景气，另一方面是我们企业领导的责任，工人们工作都很辛苦，他们不应该为此受到牵连。于是她决定：台元厂工人年终奖照发，制度不变。吴舜文的这些措施使职工找到了归宿感，每个台元的员工在横向比较时，都能够感受到公司对他们的关怀以及吴舜文言出必行的诚信。这样一来，台元的员工们当然会对吴舜文死心塌地，当然会将工厂视为"自己的企业"，跟吴舜文携手并肩，为了企业的未来而努力。后来，当有纺织厂把高薪征求熟练女工的广告贴到"台元"厂时，这里的工人表现出的都是不屑一顾。

谁不喜欢跟讲信用的人打交道呢？谁不喜欢在一个言出必行的领导手下工作呢？吴舜文不愧深谙用人之道，虽然公司正处在困境之中，她却用一年的年终奖金换来了手下员工们对她的绝对忠诚，同时也换来了她在行业内崇高的声望。"虚其心，实其腹"，吴舜文可谓领会到位。

善用人者，为之下
——用人要着眼于手下的长处

【回眸经典】

善为士者，不武；善战者，不怒；善胜敌者，不争；善用人者，为下。

——六十八章

【经典阐释】

真正的勇士，不会逞其勇武；善于带兵打仗的人不会轻易被激怒；善于战胜敌人的人不和敌人硬拼；善于用人的人能谦卑地聆听属下的心声，甘居于人之下。

【老子商道】

人无完人，古往今来还没有任何一个人可以称得上是毫无缺点的人。因此，如果你在用人的时候只想着任用那些最优秀的人，那么你在用人方面绝对会遇到重重的阻力。不仅因为世界上优秀的人才不可能全都为你所用，更因为这是对人才的一种巨大浪费。事实上，人各有其短，亦各有其长。有人感叹无人可用，有人庆幸人人可用。正确的用人之道，是充分发挥一个人的优势，避开一个人的劣势，扬长避短，让其长处能够得到最大限度的发挥，这样才不会浪费人才。但实际情况是，多数领导在选用人才时，往往只看外表、谈吐等形式因素，而忽略其实质内容，以偏概全，结果就会丧失人才。这样的领导，绝不是善用人才的领导，而他们所领导的企业，迟早都会因为缺乏人才而在竞争中败北。

世界著名快餐企业麦当劳素以善于用人出名，甚至可以称得上是一个真正的人才大熔炉。麦当劳的高层们每个人都有着各自不同的背景和个性。他们当中，曾有在纽约市当过警察的邓纳姆，有曾经当过大学教授的特雷斯曼，有以前是法官的史密斯，有破产银行家西罗克曼，有凯茨这样的犹太教士，有舒帕克这样的美国共产党员，有之前开过服装店的科思布斯，甚至还有瓦卢左博士这样的资深牙医等等。麦当劳在招聘时从来不限定应征者的专业，所以他们才招揽了这样一大批来自于各行各业的在外人看来是稀奇古怪的家伙。他们这些人当中有很大一部分人的脾气都相当古怪，但麦当劳都能够容忍他们，并给他们很大的自由度，让他们发挥自己的专长。麦当劳的目的，是要建立一个范围广阔，可以为加盟者提供全面服务的组织，因此，麦当劳喜欢雇用有各种不同观念的人才，从而建立起一个健全、平衡的组织。

事实上，充分利用手下员工的长处早已经是现代企业管理科学当中的重要组成部分了。现代企业管理科学认为：一个人的短处是相对存在的，只要善于激活他某一方面的长处，那么这个人就可能修正自我，爆发出惊人的工作潜能。如果一个领导者仅是因人之短，就忽略了这个人的长处，并且弃之不用，那就说明这个领导者既缺乏容人之量，也缺少人力调配方面的必要手段。正如有的人说，善于发现下属的长处，正是现代企业领导的智慧之一，领导者要善于激活下属的长处。唯有如此，才能充分挖掘企业所有员工的内在潜能。

三星电子位居韩国十大企业之首，在全世界范围内也是首屈一指的知名大企业。三星之所以能够在短短几十年时间里从一家名不见经传的小杂货店成长为韩国人的骄傲，不拘一格选拔人才的理念在其中起到了非常重要的作用。

三星自 1957 年就开始实行严格的人才选拔制度，他们从不根据学历、专业和从业经验来招聘人才。在选拔人才时所奉行的标准是"招聘具有智能、诚实和健康的人"，他们认为其他任何技能都是可以培养的，唯独智力、人品和健康是例外。因此，在把符合条件的人录取为企业职工之后，三星公司不惜花费大笔资金，把他们培养成为对公司发展有用的人才并安排到适合他们的岗位上去。由于三星电子在招聘时更注重员工的智力、人品以及健康，因此当那些新员工通过了入职培训并获得了自己的岗位之后，公司就会赋予他们最大限度的权利和责任，最大限度地信任他们，以便这些员工能够尽可能地发挥各自的能力。

与此同时，三星还十分重视从实际工作中选拔人才。三星判断一个人的工作能力，从不像大多数普通公司那样从员工的学历出发，而是立足员工的实际工作能力和工作业绩。对于实际业务中涌现出来的优秀人才，三星从来都是毫不犹豫地予以提升，要知道，工作实绩在三星电子内部是最有说服力的一项指标。

给员工以犯错误的空间是三星人事管理的又一个重要原则。相对于结果，三星电子更看重员工的工作态度和责任感。只要一名员工在尽职尽责地工作，即使一时犯了错误，甚至使公司遭到了一些损失，公司也会给予宽大处理。一心为公的员工，只要出发点是好的，即使偶尔犯错，公司也会给他改过和重新发展的机会。相反，对于那些工作不勤恳，因一己私利给公司带来损失的人，三星是绝不宽容的。

三星电子不但始终在为员工最大限度地发挥自己的个人能力创造条件，而且在生活上也给予了他们优厚的待遇，以便解除其后顾之忧，使其能够安安心心地为公司效力。一般地，三星集团往往给高级职员安排终生职业，使他们深切感受到"三星就是家"，真正融入三星这个大家庭。

毫无疑问，三星电子所奉行的人才选拔和调配理念是相当先进而且有效的。这种先进有效的人才选拔制度，使得三星人才辈出，为公司的发展提供了大量的优秀储备。这也是在企业界三星电子素有"人才宝库"美誉的原因所在。

事实上，那些精于人力调配的企业管理者从来不问："他跟我合得来吗？"而是问："他贡献了些什么？"他们从来不问："他不能做什么？"而是问："他能做什么？""善用人者，为下"，充分发挥员工的长处才是一家大企业所应有的风范。

政善治，事善能，动善时
——把最合适的人安排在最合适的岗位上

【回眸经典】

居善地，心善渊，与善人，言善信，政善治，事善能，动善时。夫唯不争，故无尤矣。

——八章

【经典阐释】

人要善于选择(优良的)环境,心胸善于保持沉静而深不可测,待人要讲求真诚、友爱和无私,说话善于恪守信用,为政善于精简管理,能把国家治理好,所做事情要能充分发挥一己所长,行动善于把握时机。(最大的善行在于)有不争的美德,所以没有过失,也就没有怨咎。

【老子商道】

一提起人力资源管理,人们首先想到的肯定是一个词——知人善任。知人善任这个词包含两个方面的内容:首先是知人。即管理者对员工有一个清晰明了的理解。看员工是否具备某项工作的能力。只有混乱的管理,绝没有无用的人才。在清楚了这一点之后还必须认识到每个人都不是全才,这就要求管理者把合适的人放在合适的位置上。知人是善任的前提条件,做不到知人就谈不上善任;而善任则是人力资源管理的目的所在,是知人的深化。

举个例子来说,如果要求一个搞技术的人去抓管理,那么显然是不合适的。既然这个人适合搞技术,那还是让他去做自己的老本行比较好。至于管理,还是得另找一个精于管理的人才来做。让合适的人去做合适的事,才能有效发挥人才的价值,做到人尽其才,而这,正是企业进行人力调配的目的所在。

知人善任,说起来虽然轻松,却也不是那么容易做到的。要想搞好企业内部的人力调配,做到人尽其才,那么你首先需要做到的就是知人。

本田是著名的世界500强企业,当年,日本权威经济媒体《日经商务》曾对本田公司的创始人本田宗一郎进行专访。在专访中,记者向本田宗一郎提出了"为什么本田能够如此迅速地取得成功"这个问题,而本田宗一郎是这样回答的:"用一句话来讲,本田公司之所以能够迅速崛起,归根结底是因为我们没走弯路。说到底,我只是一个工程师,我只懂技术方面的事,即使有其他可赚钱的买卖也干不了,也没有去做的勇气。因此,我把企业管理和财务方面的事都交给藤泽来管。能与藤泽合作是我最幸运的事,本田公司也因此才发展到今天的规模。"

曾有人这样形容本田公司:"技术之本田,经营之藤泽,汽车上的两个轮子,理想的分管经营。"这个比喻确实很恰当。索尼公司的元老井深大也说:"藤泽是一位使本田百分之百发挥才能的精明经营者,本田是一位百分之百信任藤泽才华的天才技师。"

本田勇于解决技术问题,但对理财不甚知晓;藤泽不懂技术,但能够筹集资金,推销产品,管理企业。虽然本田宗一郎名义上是本田公司的老板,藤泽所做的这些工作原本应该是他的分内之事,但是本田宗一郎知人善任,把这些工作全权委托给了藤泽而自己则埋头进行技术攻关,两人取长补短,形成了完美的组合。如果本田宗一郎没能发现藤泽的才华,或是缺乏将企业全权交给藤泽管理的气魄,恐怕本田公司也不会有如今的成就。

21世纪什么最贵?人才!虽然这只是电影当中的一句戏谑之语,但我们可以毫不夸张地说,现代企业的竞争归根结底就是人才的竞争。拥有了优秀人才,企业也就拥有了克敌制胜的法宝。选用一流的人才为企业服务,企业就能在众多的竞争对手中脱颖而出。如果一家企业的领导者连知人都做不到的话,那么这家企业也就失去了进一步向前发展的动力了。

在知人的基础上就是善任了,而善任则要比知人更加艰难。因为知人毕竟只是企业领导者自身的修炼,而善任则需要考虑诸如任用对象的资历,任用时可能遭遇的阻力,任用之后可能造成的影响等各方面的因素。因此我们才说,知人是需要眼光,而善任则需要魄力。

在海尔集团总裁张瑞敏看来,任何一家企业其实都不缺人才,海尔也是一样。之所以有些企业整天嚷嚷着缺乏人才,那是因为他们缺乏发现人才的眼睛,更缺乏任用人才的魄力。对于张瑞敏来说,每一个员工都有其可取之处。他主张在竞争中选人才,在竞争中用人才,将人才推到属于他的岗位上去。

为了把每个人最优秀的品质和潜能充分发挥出来，海尔"变相马为赛马"，大搞竞争上岗，并且在全体员工高度认同的情况下，不断实践、提高。这无疑是一种有利于每一个人充分发挥自己特长的机制，使每一个人都能在企业里找到适合自己的价值和位置。张瑞敏评价自己的办法是"你能翻多大的跟头，我就给你搭多大的舞台"。而这一用人方式无疑给每个员工提供了一个任其发展的广阔空间。张瑞敏的这种政策极大地增强了员工的热情，每位员工都尽自己最大的能力为企业效力。无疑，海尔的这种政策是企业成功用人的典范。

"政善治，事善能，动善时"，只有一流的人才才会造就一流的企业，如何筛选识别和管理人才，证明其最大价值，为企业所用，是企业领导者在人力资源调配上所面临最现实的问题。选取适用的人才，发挥人才的每一分才能，这就要求企业要根据自身情况量身定做，通过各种途径招纳、选聘优秀人才，真正做到知人善任。

其实在用人上，企业领导者并不一定要遵循什么章法，但优秀的人才自然具备大多数的、共有的出色能力，如特别擅长某种技术或工作敬业等。找到具备多种优秀品格、优秀能力的人，一般来讲自然也就网罗到了出色人才。

常善救人故无弃人；
常善救物故无弃物

——浪费人才是一种"犯罪"

【回眸经典】

　　善行，无辙迹；善言，无瑕谪；善数，不用筹策；善闭，无关楗而不可开；善结，无绳约而不可解。是以圣人常善救人，故无弃人；常善救物，故无弃物。是谓袭明。故善人不善人之师；不善人善人之资。不贵其师，不爱其资，虽智大迷，是谓要妙。

——二十七章

【经典阐释】

　　善于驾车行动的人，是不会留下痕迹被察觉到的；善于言辞的人，说起话来无懈可击；善于算术的人，计算起来用不着算盘之类的工具；善于管理门户的人，即使不用锁头盗贼也无法进门来；善于结绳的人，即使不用绳子也能把人绑住。所以圣人总是善于发掘每个人的善良本性；正因为如此，他认为没有一个人是毫无用处、毫无价值的。每个人只要能承袭圣人智慧的光辉，便能展露出自己的善良本性。每一件事物一旦受到圣人智慧光辉的照耀，就会自然地展露出自己的本质价值。有些人善于遵循善良本性去生活，而另一些人则不善于遵循善良本性去生活。所以，前者应该成为后者的导师，而后者应该成为前者的学生。若是学生不珍视导师的智慧，而导师不重视学生的潜能的话，那么即使天生就具备智慧潜能的人，也将不可避免地陷入彻底蒙昧之中。正确理解已经充分开发出来的智慧和有待开发的潜能之间的关系，这才是关键所在。

【老子商道】

老子不愧是古之大贤，看看他告诉我们的哲理：常善救人故无弃人；常善救物故无弃物。受到老子的启发，中国人自古至今就有一个大同理想：天下无弃材、无废物。历来推崇老子孟子的古代著名政治家王安石就在他呈给宋神宗的万言书中写道：人不得尽其材，朝廷不得人才而用之。

事实上，这个道理演化到今天，对于我们企业管理者来说同样是非常有帮助的。当你在感叹自己手下人才匮乏的时候，是不是也应该考虑一下自己是否做到人尽其才了呢？是否也应该反思一下自己是否也在不知不觉间造成了人才的浪费？现代所谓人力资源开发这门学科讲的就是人尽其才物尽其用的学问，目的是使组织生产效率和个人需求满足最大化，想尽一切办法使员工为组织运作贡献思想及创新传播，从而使组织的效能和个人的目标成就最大化。如果能够做到这一点，那么无论是对于企业还是对个人来讲，无疑都是双赢的局面。

福特公司的产品工程师哈罗德·斯伯利特曾大力倡议福特公司研发并生产一种微型货车，他认为这种微型货车将是未来汽车制造业的一个发展趋势。但是，福特公司当时的"掌门人"亨利·福特二世对以前埃德塞尔开发微型货车失败的经验耿耿于怀，他认为这根本就是在浪费时间和金钱，他再也不想在微型货车上栽跟头了。而且，亨利·福特二世在主观上认为斯伯利特的能力甚至还比不上他的前任埃德塞尔，那么埃德塞尔做不到的事，斯伯利特当然也做不到。

踌躇满志地提出自己的计划，却被亨利·福特二世冷冰冰地拒绝，斯伯利特终于发现，福特公司很可能已经满足不了自己未来的发展了。于是，斯伯利特开始有了另谋高就的想法。斯伯利特在福特过得并不顺心的现实可乐坏了福特公司的竞争对手们，沃尔沃、通用汽车等公司纷纷向斯伯利特抛出了橄榄枝，希望他能加盟。福特公司的最大死敌通用汽车捷足先登，得到了斯伯利特的垂青。

在那里，斯伯利特研制微型货车的设想得到了通用汽车总裁艾科卡的大力支持，虽然在研发新型车的五年间，斯伯利特也经历了不少的挫折和失败，但是艾科卡始终对他充满了信心，从没有放弃过对他的支持。五年后，克莱斯勒的新车型微型货车一上市就大受欢迎，成为通用汽车的主打产品之一。而对于斯伯利特来说，他在通用汽车完成了自己在福特公司完不成的心愿，也借此登上了自己事业的高峰。

作为一个企业界的人士，就算你之前不知道哈罗德·斯伯利特是谁，你也应该听说过艾科卡的大名。正是在艾科卡的带领下，通用汽车击败了之前曾经垄断美国汽车制造业十几年的福特公司，成为了美国第一大汽车制造商，让福特公司直到今天都翻不过身来。而斯伯利特的"叛变投敌"则在其中起到了相当重要的推动作用。

站在中国传统文化心理的角度上来说，我们或者可以谴责斯伯利特的"投敌"是不道德的，但是福特公司这所"小庙"当时确实已经装不下斯伯利特这尊"大佛"了。正所谓"良禽择木而栖，良臣择主而事"，重新选择一家能够让自己尽情释放才华的企业，这对于斯伯利特来说，绝对是无可厚非的。在这一事件当中，亨利·福特二世和艾科卡之间在人力调配能力上的差距也同样是显而易见的，很难说斯伯利特最终选择去通用，是否是因为他更加看好艾科卡个人能力的缘故。而亨利·福特二世因为浪费了斯伯利特这一人才而对公司的未来前景造成的影响，则不能不说是一种"犯罪"。

当代最受推崇的管理学大师彼得·杜拉克曾预言道，建立在知识基础上的经济将成为我们未来的经济形式。在这样一种经济中，企业的真正价值存在于员工的思维能力中。如果人们对工作无主人翁般的责任感，没有充分施展才能的自由，他们就不会进行创造性思维。

人力调配的最高境界是使一家企业所需求的人才能够适时、适才、适质地得到供应，如果能够做到这一点，则无事不成。而在现实中，许多企业的管理者不清楚员工的真正实力在哪里，员工的才能得不到尽情施展的现象比比皆是。

所谓"人能尽其才"，把人摆对位置是很重要的，这是考验管理者用人的智慧，也是人力资源管理的最高指导原则。大材小用或有才不用都是人力资源的一种浪费，也都是对企业的一种"犯罪"。

夫慈，以战则胜，以守则固

——要善待自己的员工

【回眸经典】

天下皆谓我道大，似不肖。夫唯大，故似不肖。若肖，久矣其细矣夫！我有三宝，保而持之：一曰慈，二曰俭，三曰不敢为天下先。夫慈，故能勇；俭，故能广；不敢为天下先，故能成器长。今舍其慈且勇，舍其俭且广，舍其后且先，死矣！夫慈，以战则胜，以守则固。天将救之，以慈卫之。

——六十七章

【经典阐释】

天下都说"我"道大，这"我"是修行高深之"大我"而非世俗之"小我"。天上天下唯我独尊之我，才可称"不小"。而其他诸我，相对更大之我，都是"小我"。如果"我"小，此我就不永恒了。我，有三宝，持而保我永恒。第一是超越一切的慈爱，二是有节制（节俭），三是不过高地抬高自己。慈爱待人，所以在事业上能勇往直前；俭朴行事，则能做得多又有效率。凡事不争先，反而能受拥戴发挥所长。如果光靠勇猛而不知慈爱待人，揽事甚多却无效率，凡事争先强自出头，这样一定会遭受灭亡的结果。只有仁慈的人，打仗才能攻无不克，守城才能固若金汤。上天如果要救人，必给他慈爱的心来护卫他。

【老子商道】

在关于如何领导下属的问题上,儒家宣传的是一个"仁"字,而道家则讲究一个"慈"字。事实上,在治国理念上南辕北辙的儒道两家,在这一问题上确是十分难得地取得了一致。因此,老子说:"夫慈,以战则胜,以守则固。"而孟子说:"君之视臣如手足,则臣视君如腹心;君之视臣如犬马,则臣视君如国人;君之视臣如草芥,则臣视君如寇仇。"

无论是君臣之间还是劳资双方,其实都是这个道理。如果企业领导者把自己的员工看成是拿钱干活的打工仔,以为可以随意替换,那就不要怪手下的员工在工作中不求有功、但求无过,敷衍塞责,视企业利益于无物的工作态度了。他们心里往往会有这样的想法:"诚然,你可以随时换掉我,那么企业的兴衰成败和我又有什么关系呢? 大不了我走就是了,强过被你看不顺眼而炒掉。"

1938 年,一位名叫威廉·惠莱特的美国斯坦福大学工学院的学生设计出了一种名为电子管高频振荡器的装置。这种装置前景十分看好,今后很可能将广泛用于电子工业、医疗、科学研究等各个方面。在老师特曼教授的鼓励下,威廉·惠莱特和他的同学大卫·普克德决定合伙创业。他们向银行借了 1000 美元,又向特曼教授借了 538 美元。然而,他们租用了一间破旧的汽车库。"Hewlett-Packard"公司(简称 HP 公司)。没错,这就是后来赫赫有名的惠普公司。

说到惠普公司如何从初创时的仅有 1538 美元资产的小公司发展成为现在全球 IT 产业的巨无霸,惠莱特和普克德的人本主义管理理念绝对值得一提。

惠普公司向来重视人才,他们认为人才就是资本。威廉·惠莱特曾说:"人才是知识的载体,知识是人才的内涵,人才是企业不可估量的巨大资本,而知识就是财富。因而,对于企业而言,人才等于财富。"在惠普,惠莱特和普克德在人力资源管理方面做得最多的就是让员工们感受到惠普对于他们每一个人的重视。惠普公司在员工培训时总是不厌其烦地向员工们强调：你们每一个人都是重要的，你们每个人所从事的每一项工作无论大小，没有任何一项是无关紧要的。

惠普公司没有食言，他们除了加强员工对于自己和自己所从事工作的认同感之外，还十分重视员工们的物质利益。在创业初期比较困难的情况下，惠普就对员工实行一项奖励补偿计划：任何人，如果他能够超额完成工作任务，就可以从公司那里领到丰厚的奖金。后来，惠普公司又进一步推行"利润分享"制度，鼓励全体员工同心同德、共创辉煌。

每个员工的尊严与价值是"惠普方式"极其重要的组成部分——这是惠普公司始终坚持的信条。惠莱特和普克德联手创造了惠普浓郁的人本管理氛围，想方设法避免让那些在其他公司很常见的"繁文缛节"束缚员工们的手脚，抑制员工们的才华。首先，在决策上，他们鼓励员工参与管理，既提倡个人的自由和主动性，又强调目标的一致性和团队协作精神，把制度对人的束缚降到了最低点。与此同时，为了能够做到让"个人的自由和主动性"与"目标的一致性"相协调，惠普还实施了"目标管理"政策。

在这种政策下，惠普的员工们能够灵活地用自己认为最好的方法来完成自己手头的工作而不必遵守固定的制度所确立的模式，惠普重视的是工作的结果，至于员工们为了达成这一目标所采取何种工作方式则全凭自愿。惠莱特认为：要实现公司的目标，必须得到员工的理解和支持，允许他们在致力于实现共同目标中是有灵活性的。惠普的"目标管理"政策不但受到了惠普员工们的广泛欢迎，而且极大地提升了惠普公司内部的工作效率。

有一个故事可以证明惠普公司对于员工的重视程度。

当时，惠莱特和普克德刚刚创立惠普公司，走上创业之路不久，一批军事订货单送上门来了。谁都知道，与军方合作利润丰厚而且稳赚不赔，风险极小，员工们个个兴奋异常、摩拳擦掌准备大干一番。但谁也没想到，惠莱特竟然拒绝接下这份订单。惠莱特的理由很简单，公司人员不够，如果接下这笔订单，那么公司至少还要再招聘 12 个人。但现在公司规模尚小，新招聘的员工在做完这笔订单之后就将无事可做，只能面临被裁掉的命运。可公司既然已经聘用了他们，他们就是惠普公司的一员，惠普公司的宗旨是"绝不轻易裁掉任何一个员工"，所以公司只好忍痛，拒绝这份订单，因为他们绝不会为了公司的利益而损害员工的利益。

是收买人心也好，是管理理念也罢，总之善待自己员工的惠普公司靠着员工们的努力一步步成为了世界 500 强，成为了 IT 行业最成功的企业之一。"夫慈，以战则胜，以守则固"，儒家道家强调"仁"、"慈"的意义绝不是因为他们迂腐，而是他们真正了解人心所向的重要意义。所谓"天时不如地利，地利不如人和"，盖如是也。

天网恢恢，疏而不失

——让员工按规章制度行事

【回眸经典】

　　勇于敢则杀，勇于不敢则活。此两者，或利或害。天之所恶，孰知其故？是以圣人犹难之。天之道，不争而善胜，不言而善应，不召而自来，繟然而善谋。天网恢恢，疏而不失。

——七十三章

【经典阐释】

　　勇于表现刚强者易于送命，善于表现柔弱的反而能够生存。此两者都是勇，但是却由于表现方式不同，结果也不同。这种天所厌恶的自然规律，谁又知道是什么缘故呢？有道的圣人也难以解说明白。自然的规律是，不争斗而善于取胜；不言语而善于应承；不召唤而万物响应，坦然而善于安排筹划。自然的范围宽广无边，无所不包，像一张遮罩在天上的网，（只要）顺应它的经纬，即使宽疏，也不会漏失，从而有所获得。

【老子商道】

之前我们已经说了太多关于企业领导应当如何用人、如何对待自己下属和员工的问题。可另一方面，任何人的精力都是有限的，你可以决定总经理的人选，可以决定总工程师的人选，难道还能连每一个基层科室的负责人甚至每一位工人都亲自筛选，亲自任命吗？这显然是不可能的。要想让企业的人力调配达到一个很理想的状态，只有你一个人知人善任是远远不够的，还需要通过建立一系列的规章制度，让企业中的一切都有章可循。并且还要保证在这种制度之下，那些能力强的员工能够充分发挥自己的才干，那些能力平平的员工即便有些失误，也不会对企业的利益造成太大的影响。这就是"天网恢恢，疏而不失"。

柯达公司至今已经有100多年历史了，现在是世界上最大的影像产品及相关服务的生产和供应商，世界500强企业，其业务遍布150多个国家和地区，全球员工总数加起来有8万人之多。

时光回溯到100多年前的1889年，在那一年，柯达的创始人乔治·伊斯曼先生收到一份建议书。这份建议书是柯达公司一个普通工人所写，内容平平无奇，只是向伊斯曼建议，希望他能让生产部门将玻璃窗擦干净。对于一家企业来说，建议书上所写的可以说是一件小得不能再小的事情，但是敏锐的伊斯曼先生却从中看出了其中的意义所在。在乔治·伊斯曼看来，普通工人向他递建议书的行为正是员工积极性的表现，因此他决定公开表彰这名工人，发给奖金，并从此建立起一个"柯达建议制度"。

"柯达建议制度"被确立后，伊斯曼在柯达公司的走廊里专门开辟了一个角落用来放空白的建议表，每个员工随手都能取到。写好后的建议表只要随手放入公司的任何一个信箱，都会被送到专职的"建议秘书"手中。专职秘书负责及时将建议送到有关部门审议，做出评鉴。建议者随时可以直接打电话询问建议的下落。如果建议被采纳，公司设有专门委员会，负责审核、批准、发奖。如果公司决定不采纳这一建议，也要用口头或书面的方式给出充分的理由。如果建议人仍认为他的建议有采用的价值，可向建议办公室提供更多的依据。如果建议人坚决要求试验，可由厂方协助进行试验，以鉴明该建议有无价值。在这种情况下，有些未被采纳的建议最后可能会被采纳。如果职工不愿透露姓名，也可以采取匿名方式提出建议，然后用建议表上的号码与厂方进行联系，查询该号码的建议是否已被采纳。建议办公室把所采纳的建议都一一列成表格，定期在公司出版的报纸上公布，或张贴在公司的布告栏上。

与此同时，在柯达公司，每一位新职工都会领到一本关于职工建议制度及其奖励办法的小册子，这本小册子能很快使职工熟悉建议制度的内容。每周的职工周报设有专栏对建议被采纳的情况进行报道。至今为止，柯达公司在其100多年历史中已经采纳员工建议近100万个，这些建议有大有小，但都从客观上对柯达公司的发展起到了推动作用。

乔治·伊斯曼所创立的"柯达建议制度"确实是一个天才的管理方式。对公司来说，这种建议制度在降低产品成本核算、提高产品质量、改进制造方法和保障生产安全等方面起了很大的作用。在这一制度下，公司的每一个员工都是公司的智囊，一人计短，二人计长，集思广益之下，公司可以很容易地找到一个最适合的发展方向。而且，如果公司里存在任何弊病，也可以及时地被反映上来，更加有利于高层对于整个公司状况的总体性把握，以便于做出趋利避害的决策。

与此同时，即使员工所提出的建议未被采纳，也会达到两个目的：一是管理人员了解到这个职工在想什么；二是建议人在得知他的建议得到重视时，无论最终是否被采纳，都会得到一种被人重视的满足感。毫无疑问，柯达公司用制度手段引爆了员工的潜能，"柯达建议制度"使柯达公司受益无穷。

因此，要想让企业能够健康高效地进行运作，要想让企业的人力资源得到充分的利用，一套完善的管理制度是必不可少的。制度设计合理、运作有效，企业才能高效运作，员工的士气才能高昂起来。管理者不能再如过去那样以权威者的身份搞"一言堂"，这样才能让企业蒸蒸日上，创造最高的效益。

安其居，乐其俗

——树立企业文化，约束员工行为

【回眸经典】

小国寡民。使民有什伯之器而不用；使民重死而不远徙。虽有舟车，无所乘之；虽有甲兵，无所陈之。使民复结绳而用之。甘其食，美其服，安其居，乐其俗。邻国相望，鸡犬之声相闻，民至老死，不相往来。

——八十章

【经典阐释】

理想的国家是国土很小，人民很少，没有冲突和纠纷，纵使拥有兵器也用不着，没有苛刑暴政，人民也不需要冒着生命危险迁移远方了。虽然有船只车辆，却不必每次坐它；虽然有武器装备，却没有地方去布阵打仗；使人民再回复到远古结绳记事的自然状态之中。国家治理得好极了，使人民吃得香甜，穿得漂亮，住得安适，过得快乐。即使用肉眼就能看见邻近国家的活动情形，大家养的鸡犬叫声也都互相听得到。这样一来，人民从生到死也用不着互相往来了，国家也就太平了。

【老子商道】

《老子》又名《道德经》，"德"之一字是老子的道家学说始终强调的。我国自古以来就有以法治国和以德治国的争论，强调法治的自然是法家，而儒道两家却都主张国君要用仁德来约束国民的行为，让道德成为国民做事的准则。《老子》中从来不讲如何让国家制定法律，让国家约束人民，讲的却是小国寡民、清静无为之策，为的就是用德来教化人民，让人民"甘其食，美其服，安其居，乐其俗"。

在这里之所以要说法治和德治的问题，其实是因为在企业管理上也同样存在着这样两种完全不同的方法。法治指的当然是用严密的规章制度来约束员工，确保企业的正常运行；而德治则是用企业文化来感染员工，以求得同心同德，共同进步之效。

企业管理的教科书上这样告诉我们：企业文化是指一个组织内形成的独特文化传统、价值观念和行为规范等。一种企业文化往往表现了该企业最基本的特征，是企业生存的基础、发展的动力、行为的准则和成功的核心。企业文化是在共同价值观的基础上，不通过权力，而是通过其价值对员工做出理性的约束，由看不见的形式操纵着企业的管理活动。由此，我们也可以看出，企业文化的建设并非使用外力来约束或鞭策员工，而是让员工自己来激励自己，让员工真心实意地为企业着想，为企业谋利。

几乎所有世界上著名的成功企业和大型公司都有一个共同特征，拥有一套坚持不懈的核心价值观，有独特的、不断丰富和发展的优秀企业文化。这也从另一个方向上证明了企业文化的建设是企业管理不可或缺的一个大的方面。

在"夫慈，以战则胜，以守则固"那一节，我们曾经提到过惠普公司。实际上，惠普公司在企业文化建设上，也同样是企业界的一把标尺，是众多企业效仿的榜样。惠普公司创立于20世纪的40年代，是由毕业于斯坦福大学的一对校友威廉·惠莱特和大卫·普克德筹资创办的。

公司创立伊始，惠来特和普克德就建立起了共同的价值观和经营理念，这一价值观与经营理念同时体现在他们聘用与选拔职工之中。换言之，他们是按这一价值观标准来聘用和选拔公司人才的。他们对公司员工大力灌输企业宗旨和企业理念，使之成为惠普公司的核心价值观，这一价值观的确立也为日后惠普公司在企业文化建设方面所取得的成就打下了坚实的基础。

惠普公司的价值观就是：企业发展资金以自筹为主，提倡改革与创新，不拘泥于固有的工作模式，并着重强调团队协作精神，让每一个员工都认识到自己是公司的一员。正是在这一核心价值观的基础上，惠普公司逐渐建立并发展出了具有自己鲜明特色的企业文化，这种被称为"惠普模式"的企业文化是一种更加注重顾客、股东、公司员工的利益要求，重视领导才能及其他各种惠普激发创造因素的文化系统。每一个新加入惠普的员工都将很快被这个名为惠普的"大染缸"所浸染，自觉地按照企业文化的导向来约束自己的行为。

在惠普的企业文化系统中，公司还大力培养员工们为社会服务，为消费者服务的工作态度，以便员工能够自动自觉地注意以真诚、公正的态度服务于消费者。惠普还在企业内部提倡人人平等与人人尊重，无论国籍种族肤色，每个人都是惠普的一员，并无尊卑贵贱之分。

在实际工作中，惠普还倡导员工进行自我管理、自我控制和成果管理；提倡温和变革，绝不贪功冒进，盲目扩张；并且从不轻易解雇员工，也不盲目扩张规模，营造宽松的、自由的办公环境，努力培育公开、透明、民主的工作作风等等。惠普的企业文化及其在此之上所采用的经营方式让公司在六十多年来始终保持着蓬勃向上的发展势头，有力地促进了公司经营业绩的增长。

与此同时，惠普公司还不忘与时俱进，在宏观上对公司的企业文化进行必要的修改，以便使其能够跟上时代发展的步伐，让公司时刻能够摸准时代的脉搏。比如,进入 90 年代,惠普公司转变经营重点,着力在计算机领域寻求发展和突破,时至今日,它已成为全球最大的电脑打印机制造商。随着公司规模的不断扩大,公司的企业文化也在不断进行着更新,培育出更为丰富的文化内涵。

同时,随着社会经济的进步、市场环境的变化,惠普公司也在不断变革着自身的文化体系。约翰·科特认为"改变后形成的新型企业文化,其主流的确是对市场经营新环境的合理反馈。这种与新的市场环境的适应性显然是一种充分合理的适应性。因此,它也是一种比原有企业文化更高、更好的适应市场经营环境的企业文化。"

惠普公司的发展历程与骄人业绩从实践上证明了:在公司内部建立具有强大感染力的企业文化是企业取得成功的"金科玉律"。

企业文化能够代替企业领导和企业的规章制度来约束员工,改造员工,让员工自觉地适应自己的工作岗位,自觉地按照岗位的要求来完善自己的能力,并且自觉地为企业的发展谋利,而企业也就在不知不觉中完成了庞大而又复杂的人力调配工作。

第四章

商战谋略："福兮祸所伏，祸兮福所倚"

曾有人这样评价《老子》：表面看来《老子》是本哲学著作，但实际上里面满纸都是关于权谋的内容。商业竞争虽不如权力斗争那样你死我活，但商海沉浮，没点谋略怎么行？对于想要在波诡云谲的商场上混出个名堂来的你来说，老子这个有史以来城府最深的谋略家绝对是个好老师。

轻则失根，躁则失君

——在商战中切不可投机冒进

【回眸经典】

重为轻根，静为躁君。是以君子终日行不离辎重。虽有荣观，燕处超然。奈何万乘之主而以身轻天下？轻则失臣，躁则失君。

——二十六章

【经典阐释】

重是轻的根源，有重才有轻；静是躁的主导，躁由静生。所以有德君子时时刻刻不离开行使职责的岗位，表现得稳重而安定。即使繁华诱人的景致在前，也能保持燕居独处的超然物外。但为什么还是有些国家的执政者仍在为了一己之私而轻率地辜负天下？轻率民众，常会失去当国君这个根本的基础，过分追求个人的辉煌而心浮气躁，则会失去主导的(君位)。

【老子商道】

我们常说商场如战场，战场上，两军对垒，要出奇兵才能以尽可能小的代价换来尽可能大的胜利。因此，同样也有不少身在商场的人信奉这一准则，认为经商就是要搏，只要我赌赢了，就可以一步登天，成为人人敬仰的大富翁、企业家。但不知他们想过没有，他们要是赌输了呢？当然，企业投机的确造就了一些赢家，正是这些赢家不费吹灰之力的一夜暴富，给许多企业产生了极强的示范效应。但我们应该看到：在投机活动中，赢家毕竟是少数，输家毕竟是多数。少数赢家的暴富正是以众多输家的暴亏为条件的。即使是少数赢家，也不是常胜将军，而是各领风骚三五年。任何一种过度投机对企业都是得不偿失的。要知道，可不是每个人都有史玉柱一般的本事和运气，可以东山再起的。

其实，商场如战场的比喻说的是商战的激烈程度丝毫不在战争之下。但是在商场上，同样还有另一个取胜之道，那就是稳扎稳打，循序渐进，让自己的企业高效稳定地向前发展。这条路虽然在成功的速度上要慢一些，但是风险也要小得多。实际上，任何企业都不可能不研究投机，也不可能没有一点点投机，只是过度投机的心理和行动，已经将一大批企业引向灾难。让我们再回过头来重新审视一下老子给我们的教诲：轻则失臣，躁则失君。"轻"为投机，"躁"为冒进，投机冒进的坏处，一望可知。

因为企业效益不佳的缘故，安徽的冯先生不幸下岗了。下岗后，他开了一个小烟草店。生意虽称不上有多好，但一直都还说得过去，可冯先生对此却并不满意。

有一天，冯先生从二手市场路过，看见市场边上有几个青年在卖烟，上面挂着低价出售的牌子，烟却都是高档好烟。

看到这里，冯先生停下了脚步，发现这里的香烟确实比自己进货的价格低出很多。于是冯先生喜出望外，心想，自己的烟草店一向挣得不多，如果自己进烟的成本降下来，那利润空间不就大了吗？

冯先生二话没说，从银行取了钱，将这些烟全部买下，并且和那几个卖烟人达成协议，以后只要有货，就都送到我那里去，价钱就按今天这个价。就这样，冯先生的成本大大降低了，利润飞速上涨。因此，冯先生这段的生意可以说是做得风生水起。

不过没过多长时间，冯先生便被请进了警察局。原来，那几个卖烟人的货是偷来的，所以他们才会低价急于出手。现在可好，那几个人被抓住了，他们在拘留所里供出了冯先生替他们销赃。冯先生这回是百口莫辩，再怎么说自己不知道是赃物，警察也不肯信了。

公安机关的人将冯先生带到警局查问，因为数量不是很大，冯先生最终只被罚了款，拘留了几天。可出来后，周围的邻居都认为冯先生品行不端，再也没人去他那里买烟。几周后，冯先生的烟草店也只好悄然关门了。

与冯先生的贪小便宜、一味冒进相反，被称为"芦笋王"，现在为台湾东昌食品股份有限公司总经理的王顺天，原本是一贫如洗的农家子弟，可他靠着自己敏锐的市场嗅觉和严密的市场分析能力经过多年的努力，终于成为了坐拥数千万资产的台湾知名企业家。

早在上世纪 50 年代末，王顺天通过调查研究发现芦笋具有很高的营养价值，而且清香可口，未来的市场前景十分广阔，而且绝对适合现代社会中人们的饮食心理。王顺天深知，随着人民生活质量的提高，人们将会越来越重视自己的形象。因此，减肥必将成为今后很长一段时间人们所讨论的一个重要话题。而芦笋这种东西既有营养，热量又低，更兼清香可口，一定符合大众的口味。王顺天又通过科学的分析，认为台湾的气候和土壤适合栽培芦笋，再加上当时台湾劳动力又很廉价，把芦笋加工成罐头出口一定很赚钱。

经过多方面的分析调查取证，王顺天这才断定搞芦笋加工是一条不错的发财之路。虽然王顺天一开始遇到许多困难，但经过他坚持不懈的努力，他的芦笋终于一步步打开了市场。在时机成熟之后，王顺天又抢滩登陆，把自己的产品推向大陆，终于铸就了他现在的辉煌。

西方人有一句格言：你能一时侥幸，却不可能一辈子都那么好运。冯先生发财心切，买了赃物，本以为可以提高利润率，多赚些钱。但他没想到的是，天上何时掉过馅饼？他一时的得意只是因为向他出售赃物的那几个不法分子还没被绳之以法而已。而王顺天则完全与他相反，他的发家之路历经数十年，但是他始终贯彻的是稳扎稳打的方针，做任何决策都要经过深思熟虑。结果，他的企业虽然发展得不算快，却始终没有经历过大的挫折，最终走向了成功。因此，在商场中打拼的你一定要记住，商战中切不可投机冒进啊！

兵强则灭，木强则折
——商战也需要一些柔软的手段

【回眸经典】

人之生也柔弱，其死也坚强。草木之生也柔脆，其死也枯槁。故坚强者死之徒，柔弱者生之徒。是以兵强则灭，木强则折。坚强处下，柔弱处上。

——七十六章

【经典阐释】

活着的人是具血肉、富有韧性的柔弱之躯，一旦死亡，又变得直挺坚硬。生长的草木总是柔软脆弱，一旦死去，就变得枯萎干裂。所以坚强与死同类，柔弱与生共伍。由此可见，军队过分强盛就必然会毁灭，木头太硬必然容易折断。

【老子商道】

许多企业人每天听的都是商场上的残酷，商业竞争的无情，于是他们就真的变得冷血无情了。对待竞争对手总是抱着"冷酷打击,坚决消灭"的态度,将对手赶尽杀绝斩草除根而后快。结果杀敌一千,自损八百,竞争对手虽然被整垮了,自己也不见得好到哪里去。殊不知战场上有进有退,有战有和,若只知道一味强冲硬打,充其量也只能是操起板斧见人就砍的李逵;而懂得进退之道,会使用柔性手段的才是运筹帷幄决胜千里的吴用。这也正应了老子的那句话:兵强则灭,木强则折。

在现代商业领域,全世界都不缺乏有特色、高质量、低成本的产品,因此,成本领先、差别化与专一化战略也已经不符合时代发展的潮流了,更不再适合作为企业未来发展的长远战略。于是,很多远见卓识的企业家基于对传统的企业与顾客、企业与供应商之间的交易关系以及双方在交易关系条件下建立的合作无效率的不满,提出以合作求竞争。共同将利益蛋糕做得更大,从而使双方都受益的战略思路。这才是企业未来战略和商战策略的主流,同时也是企业未来战略和商战策略的发展趋势。

例如,在共同获利战略的指导之下,有的企业与供应商超越传统的组织界限,根据共同的利益,进一步优化和调整彼此公司内部的功能和活动流程,以便将双方的合作推向深入;有的企业则一改过去对各种信息、资料保密的原则,除关键的核心技术及信息之外,全部公之于众,尤其是要让顾客和供应商了解其中的情况,以便使从产到销的各个方面能为共同的利益目标竭心尽力出谋划策。

事实上,用柔性手段赢得商战的思想并非是什么现代的新思潮,这种思路古已有之,只不过很少受到人们的重视罢了。其实,亚洲首富李嘉诚就始终是柔性竞争理念的支持者。

一次,李嘉诚问他的儿子李泽钜和李泽楷:"如果爸爸要入股一家公司,按理说我可以拿10%的股份,如果凭着我的地位和名望的话,拿11%也不算过分,你们说我应该拿多少?"

李泽钜说:"当然拿11%,拿得多才能赚得多嘛!"李嘉诚笑着摇了摇头示意不对。

李泽楷虽然年纪小，反应却快，一看父亲的表情马上说："那肯定是应该拿 10% 了！"李嘉诚又摇了摇头，说："你俩说得都不对，按照我做事情的惯例，我会拿 9%。"

两个孩子茫然不解："你为什么要少拿啊？少拿岂不是少赚钱？"

李嘉诚说："孩子们，我们做事情不能只是考虑自己，更要考虑那些跟我们打交道的人。好多时候是这些人赚得多，我们自己才能赚得多，这就是爸爸做生意的诀窍：你想拿 11% 发大财反而发不了，只拿 9% 的话，财源反而会滚滚而来。"

李嘉诚是这么说的，也是这么做的。1977 年，香港地铁中环和金钟两站的上盖物业工程开始招标。这一地段是全香港最繁华的黄金地段，没有任何一家香港的房地产公司不对此虎视眈眈，李嘉诚的长江实业当然也不例外。但问题是香港政府已经将这块地的开发权交给了地铁公司，地铁公司的实力不足以单独进行开发，于是各大地产商就需要通过招标的形式选出一家，成为地铁公司的合作伙伴，与地铁公司一起吃这块肥肉。当时，置地、太古、金门等拥有英国背景的实力雄厚的大地产商夺标的呼声最高，与这些大地产商相比，李嘉诚的长江实业充其量只能算是中等水平。可是招标的结果令所有人大跌眼镜——长江实业以绝对地优势战胜了众多强手获得了与地铁公司合作的机会。

事后，李嘉诚说出了他竞标成功的诀窍：能让则让，退一步海阔天空。他的具体做法是：第一，由于地铁公司财力有限，全部建筑费用由长江实业方面承担。第二，李嘉诚一反常态地打破了双方合作的惯例，楼盘建成后全部出售，所获得的利益地铁公司拿 51%，长江实业拿 49%。

李嘉诚开出如此优厚的条件，地铁公司又岂有不与他合作的道理？让我们分析一下其中的利害得失。这项利润丰厚的工程，无数有实力的公司都想染指，地铁公司自然可以待价而沽，选择一家最能让他们获利的公司作为合作伙伴。

而对于李嘉诚来说，他可就没有这么从容了，他的竞争对手多得很。李嘉诚深知，只要能拿下这项工程，获利是完全不成问题的，其中的差别只在于获利的多少而已。但如果眼里只盯着利润，那么在众多竞争对手的围剿之下，李嘉诚难有把握取得这片地产的开发权，如果竞标失败，那可就什么利润都没有了。

这样一来，李嘉诚当然就知道自己该怎样做了。而且，以最大限度的让步拿下这项工程之后，李嘉诚在损失了一部分利润的同时也并非全无收获，他在香港商界的地位、他善待自己合作伙伴的好名声都是在这样的案例中一步步树立起来的。

柔性的竞争方式给许多公司带来了丰厚的利润。在这一趋势中领先的企业，已经凭借这种合作竞争的伙伴关系带来了丰厚的成果与竞争优势。随着知识经济在全世界范围的兴起，在竞争更加激烈的市场环境中，企业生存和发展的主导战略将是建立伙伴关系，以合作求竞争的合作竞争战略。

将欲夺之，必固与之
——以退为进同样是商战中的良策

【回眸经典】

将欲歙之，必固张之；将欲弱之，必固强之；将欲废之，必固兴之；将欲夺之，必固与之。是谓微明。柔弱胜刚强。鱼不可脱于渊，国之利器不可以示人。

——三十六章

【经典阐释】

想要收敛它，必先扩张它，想要削弱它，必先加强它，想要废去它，必先抬举它，想要夺取它，必先给予它。这个道理很简单，因为静能制动，弱能胜强。所以鱼必须谨守本分生活於水中，一旦得势之后，亦不可忘形，离水而居。国家的锋利武器用的时候必须极其机密，如同鱼藏身于深渊一样，绝对不可以示人，不能暴露自己的意图（而无法抵抗躲在暗处的敌人），让对方知道自己的意图。

【老子商道】

"将欲歙之，必固张之；将欲弱之，必固强之；将欲废之，必固兴之；将欲夺之，必固与之。"老子的这段话可以说是世界上最早的辩证法理论，拿到哲学史上，怎么褒扬都不为过。哲学是一门研究世间万事万物之间联系的学科，哲学虽然看起来深奥难懂，但其中的道理，无论是在政治上还是生活上，军事上还是商业上，都有很好的指导作用。尤其是这句"将欲夺之，必固与之"，简直被后世的军事家和企业家奉为经典，其中所蕴含的道理，在军事上叫做以退为进，在商业领域则叫做先赔后赚。

提到剃须刀，人们首先想到的肯定是大名鼎鼎的吉列。当年，欧洲市场上有很多种剃须刀，但是大多数剃须刀既不好用又不安全，个别的安全剃须刀价格又太高。虽然每个人都知道使用剃须刀是未来的一种趋势，但是当时的剃须刀市场却并不景气。

不用剃须刀的话，那人们怎么刮胡子？有人算过这样一笔账：当时，一个普通工人每天的工资是1块钱，一把最便宜的安全剃须刀的售价却高达5块钱，相当于一个工人5天的工资。人们的另一个选择是去理发店刮胡子，理发店的价格是每次1块钱。这样一来，买一把安全剃须刀的钱可以去理发店刮5次胡子，虽然说剃须刀可以用很多次，但一次性掏出5块钱的"巨款"去买这么一个小玩意儿，绝大多数普通人可都狠不下来这个心。因此，安全剃须刀成了少数有钱人才会去买的奢侈品。

剃须刀是吉列公司的最重要产品，他们经过市场分析之后终于明白了上述剃须刀不能流行的原因。于是，吉列设计了一种可以分拆为刀架和刀片两部分的剃须刀，然后将这两部分分开出售。

众所周知，现在的剃须刀，刀架要远比刀片值钱得多。但出人意料的是，当年吉列把刀架的价格订得非常低，反而把廉价的刀片提高价格出售。如果顾客一次性买10个以上的刀片，商家甚至可以免费赠送。

当时，吉列的同行们一方面感叹吉列匠心独运的设计，另一方面也对他们的营销策略感到不以为然。值钱的刀架偏偏要赔本出售，这不是疯了吗？

其实，吉列早就算过了顾客对于剃须刀价格的心理承受能力：顾客去理发店刮一次胡子的成本是1块钱，吉列每支刀片的制造成本是1毛钱，而售价是5毛钱。一个刀片可以用6次，也就是说，刮一次胡子的成本才相当于不到1毛钱，这一成本连去理发店的1/10都不到，自然是十分合算的。

而对于吉列公司来说，在刀架上，他们虽然赔了，但是他们在刀片上的利润却达到了数倍之多。而且，相对于可以用很长时间的刀架来说，刀片这种消耗品才是吉列公司真正的利润来源。刀架上赔了算什么？刀片上所获得的利润早晚能将刀架上的损失补回来。而且，这种做法减少了人们购买剃须刀的前期投入，十分有利于剃须刀的市场普及。只要能够获得消费者的认可，前期在刀架上的这些亏空也就显得更加微不足道了。

吉列的那些同行兼竞争对手们觉得吉列"笨"，但殊不知其实吉列才是最"聪明"的，真正"笨"的是他们自己。吉列采用以退为进的战略成功地开拓并且占领了剃须刀市场，这先赔后赚的道理，可以说是被他们运用得炉火纯青。

当年，杭州中药二厂研制出一种名为"青春宝"的新药，这种新药价格高昂，在大陆恐怕很难有市场。于是，杭州中药二厂向香港工商会终身名誉会长蔡德河老先生请教，如何才能让自己的新产品在美国迅速打开销路。蔡老先生的建议是：可在美国各大城市的高级宾馆中设专柜免费赠送，使美国人对青春宝的作用有切身体会，然后再找准时机，一举登陆美国市场。

该厂厂长冯根生心想，舍不得孩子套不着狼，虽然那些免费赠送的药品会给公司的财务造成一定的压力，但是只要能够换来美国人对青春宝的认识，那也值了。于是，经过认真考虑，冯根生决定免费赠送青春宝5万盒，总价值高达数千万元人民币。虽然杭州中药二厂一下子就凭空多出了几千万的亏空，但却使青春宝声名远扬，不仅在美国，先后有45个国家87家公司要求经销、代销青春宝，公司获得的利润数以亿计。

我们常说商场如战场，我们不妨把用兵之法在商场上也用一用。《三十六计》中有欲擒故纵这条计策，这条计策不正是教人们如何以退为进的吗？

俗话说，"愚者赚今天，智者赚明天"、"不赔小钱，赚不来大钱"。无论是吉列还是杭州中药二厂，都精通赔与赚之间的辩证法。他们不怕赔，但赔要赔得有水平，有眼光，要能赔出口碑和信誉来，这样才能以退为进，先赔后赚。

不争之德

——迂回进攻，赢得商战

【回眸经典】

是谓不争之德，是谓用人之力，是谓配天古之极。

——六十八章

【经典阐释】

什么是不与人争的美德，是借用别人的力量来成就自己伟业的谋略，是与自古形成的天下自然规律完全匹配的最高境界。

【老子商道】

商场是聪明人的乐园。想想你所熟知的那些靠自己双手打拼出来的大富豪和知名企业家吧,在他们这些人中没有一个笨人。就算是有一两个看上去木讷一点的,也是似傻实精,什么事有利什么事无利,他们都心知肚明。

那么,在生意场上,到底什么是傻,什么是精? 当然,像金庸笔下的郭靖那种六岁才会说话,一段文章背来背去背不明白的人是很少有机会能涉足商场的。而且这种人也有自知之明,知道商场多诈术,不是自己所能看得清的。但还有一种人,他们的脑子其实并不笨,但就是有些不知变通,说好听了叫勇往直前,说不好听了就是"一根筋"。这样的人才是商场中真正的笨人。这种人做事的宗旨是有困难要上,没有困难创造困难也要上。

而那些真正精明的人做事的宗旨则是有困难就绕过去,没有困难也在时刻寻找更省力的办法。这些商场中的聪明人一大共同点就是善于变通和迂回,那些让笨人撞得头破血流的困难到了他们那里只需要轻轻绕个弯子,就能轻而易举地解决了,这就是老子所谓的"不争之德"啊。

被誉为"现代成人教育之父"的美国成功学大师戴尔·卡耐基可以说是一个家喻户晓的人物。而卡耐基就是一个非常善于用迂回方式解决问题的商场聪明人。

在卡耐基成名之前,他只是个普通的成人培训老师,每季度均要花费1000美元,在纽约的一家大旅馆租用其礼堂20个晚上,用以讲授社交训练课程。

有一天,卡耐基正在上课,忽然接到通知,旅馆老板要他付比原来多3倍的租金,否则就要把礼堂租给别人。

看到旅馆老板的坐地起价,卡耐基当然非常愤怒。不过,他很快控制住了自己的情绪并开始制定对策。自己的课程已经开讲,换地方是不可能了,只有尽力去说服老板打消这个荒唐的念头这一条路可走。

经过深思熟虑之后，卡耐基敲开了老板办公室的大门，文质彬彬地说："我接到你们的通知时，有点震惊，不过这不怪你。如果我是老板，那么我的选择一定和你一样，毕竟，谁都想让自己的旅馆尽可能盈利。不过，突然加价的方法，真的能起到作用么？现在，让我们来算笔账。假设你一定要增加租金，我也只能离开。这时候，你可以举办舞会、晚会，而这类活动时间不长，每天一次，每次可以付 200 美元，20 晚就是 4000 美元，那你显然可以得到更多的租金。哦！租给我讲课，显然你吃大亏了。这是有利的一面。"

看到老板惊讶的表情，卡耐基意识到他的话起了效果，于是继续说："现在，让我们来考虑'不利'的一面。其实，你增加我的租金，也就是降低了收入。因为你这么做就等于把我撵跑了。由于我付不起你所要的租金，我势必再找别的地方举办训练班。这件事，对你非常不利，因为我的训练班里每一个学员都是有文化、受过教育的中上层管理人员。他们到你的旅馆来听课，对你来说，这难道不是一个绝佳的活广告吗？事实上，就算你花 5000 美元在报纸上登广告，你也不可能邀请这么多人亲自到你的旅馆来参观，可我的训练班给你邀请来了。这难道不合算吗？"

当说完这番话后，卡耐基起身告辞，并说："请仔细考虑后再答复我。"老板当然不是傻瓜，他根本没再考虑，当场决定还以原来的租金将礼堂租给卡耐基来举办讲座。

如果是那些不知变通的"一根筋"遇见这种情况会怎么办？他们多半会直接怒气冲冲地去找旅店老板，然后跟他谈判。这样做的话，那么结果也可以想见，顶多是双方各让一步，多交些租金肯定是免不了的。但偏偏旅店老板碰见的是口才大师卡耐基，卡耐基聪明得很，他不跟老板谈判，而是设身处地地为老板的利益着想，实实在在地给他算了一笔账。这样一迂回，老板明白了其中的利害得失，自然也就放弃了让卡耐基增加租金的想法了。

现实中，人们常常鼓吹做人做事要不畏艰险、勇往直前。但是我们常看见那迷路的蜻蜓在房间里拼命地飞向玻璃窗，打算到那海阔天空的地方去。它看准了透过玻璃窗照进来的那一片光明，百折不挠地飞过去，但每次都碰到玻璃上。必须在上面挣扎好久，才能恢复神智，然后在房间里绕上一圈，重新鼓起勇气，仍然朝玻璃窗上飞去，自然免不了还是"碰壁而回"。难道你能说这是一种明智的做法吗？

其实，迂回的办法只是为了避开一时间难以克服或者清除的障碍。迂回的目的是继续前进，只是迂回曲折了一下，并不妨碍你追逐自己的目标。不要以为迂回是走弯路，实际上，正因为绕开了障碍，你反而会因为迂回节省不少的精力。要知道，国家打仗要损失国力，企业进行商战，损失的则是利润。这也正是国家能够用政治和外交途径解决问题的时候绝不轻起战端，企业能和竞争对手达成妥协的时候绝不和对方翻脸的深意啊。

以正治国，以奇用兵

——突施奇谋，获取商战胜利

【回眸经典】

以正治国，以奇用兵，以无事取天下。吾何以知其然哉？以此：天下多忌讳，而民弥贫；民多利器，国家滋昏；人多伎巧，奇物滋起；法令滋彰，盗贼多有。故圣人云："我无为，而民自化；我好静，而民自正；我无事，而民自富；我无欲，而民自朴。"

——五十七章

【经典阐释】

治理国家要倚仗正义，用兵打仗依靠出奇制胜，要夺取天下，则要靠无为之道。我为什么知道这些最寻常的道理呢？就根据以下这些现象：国家的典章制度所规定的禁忌愈多，人民就变得愈贫穷；当人们"利器"越多的时候，国家就越来越混乱；当人们都懂得用"伎俩"以智取巧的时候，天下怪事怪物就越多；当国家"法律越森严"的时候，就表明盗贼越来越猖獗。所以，有道的圣人说，我（治理国家者）依随自然法则去合理行事，人民就自然化育；我好静（不扰民），人民就自然富足；我无欲（不贪污腐败），而人民就自然淳朴和谐。

【老子商道】

老子主张清静无为，因此老子说要"以正治国"；但老子也同样知道，对于战争来说，出奇才能制胜，因此以正治国的后面就是"以奇用兵"。实际上，对于初创辩证法的老子来说，"奇"和"正"同样被看做是一对既对立又统一的矛盾体呢。

出奇制胜，就是动用特殊的手段，以变幻莫测、出人意料的谋略和方法战胜敌人。老子的"奇正之术"运用到商业上当然也可以成为企业家们制胜的法宝。出奇的产品、出奇的广告、出奇的营销方针、出奇的管理措施都是企业家们在商战中占得先机的拿手好戏。

"农夫山泉有点甜"这句广告词相信几乎所有人都听说过，这句广告词本身就是一个非常棒的策划和创意。1997年上市的农夫山泉凭借"有点甜"的广告效应，使得海南养生堂有限公司很快就以惊人的速度冲入饮用水行业的前三强，仅排在娃哈哈、乐百氏之后。但实际上，这却并不是养生堂最棒的一次策划，真正令人惊奇的还在后边呢。

2000年4月24日，海南养生堂有限公司召开新闻发布会。在这次发布会上，养生堂宣布他们将停止生产正在市场上大红大紫的农夫山泉纯净水，转而生产农夫山泉天然水。其理由是，长期饮用纯净水对人体健康无益。因为在去除纯净水中杂质的同时，水中对人体有益的各种微量元素和矿物质也遭到了严重地破坏，而天然水则不同。这种新概念饮用水不仅安全无污染，而且富含人体所需的多种营养物质，好喝又健康。

因此，农夫山泉放弃纯净水生产，是为消费者着想。随即，农夫山泉的电视广告也进行了调整，每天不间断播出，为天然水宣传造势。

养生堂的这一做法在业内引起了极大的震动，多家饮用水生产企业对此表示不满。的确，你可以宣传你的新概念产品，但是你不能在宣传自己的同时贬低别人啊！这不是断人财路吗？首先向养生堂发难的是行业内两大巨头——"娃哈哈"老总宗庆厚与"乐百氏"总裁何伯权。他们分别在媒体面前质问养生堂，指责他们缺乏职业道德的行为。很快，多家生产纯净水的企业结成了反击联盟，表示拟在适当的时候起诉农夫山泉，他们将会要求养生堂在媒体面前公开道歉并赔偿经济损失。柳州"奥林"纯净水认为："这是对纯净水的一种攻击。既然国家制定了纯净水的国家标准，就说明国家是维护消费者喝纯净水的权益的。喝什么样的水，应由消费者自己去选择，而不是某些厂家推出所谓的权威专家、实验证明来诋毁别人，误导消费者。"这一次，养生堂真地犯了众怒。

面对竞争对手们一波接一波的攻势，早有准备的养生堂当然还有反击之策。他们在杭州再一次召开记者招待会，会上广泛邀请了正在杭州采访此次新闻的全国各地媒体记者，公开阐述了纯净水与天然水的区别，解释了浙江大学博士后白海波主持的"水与生命"课题组所做的一项实验，并以此作为自己的理论依据。

在记者招待会上所公布的实验数据表明，天然水中含有的钾、钠、钙、镁这些微量元素对维持生命极为重要，而纯净水与之相比则有着极为显著的差距。天然水与纯净水孰优孰劣不言自明，养生堂并无意诋毁任何一家企业的任何一种产品，只是向消费者阐述一个客观事实而已。

养生堂的做法让那些"受害者"们已经彻底愤怒了，他们扬言，一定要跟养生堂对簿公堂。但是，这却是养生堂最愿意见到的结果。因为这件事情炒得越热，"受害者"们闹得越欢，养生堂在老百姓的心里就越能留下印象。

而且，绝大多数老百姓是根本不可能完全弄明白天然水和纯净水之间到底有什么不同的。既然天然水比纯净水好，那么宁可信其有，不可信其无，农夫山泉天然水，自然而然地也就深入人心了。到了 2001 年，农夫山泉已经占据了城市饮用水市场的头把交椅。

世纪之交的那几年，正是我国瓶装水市场竞争最激烈的几年。娃哈哈、乐百氏、康师傅、农夫山泉等品牌为了扩大自己的市场份额可以说是不择手段。而就在这个节骨眼儿上，养生堂奇兵突出，抛出了一个天然水的全新概念，而且有意地在宣传推广的时候含沙射影，说纯净水远不及天然水既好喝又健康。

作为竞争对手，娃哈哈和乐百氏等公司自然不肯善罢甘休，可养生堂竟然连对手的反应都算计在内了，很快利用双方的口水战所引起的社会关注度奠定了农夫山泉在瓶装水行业的龙头老大的地位。

养生堂这一次的"天然水奇谋"绝对是世界商战史上的一大经典案例。"以正治国，以奇用兵"，养生堂深得此道。

祸莫大于轻敌，轻敌则几丧吾宝

——永远不要做那些"想当然"的事情

【回眸经典】

用兵有言："吾不敢为主，而为客，不敢进寸，而退尺。"是谓行无行，攘无臂，仍无敌，执无兵。祸莫大于轻敌，轻敌则几丧吾宝。故抗兵加，哀者胜矣。

——六十九章

【经典阐释】

古代用兵的名家曾经说过这样的话："我不敢主动作战，宁愿被动应战,(为了保存自己)不敢侵略攻击对方一寸,宁可忍让退让一尺。"这就是以静制动、以退为进、人不知我之图、乃至让对方看我似乎是:谋略不出众、作战无阵容、相斗无勇力、武器不精良、战斗难取胜。(两军交战时)最大的危险就是低估敌人的实力,这样就一定会丧失自己的精锐。所以在双方兵力综合情况差不多的情况下,姿态较低、小心谨慎而士气悲愤的一方常会取得胜利。

【老子商道】

人是一种依赖于习惯的动物。从你说话爱用哪些词到你走路先迈哪只脚,都体现着习惯对人行为的支配作用。不仅仅是行动,人的思维也常常受到习惯的影响,这种思维就叫做"思维惯性",说白了也就是我们平常所说的"想当然"。

还记得赤壁之战中周瑜痛打黄盖吗?曹操之所以相信黄盖是真心投降,正是因为他以为黄盖在受到如此虐待或危险之下,一定会选择避免伤害自己的道路。这就是典型的思想惯性,因为很多人都会做出投靠曹操的选择,在这种思想惯性下,曹操自然会"想当然"地认为黄盖也是真心投靠自己的。当然,以曹操之精明,他之所以会受制于思维惯性,还是因为他轻视了黄盖。曹操认为,若论计谋,只有周瑜和诸葛亮才配跟自己相提并论,区区黄盖是绝不可能跟自己来要心眼儿的。结果呢,曹操在思维惯性的支配下上了黄盖的当。所谓"祸莫大于轻敌,轻敌则几丧吾宝",说的就是这个道理。

曹操会在战争中受累于"想当然",我们在商战当中自然也应该避免自己被思维惯性所支配。作为企业的管理者,如果有人在你耳边说,这么做下去"绝对没错",那么请一定不要掉以轻心,反而要引起注意,开动脑筋去找出哪怕是微小的破绽。之所以要这样做,就是因为从"绝对没错"这句话进入你的耳朵的那一刻开始,你面前就已经布好了一个名叫"想当然"的陷阱,正等着轻敌的你自己往下跳呢!费尽心思去算计别人,最后却败在了自己的"想当然"之下,那可就太冤了。

在美国市场上,宝洁公司生产的婴儿尿布很受欢迎,已经成为了市场占有率很高的名牌产品。但宝洁公司并没有满足于现状,它准备在现有的基础上开拓国际市场,第一步的目标就定在了德国和中国香港的市场。

由于保洁公司的尿布在美国已经使用了很多年,受到了普遍好评,公司决策层认为直接进入德国和中国香港市场一定不会有什么问题。因此,宝洁公司就没有按照以往开发新市场的惯用程序,在进入德国和中国香港市场前没有经过"实地试销"。但是这一次宝洁公司却想错了。

宝洁公司一开始就运送了大量的尿布进入了德国和中国香港市场。由于保洁是世界知名品牌,到了德国和中国香港,很多母亲都信任宝洁,购买了这种婴儿尿布。

但是没过多久,总公司就收到了很多来自两地市场的不良报告:德国的消费者反映,宝洁公司的尿布太薄了,吸水性不能满足婴儿的需要;中国香港的消费者反映,宝洁公司的尿布太厚了,婴儿根本用不着那么厚的尿布,简直是浪费。一个小小的薄厚问题也反映出不同国家在使用婴儿尿布上存在着文化差异的。

对于这个小问题,宝洁公司进行了详细的调查。最后发现,虽然是同样的尿布,平均大体相同的尿量,感觉薄厚不同是因为德国和中国香港的母亲使用婴儿尿布的习惯不同。

德国母亲做事喜欢循规蹈矩,每天早上起来的时候给孩子换一块尿布,下一次换尿布的时间是在晚上,白天并不安排换尿布。如果一块尿布持续使用一天,尿布相对于这样的情况当然就显得太薄了。

中国香港的母亲不是按照时间来给婴儿换尿布的,她们是把婴儿是否舒适当做换尿布的标准。孩子只要一尿尿就会换上一块新的尿布,一天要换很多次尿布,而每次尿布可能就用了一点点,所以宝洁公司的尿布就显得太厚了。

正因为没有做"实地试销"的工作，没有考虑不同地区消费者的使用习惯，没有考虑不同民族的文化区别，一个尿布的薄厚问题影响整个产品的市场推广。久而久之，在中国香港和德国妈妈们的眼中，宝洁公司的尿布便不再是他们的首选了。

宝洁是一家什么样的公司在这里已经完全不需要再强调了，但就算是这么一家拥有极其丰富的市场营销经验的国际知名企业，也栽在了思维惯性手里。看看一时间的轻敌和想当然给宝洁带来了多大的损失吧，他们在中国香港和德国这两大市场上彻底失去了主动权。

为什么想当然的想法会给一家企业带来如此巨大的伤害？这是因为我们所处的客观世界总处于不断的运动变化当中，绝对静止的东西是不存在的，我们那些想当然的想法往往就是过时的，而且我们还不自知。

因此，成功的企业领导者，应该懂得用运动变化的思维来经营企业。诚然，具备一定的经营管理知识是领导者带领企业走向成功的基础。但在瞬息万变的商场当中，企业随时面临着决策。如果领导者只唯书、只唯上，搞本本主义，搞教条主义，不知道灵活地运用各种知识，那他的决策十之八九是错误的，而他经营的企业也难逃噩运。

后其身而身先，外其身而身存
——后发制人，以弱胜强

【回眸经典】

天长地久。天地所以能长且久者，以其不自生，故能长生。是以圣人后其身，而身先；外其身，而身存。非以其无私耶？故能成其私。

——七章

【经典阐释】

天的寿命没有尽头，地的寿命没有终点。天地之所以能永存于世，是由于天地从不为自己的"生"去经营打算，不去强求一种非其不可的状态，所以才能够长久。所以，圣人做事时会把自己的利益放在后面，先考虑公众，后考虑自己；常把自己的生死置之度外，反而受到大众的保护。这不就是因为不自私而得到的好处吗？正因为圣人大公无私，所以人民会把他该得到的都给他，从而在客观上成就了自己。

【老子商道】

成王败寇，弱肉强食，这就是商场上的游戏规则。纵观世界商战史，你会发现这甚至是比世界历史更加残酷的血泪史，这其中充斥的是收购、倾销、欺骗、煽动、结盟、背叛……每一个大公司的崛起身后留下的是不知多少小公司的"尸体"，每一次金融风暴，都可以很轻易地"收割"成千上万大大小小的企业的"生命"。

我们可以看到，自从第二次世界大战之后，国际上的政治和经济格局已经渐趋稳定，但是，在商场这个地方，无数企业的兴衰成败仍旧在每天不断地上演。很多企业今日还是所在领域的龙头老大，明天很可能就资金链断裂，濒临破产；还有的企业今天还是籍籍无名的"乡巴佬"，明天很可能就通过自己的不懈努力跨入世界名企的行列。老子有云："后其身而身先，外其身而身存。"实力弱不要紧，输在了起跑线上也不要紧，只要你能有正确的发展方向和精当的发展战略，那么后发，仍然可以制人，以弱，照样可以胜强。

众所周知，阿迪达斯和耐克是现在世界上最知名的两大体育运动品牌。在这两大公司的竞争中，耐克始终压着阿迪达斯一头。但事实上，在上世纪 70 年代初的时候，世界上最大的体育运动品牌是阿迪达斯，而耐克只是美国本土的一个"乡土"品牌。

当时，阿迪达斯对于体育用品市场的统治是全方位的。他们还首创了让世界知名运动员为品牌做代言,并且在世界大赛上展示自己产品的营销方式。例如,在蒙特利尔奥运会上,穿阿迪达斯公司制品的运动员竟然占到了全部个人奖牌获得者的82.8%,可见当时的阿迪达斯是多么的强大。

也正是在60年代末70年代初的这段时间,随着美国人对身体健康状况越来越关心,参加散步的人数不断增加,美国跑鞋需求量大幅增加。那些准备从事跑步或散步活动的成千上万的人都开始穿用跑鞋,甚至那些不爱运动的人也都以穿跑鞋为时尚。然而,作为世界最大的跑鞋制造公司的阿迪达斯却没有充分利用本世纪跑鞋销售的大好时机,而且更为糟糕的是,它低估了美国竞争者对市场的介入和攻势。而这,也为日后其被耐克公司所超越埋下了伏笔。

耐克公司的创始人是菲尔·索特和比尔·鲍尔曼。耐克公司发展伊始,实际上主要还是以仿照阿迪达斯公司的产品为主,毕竟他们的产品受到全世界的广泛欢迎。结果,仿造者战胜了发明者。

在拥有了一定的规模之后,为充分发挥企业潜力,占领市场,耐克公司已不再甘心只做阿迪达斯的仿制品了。他们开始精心研究和开发新概念运动鞋,并力求推出比阿迪达斯公司种类更多的产品。到70年代末,耐克公司的研究和开发部门雇用的研究人员将近100名。公司生产出140多种不同式样的产品,其中某些产品是市场上最新颖和工艺最先进的。这些运动鞋不仅仅在运动项目上分为足球鞋、篮球鞋、网球鞋、跑鞋、户外运动鞋等不同种类,更是根据不同脚型、体重、跑速、训练计划、性别和不同技术水平而进行了极具针对性的设计。耐克公司下了功夫,消费者们也给了耐克充分的回应,尤其是在美国,人们已经渐渐发现耐克公司是提供品种最全的运动鞋制造商。

在后来的一段时间之内,耐克公司发展速度极其迅猛,到70年代末80年代初,耐克旗下的8000个百货商店、体育用品商店和鞋店等经销商中有60%都提前订货,并常常向耐克公司抱怨其产品供不应求。这是一种幸福的烦恼,同时也给耐克公司的生产计划和存货费用计划的完成提供了极大的方便。到 1979 年,耐克公司在美国市场的占有份额达到了 33%,超越阿迪达斯跃居首位。

两年之后,耐克更是遥遥领先,其市场份额已达近 50%,将阿迪达斯在市场上逼得节节败退。阿迪达斯这时候已经追悔莫及,他们对运动鞋市场的增长状况估计不足使得他们一失足成千古恨,最终败给了耐克公司。

在阿迪达斯最强盛的那段时间里,刚刚起步的耐克公司甚至连成为阿迪达斯商战假想敌的资格都没有。诚然,一个“美国乡巴佬”哪能跟阿迪达斯这样的“欧洲大贵族”相提并论？但是最后,战胜阿迪达斯的也并非是诸如彪马、锐步这些阿迪达斯的假想敌们,而是名不见经传的耐克。

由此可见,所谓市场优势和市场占位是多么脆弱。任何公司,不论在市场上是否占有领先地位,都不能依赖它的名声而无视发展变化着的外部环境和强大对手的攻势。若一旦放松警惕,强大的公司在关键时刻的攻势也会变弱。

所以说,只要经营策略得当,并且能够抓住机会,做到后发制人,以弱胜强绝不是不可能的。当你对自己的企业信心不足时,就想想当年默默无闻的耐克吧。

第五章
领导修为："上善若水，能为百谷王"

《老子》虽短，但却是一部及其复杂的大书，这本书的内容由天道而入人道，绝对称得上是包罗万有。但无论如何，《老子》仍旧是道家学派最经典的著作，而道家学派最讲究的，则是修身养性。对于一家企业来讲，企业领导的个人修为同样是非常重要的，这不仅关系到企业经营战略决策方面的问题，更关系到企业的凝聚力——一个缺乏人格魅力的领导，是不可能真正赢得下属的尊敬和忠诚的。事实上，拜老子这个修炼人格品质的老祖宗为师，"太上老君"的修身养性之法绝不会让你失望，要知道，《道德经》这个名字，那可不是白叫的。

美行可以加人
——领导要起模范带头作用

【回眸经典】

道者万物之奥。善人之宝，不善人之所保。美言可以市尊，美行可以加人。人之不善，何弃之有？故立天子，置三公，虽有拱璧以先驷马，不如坐进此道。古之所以贵此道者，何也？不曰求以得，有罪以免耶？故为天下贵。

——六十二章

【经典阐释】

道是万物的奥妙之源，是善人应世的法宝，不善的人也不能违背它，并以求用它("道法")来保全自己。善之人则应想办法能保有它。美言可以获得人们的尊重,美行可以令人效仿。不善之人,本已无道,又为何要舍弃好的言辞和行为呢? 所以,刚被拥立为国王或大官员的人,虽然授予了玉器车马,还不如坐在家中听人讲授自然法则的知识。古人为什么如此珍视自然法则,依道而行呢? 是因为只要遵循道法依道而行,则有求必得,有罪可免,所以它是天下最可贵的。

【老子商道】

动物学家曾经在动物园进行过一项测验,让饲养员披上狮子皮突然冲进一群黑猩猩当中。黑猩猩们刚开始觉得害怕而哀号,但很快,这群猩猩的首领就站了出来,拾起身边的树枝,做出勇敢地向狮子挑战的样子。其他猩猩见首领如此勇敢,也都鼓起勇气前来围攻"狮子"。

难道猩猩首领就不害怕狮子吗? 不是。其实,它也很怕狮子,但却没有逃跑,而是勇敢地率先向狮子挑战。因为如果它在这个时候临阵脱逃,就一定会被同伴鄙视,这群猩猩的首领的位子也就该"另选贤能"了。

诸葛亮这个人想必每个人都熟悉,它是我国古代智慧的化身。以现代人的眼光来审视诸葛亮的时候,我们或者可以说他作为一个政治家在管理上有这样或者那样的缺陷,作为一个军事家在战争中过于求稳,缺少一些冒险精神。但是,他在其个人领导力上的表现,却绝对是无可挑剔的。你知道为什么蜀国从将军到士兵都会对诸葛亮这样一个手无缚鸡之力的人心服口服吗? 一方面是因为诸葛亮足智多谋,跟着他能活命,能打胜仗;同时也是因为诸葛亮虽然不会武艺,但是每逢两军对阵,必然亲临阵前,哪怕后来他的身体状况已经骑不了马,但就是坐着四轮车,也要亲自到战场上去和自己的将士在一起。主帅尚且如此,兵将们又怎能不奋勇拼杀? 美行可以加人,对于《老子》中的这句话,诸葛亮绝对是体会颇深。

通用汽车旗下的克莱斯勒公司是美国的三大汽车公司之一,拥有近70亿美元的巨额资产。但进入上世纪70年代以后,虽然通用公司打败了福特公司，正逐渐朝着一统美国汽车市场的目标迈进，但克莱斯勒却陷入了低谷，一蹶不振。1979 年，克莱斯勒亏损了 11 亿美元，公司的总债务竟然高达 48 亿美元。

后来，一个人的到来帮助克莱斯勒扭转了颓势，这个人就是大名鼎鼎的艾柯卡。艾柯卡到任后，大挖管理人才，并加以重用，开始了重新振兴克莱斯勒的步伐。为了与员工同甘共苦，艾柯卡率先示范，用自己的实际行动打动员工的心。他常挂在嘴上的一句话是："领导就意味着榜样。"为了减少公司的开支，他竟然敢冒天下之大不韪削减公司领导层的工资，而他自己率先垂范，把自己的年薪降为原来的 50%，总共放弃了 31 万元的薪金，这样一来，那些原本打算反对的人也就说不出口了。由于艾柯卡的这种带头作用，员工们也甘愿作出牺牲，并迸发出巨大的精神力量。同时这一系列轰动性新闻也赢得了社会的广泛同情和支持。更重要的是，艾柯卡用自己的实际行动获得了公司内部绝大部分人的尊敬和支持，这也为他紧接着将要实施的大刀阔斧的改革计划奠定了基础。

1982 年底，艾柯卡终于使克莱斯勒走出了低谷，公司逐渐开始扭亏为盈。1983 年，克莱斯勒咸鱼翻身，一举创下了公司历史上单年最高利润纪录：9.25 亿美元。1984 年，公司更取得 23.8 亿美元的纯利润，形成 90.6 亿美元的资产，要知道，这一年的利润比从创始至今的总利润加起来还要多。1985 年，克莱斯勒公司在世界汽车制造公司的排名榜中跃居第 5 位。

一个好的经营者首先要是一个好的领导者。艾柯卡作为传说中的"美国商业偶像第一人"，能够取得这样惊人的经营业绩跟他具有极强的领导力和个人魅力绝对是分不开的。要知道，艾柯卡在克莱斯勒虽然来了就是总裁，但毕竟初来乍到，而且之前还曾经在克莱斯勒的死敌福特公司担任高管。在这样的情况下，即便是艾柯卡有无数个办法可以帮助克莱斯勒走出困境，恐怕也难以施展，原因是人心未定。其实，艾柯卡带头削减工资的首要目的绝非是为了省那几十万美元，而是一方面激发起公司上下团结奋进、逆流而上的斗志，另一方面也借此树立自己的威信。只有威信树立起来了，公司上下能够团结一心，艾柯卡的各种改革方案才有可能在公司内部推行下去。如果说艾柯卡的改革方案是拯救克莱斯勒的良药的话，那么艾柯卡的模范带头作用就是药引。

作为企业的领导者，你必须记住，你的一言一行都是员工们所模仿的榜样，而不管其工作习惯和修养是好还是坏。作为一个重任在肩的领导，职位越高，就越应该起到模范带头作用，尽可能给人留下好的印象。因为你的行动，事实上就是你公司的企业文化。

轻诺必寡信，多易必多难

——领导者必须做到言出必践

【回眸经典】

夫轻诺必寡信，多易多难。是以圣人由难之，故终无难矣。

——六十三章

【经典阐释】

那些轻易许诺的，必定可信度小；总把事情看得太容易，一定会遭遇困难。因此圣人即使从易处着手，也仍然把一切事情都当作难事来处理，最终也就没有困难了。

【老子商道】

你知道领导力的终极体现是什么吗？领导力的终极体现就是让你的手下对你死心塌地，拿你的话当圣旨。不过，俗话说君无戏言，圣旨这种东西可是一旦发出从不更改的。你要想让别人拿你的话当圣旨，就得先考虑自己的话有没有资格当圣旨。要知道，古往今来，可没有哪个受人爱戴的皇帝是喜欢朝令夕改的。

诸葛亮是中国古代卓越的领导者，在这里我们不妨还拿他当例子。

当年，诸葛亮率倾国之兵六出祁山伐魏，魏国其他人皆不足以做诸葛亮的对手，只有司马懿可以与诸葛亮匹敌。诸葛亮和司马懿这对老对手一旦在战场上相遇，往往战争就会变得旷日持久。因此，诸葛亮决定让手下的士兵轮番回汉中休养，每一百天换一次班，以免士兵久在敌境变得疲惫不堪。

有一次，蜀军又到了换班的时间，而此时诸葛亮手下总共只有八万精兵，其中却有 4 万应当回汉中休养。本来这也是很平常的事，但是就在这时，魏国大将孙礼率领 20 万大军增援司马懿，司马懿得了援军之后当即亲自领兵朝蜀军控制的卤城杀来。魏军有 20 多万，是蜀军的一倍还多，即便是该回汉中的 4 万士兵留下，能否打退司马懿的进攻也还是未知数。但是，诸葛亮却做出了一个出人意料的决定，他准备命令那 4 万士兵按照原计划返回汉中。诸葛亮手下的将军们都劝他一定要把这 4 万人留住，否则蜀军将会面临极其危险的境地。但诸葛亮却说："吾用兵命将，以信为本；既有令在先，岂可失信？且蜀兵应去者，皆准备归计，其父母妻子倚扉而望；吾今便有大难，决不留他。"

蜀国的士兵们听到诸葛亮这话都很感动，纷纷表示死也不肯走，一定要留在军中，跟诸葛亮一起击退魏军，以报答诸葛亮的恩德。结果等到司马懿率军来攻时，蜀军士气高昂，人人奋勇，杀得魏军尸横遍野，血流成渠。

看看言出必践的诸葛亮得到了士兵们怎样的爱戴吧！面对大兵压境，一般的将领恐怕连伙夫也会派上战场，哪里还肯把换班回家的几万士兵轻易放走。但诸葛亮却不然。他深知作为一个统帅，一旦做出承诺，就必须实现自己的诺言，只有这样重信诺的统帅，才能让士兵真心服从，才能令行禁止。所以他既然已经规定了让士兵们百日一换班，纵然敌军压境，也坚持信守承诺绝不更改。而当士兵们看到自己的统帅是如此重守信诺，反而激发了这些准备回家将士们的斗志，最终打败了比自己多出一倍还多的魏军。

不少领导者所做的最不可取的一件事就是爱许诺，可他们却又偏偏不珍惜这一诺千金的价值，在听觉与视觉上满足了下属的希望之后，又留给了人们漫长的等待与终无音讯可寻的结果。领导者要想管理好一个企业，不仅要充分信任下属，而且也要获得下属的信任。俗话说带人不如带心，领导者要想获得下属的心，就必须言出必践，以诚信为本。

试想，一个企业的领导者，如果不能做到言出必行，自己没有把握的事就轻易许诺，可是最后却实现不了，那么这样的领导者在员工的心中怎能有地位？又有哪位员工愿意信任这样一个经常说话不算数的领导者？难以兑现的诺言比谣言更可怕。虽然，谣言会闹得满城风雨，沸沸扬扬，但人们很快就会明白事实的真假，但未实现的承诺骗取的是人们真心的付出。就像你让一个天真的孩子替你跑腿送一份急件，当孩子跑回来索要你的奖赏时，你却溜之大吉，那孩子可能会由此而学会先收取定金的本领。一旦你的员工有了这样的心态，那你在组织中就是一个彻底的失败者，你的权威没有了，必要的信任也消逝了。

老子说："轻诺必寡信，多易必多难。"身为企业的领导者，必须对自己的决定和许诺负责，没有把握的事情不要轻易许诺。而一旦许诺，就必须尽全力实现它，绝不能装装样子，作表面文章。对已经制定的规章制度，领导者更是不可以摇摆不定，朝令夕改。企业的领导者，一言一行都被下属看在眼里，记在心上。你的真心诚意、你的言出必行、你的信誉为本，必然会换来下属的忠心追随。反之，也不要指望员工会为你的企业拼尽全力。

果而勿矜，果而勿伐，果而勿骄

——武断不是一个领导者应有的品质

【回眸经典】

以道佐人主者，不以兵强天下，其事好还。师之所处，荆棘生焉。大军之后，必有凶年。故善者果而已，不敢以取强焉。果而勿矜，果而勿伐，果而勿骄，果而不得已，果而勿强。物壮则老，是谓不道，不道早已。

——三十章

【经典阐释】

依照"道"的原则辅佐君主的人，不以兵力逞强于天下。穷兵黩武这种事必然会得到报应。军队所到的地方荆棘横生，大战之后一定会出现荒年。善于用兵的人，只要达到目的也就可以了，并不以兵力强大而逞强好斗。达到目的却不自恃也不去夸耀骄傲，达到目的是出于不得已而为之，达到目的却不逞强。事物过于强大就会走向衰败；不符合道法的，必然会遭受到快速消亡的恶果。

【老子商道】

众所周知，一个人要想在危机四伏的商场当中取得成功，果断是他必须具备的品质。如果这个人总是瞻前顾后犹豫不决，那么商机是绝对不会垂青于他的。事实上，作为一名决策者，如果看准了目标，就应该有速战速决的魄力，绝不能举棋不定而坐失良机。所谓先下手为强，就是这个道理。

但是，《老子》告诉我们，做任何事都怕做过头，过犹不及。果断得过了头，那就成了武断，成了刚愎自用，成了意气用事。而这，可就不是一个领导者应该具有的"优秀品质"了。

　　1990 年,姜伟以 2 万元起家,办起了后来震誉全国的沈阳飞龙保健品有限公司,到 1993 年就实现产值 10 亿元,利润 2 亿元的绝好成绩。姜伟也先后获得了"中国十大杰出青年"、"中国改革风云人物"、"全国杰出青年企业家"等称号,那时的姜伟可谓春风得意。可是,过分自信却让姜伟在冲动之下做出了错误的决策。他在没有经过详细考察的情况下,贸然决定进军香港市场。可在与香港方面的洽谈中,姜伟面对律师所提出的 2870 个问题,居然大半都回答不上来。无疑,这大大挫伤了姜伟一向良好的自我感觉,由此而产生的一种难以言表的自卑感让姜伟失去了以前经营企业的激情。过度的自卑或自信,必然导致种种过激的行为,就在飞龙即将在香港上市的时候,姜伟突然宣布撤出香港。

　　可是,姜伟的错误决策还没有结束。在经过对飞龙公司分布于全国的 22 家分公司进行考查之后,姜伟发现这些分公司的管理都异常混乱。不过这些公司虽然管理混乱,可是每个月还有上千万元的销售额。如果在这个时候,姜伟能够认真思考,并开始逐步理顺管理流程,公司还是大有可为的。可是姜伟突然宣布飞龙进入全面休整期。这一举措无疑是将自己内部的危机彻底公开化。一时间,一线的营销人员不知所措,经销者和零售商不敢进货。飞龙公司的企业形象和产品形象受到了致命的损害,一夜间一溃千里,而姜伟本人也再无回天之力。

　　临事不定、犹豫不决固然会让人坐失良机,但过于武断也同样会因为缺乏必要的深思熟虑而导致失败。可以想见,作为领导,如果你做事只凭感觉,常常意气用事,那么你的手下心里肯定踏实不了,觉得自己跟了一个不靠谱的领导。这样一来,或许等不到你失败的那一天,就已经失去了手下的信任了。

　　不仅仅在企业的重大决策上,作为领导,在企业的内部管理上也应当注意不要对属下的工作指手画脚干涉过多,更不要听不进别人的意见,只凭自己的感觉而独断专行。

　　管理名家杰克·韦尔奇刚刚当上通用电气董事长的时候曾为公司高层管理人员做过一次别开生面的培训游戏。游戏前一天，韦尔奇特意给每个参加者发了一顶耐克帽子和一双耐克球鞋。然后问："你们知道今天为什么要发给你们帽子和鞋子吗？"那些管理人员纷纷猜测说，大概是因为明天的活动是登山吧。韦尔奇又问："假如还发衣服乃至内衣内裤给你们，大家会有什么感觉呢？"这时，他们不约而同"嘘"地一声，纷纷笑道："不要，不要！感觉怪怪的，好不舒服。内衣内裤的事情还是让我们自己来解决吧。"韦尔奇说："对了！你们不要，我也不给，这就是我的管理理念。"

　　韦尔奇为什么要这样做？他这样做明显是要给自己手下的那些高级管理人员们一些暗示，告诉他们自己的管理理念，好让他们心里有数，能够安心工作。事实上，任何一个领导在上任伊始都有必要做这样的工作，不仅仅是让你的手下们更加了解你，更可以借此宣扬你的管理理念，并且趁机树立自己在手下们心中的权威。而不对属下的工作指手画脚，不滥用自己的权力来干涉属下的决定，只是通过宏观上的决策来为属下的工作引路，这就是杰克·韦尔奇的管理之道。

　　一旦有权力在身，人的很多想法都会随之改变。习惯于相信自己，放心不下他人，经常不礼貌地干预别人的工作和决定，这可能是每一个管理者都会在不知不觉中犯下的毛病。而这也容易形成一个怪圈：上司喜欢从头管到脚，越管越变得事必躬亲、独断专行、疑神疑鬼；同时，部下也越来越束手束脚，养成依赖、从众和封闭的习惯，把最为宝贵的主动性和创造性丢得一干二净。如此的怪圈显然对公司的发展是不利的。对于这一点，老子用"果而勿矜，果而勿伐，果而勿骄"来告诫那些手握权力的人。管理大师彼得·杜拉克则是这么说的："注重管理行为的结果而不是监控行为，让管理进入一个自我控制的管理状态。"

祸莫大于不知足，咎莫大于欲得

——要懂得在适当的时候放弃

【回眸经典】

天下有道，却走马以粪。天下无道，戎马生于郊。罪莫大于可欲；祸莫大于不知足；咎莫大于欲得。故知足之足，常足矣。

——四十六章

【经典阐释】

治理天下合乎"道"，就可以做到太平安定，那么奔驰于沙场的战马也会回来耕地。治理天下不合乎"道"，连怀胎的母马也要送上战场，在战场的郊外生下马驹子。最大的罪孽莫过于贪欲，最大的祸根莫过于不知满足，最大的灾难莫过于贪得无厌。知道到什么地步就该知足了的人，永远是幸福满足的。

【老子商道】

有人说，要想带领一家企业走向成功，就要有一颗不甘的心，时时刻刻用一种极端饥渴的心态来带着企业向前发展。这话虽然也有一些可取之处，但是却会助长企业管理者贪婪的欲望。要知道，虽然混迹商海本身就是为了赚钱，但一旦企业管理者被贪欲所蒙住了双眼，不懂得知足，不知道见好就收的道理，那么这家企业的处境也就十分危险了。

从前有一个樵夫，每天上山砍柴是他的营生。有一天，他在上山砍柴的时候忽然遇见了一只老虎，老虎冲樵夫咆哮着，想要吃了他。樵夫吓了一大跳，赶紧扔了自己的柴禾逃走。但是他情急之下慌不择路，跑到了一个悬崖边上。老虎一直在他的后面紧追不舍，看到他在悬崖边之后也和他紧张地对视起来。樵夫看着老虎，非常紧张。正在这时，老虎忽然一声长啸，樵夫吓得一哆嗦，脚底一滑摔下了悬崖。

樵夫本以为自己死定了，然而不幸中的万幸是——他的手下意识地抓住了悬崖上的一棵树。于是，他就这样被吊在了半空中。正在这个时候，樵夫忽然看到旁边的山崖边上有一些野草莓，伸手可及。于是，他不顾自己的危险伸手去采摘野草莓，结果草莓没吃到，自己也坠入了万丈深渊。

要说这则寓言可真是够讽刺的，为了吃草莓，连命都可以不要。但其实细想起来，这个樵夫却正是那种被贪欲蒙住了双眼，为了获取利益而"奋不顾身"的企业领导者的真实写照。的确，草莓是很甜、很诱人的，而且它就在自己伸手可及的地方，实在是很让人心动。但是，在摘草莓之前应该好好考虑一下自己的处境！人心不足蛇吞象，如果一个人处在一个前有老虎后有悬崖的境地，只能依靠一双手来支撑自己的性命，还要在这个时候伸手去摘野草莓吗？ 不能得到就要勇敢放弃，不愿意放弃甜美的野草莓，就有可能会丢掉自己的性命。

对于贪婪的问题，老子给出了一个极其精辟的论断：祸莫大于不知足，咎莫大于欲得。还有一则寓言恰恰可以印证老子的这一观点。

有一个人在河边钓鱼，他钓了非常多的鱼，但每钓上一条鱼就拿尺量一量。只要比尺大的鱼，他都丢回河里。其他钓客不解地问："别人都希望钓大鱼，为什么只有你将大鱼都丢回河里呢？"这人轻松地回答："因为我家的锅子只有尺这么长，太大的鱼装不下。"

如果让这个钓客和老子见上一面，他们俩肯定会成为莫逆之交。祸莫大于不知足，咎莫大于欲得，这不单单是一种生活的态度，更可以成为经营企业时的座右铭，我们时刻都需要用这句话来告诫自己，别让贪欲蒙住自己的双眼。与此同时，这也是作为一个领导者很重要的一门自我修炼课程。

1964 年，松下幸之助做出了一个令所有人都感到震惊的决定，他宣布日本松下通信工业公司从此之后将不再涉足大型电子计算机领域。松下的这个决定之所以令人震惊，是因为之前松下在如今他们宣布退出的大型电子计算机领域已花费了 5 年时间，前前后后投入的资金高达 10 亿美元。而且，5 年时间过去了，眼看着就要出成果了，再加上松下公司一向运转良好，在资金方面不存在任何问题，而这时松下幸之助却突然宣布全盘放弃，这实在是令人难以理解。

当然，松下幸之助之所以这样断然地做出决定，是经过深思熟虑的。而且，他自己也深知，一旦放弃，之前所投入的时间和金钱就全都打了水漂，血本无归。但是，他还是坚持认为，自己做出这个决定是正确的，是为了公司的前途着想。因为，在松下研制大型计算机的这 5 年间，很多公司在这一领域迅速崛起，尤其是 IBM，他们几乎独占了整个美国市场。这个领域内的竞争太激烈了，以至于万一不慎出了差错，松下公司所损失的可就绝不仅仅是 5 年 10 亿美元这么简单了，很可能把整个公司都赔进去。虽然计算机领域利润巨大，但是伴随而来的风险则更大，以整个公司的前途来赌，这个赌注松下觉得自己下不起。

事实证明，松下幸之助的决定是无比正确的。当时跟松下几乎同时涉足计算机领域的富士通、日立电器等公司不久之后纷纷败在了 IBM 手下，损失惨重。而松下公司却因为自己及时从这一领域抽身而退将大部分的精力放在电器制造方面，从而重新在这个他们的"老本行"上面占据了先机和主动。

松下幸之助能够被人们称为"经营之神"绝非偶然。如果换了其他人，在面对新兴的计算机行业巨大利润的诱惑时，很可能就被贪婪蒙住双眼，难以做出像松下幸之助这样的冷静而又客观的分析和决策了。而最终结果，自然不会比日立、富士通等公司更好。

多言数穷，不如守中

——即便是领导也不要太过张扬

【回眸经典】

天地不仁，以万物为刍狗；圣人不仁，以百姓为刍狗。天地之间，其犹橐龠乎：虚而不屈，动而愈出。多言数穷，不如守中。

——五章

【经典阐释】

天地是无所谓偏爱的，对待万事万物就像对待刍狗一样，任凭自然生长。圣人也是没有偏爱的，也同样像对待刍狗那样对待百姓，任凭人们自然发展。天地之间就如同一个风箱，里面越空虚，所盛东西就越不会泄露出来，鼓动起来的风越是生生不息；若是经常去搬弄它，即便没有多少东西，也很容易让其中的东西掉出来。政令繁多、妄言妄作反而更加使人困惑和偏颇。不如谨守中庸之道，保持虚静，合理适度地有所作为。

【老子商道】

"多言数穷，不如守中"，老子在这里说的虽是天道，但其中所蕴含的却是做人的道理，同时也是这位古之圣贤对自己的要求，对世人的期望。两千五百多年过去了，老子所主张的谦虚谨慎、不事张扬的品格早已经成为了我们中华民族的一种传统美德。但是，道德的力量是强大的，同时也是脆弱的。古往今来不知道有多少原本谦虚谨慎的人在掌握了一定的权力之后就变得张扬跋扈、肆意妄为。事实上，自高、自傲、自大则是心胸狭小的表现，绝不是一个成功企业家应有的修养。

当然，这里说企业家应当谦虚谨慎并不是让领导们在做事情的时候畏首畏尾，瞻前顾后，这里要提倡的是企业家要有谦虚的美德，戒骄戒躁。站在高处看远处，开阔心胸，随时注意提高自身的修养，防止动辄骂人、睚眦必报的恶习产生，要能够虚心接受他人的意见和建议，做到兼听则明。相反，如果你在企业中表现得过分张扬，甚至狂妄自大，那么企业内部就必然会出现不和谐的声音，企业本身将面临危机，而且对于你自己在手下眼中的形象也是致命的打击。

著名企业家，美国的钢铁大王安德鲁·卡耐基曾对一位刚刚登上经理之位的踌躇满志准备大干一番的年轻人说过这样一段话："这个位置很适合你，你也有能力做好这份工作。不过，请谨记，你既然准备接任这份工作，就要马上着手解决问题。要知道，即使是一个陌生人，也能发现问题。全力以赴地去做好你的工作，但同时要注意你的后面，看看是不是有人掉队，如果后面没有人跟着你前进，你就不是一个称职的领导。别忘了，你并不是一个不可取代的人，在你感觉情况还不错的时候，要尽量冷静地思考一阵，你的幸运可能是你的机会好，交上了好朋友或是对手太弱。一定要保持足够的谦虚，不然的话现在有12个人可以胜任这个职位，总有一天会有比你更出色的人来替代你的位置。因此，千万不要自以为是。"安德鲁·卡耐基的这段话足以发人深省，无论你是公司的老板还是经理，抑或你只是公司中级别不高的某一级主管，你都应该把这段话中的意思牢牢地记在心里，随时提醒自己不要太过张扬，懂得保持谦虚谨慎。

如果说沃尔玛是全世界最成功的企业，恐怕这个世界上没有几家公司有资格提出异议。对于沃尔玛来说，谦虚谨慎不仅仅是他们的创始人山姆·沃尔顿所具有的优良品质，更是沃尔玛的企业文化中不可或缺的组成部分。从1945年买下纽波特的那家很小的商店到现在，沃尔玛已经历了许多大风大浪，但谦虚谨慎的企业文化始终不曾被沃尔玛的员工们所遗忘。

在沃尔玛最初开始发展壮大并且小有名气之后，曾经有一位华尔街的企业分析师预言道："一旦沃尔玛的销售额达到10亿美元以后，他们就会发现自己已经到了极限。"看看沃尔玛现在的规模和它长期占据世界500强榜首的超然地位，我们就知道，这位企业分析师被沃尔玛抽了多么响亮的一记耳光。当然，在他之后还有人预言说当沃尔玛的销售额达到100亿美元的时候就会自然而然地走向灭亡，因为他们那一套南方小镇的管理哲学绝不能用在庞大的跨国公司身上。但现在沃尔玛早已经是世界上最大的零售企业，而山姆·沃尔顿虽然已经过世了，可是他所信奉的那一套管理哲学却仍然被后人继承了下来。

事实上，山姆·沃尔顿也深知，一旦公司的规模过大，其领导者就往往会变得狂妄自大、不得人心，对顾客的需求不是茫然无知就是反应太慢——山姆·沃尔顿从来都不是一个不懂得吸取前人教训的人。所以，随着沃尔玛的不断发展壮大，山姆·沃尔顿也越发注意保持自己所固有的谦虚谨慎的品格，并将其逐渐融入企业文化，让这一理念深入到每一个沃尔玛员工的心里。在这一理念的指导之下，沃尔玛从不夸耀他们庞大的销售额和利润——因为这些成果是所有员工、商店经理以及分销中心的工作人员努力工作、保持态度和蔼以及发扬团队精神所创造出来的；他们更不会因为自己是每年销售额超过500亿美元的世界上首屈一指的大公司而得意忘形。因为每个人都知道，如果他们这样做了，他们，甚至庞大的沃尔玛公司都会为自己的骄傲和张扬付出代价。因此，山姆·沃尔顿从纽波特开办那家本·富兰戈林商店开始，沃尔玛就从没忘记看着顾客的眼睛，大声说欢迎光临，礼貌地询问他需要什么。因为如果不是这样，沃尔玛公司不可能在此生存下去。

如果连沃尔玛都不认为自己有资格骄傲和张扬，并且始终保持着低调和谨慎的话，我们又有什么资格妄自尊大，觉得自己了不起？事实上，沃尔玛能够从一个南方小镇的小杂货店发展为美国第一零售巨头，其成功得益于创始人山姆·沃尔顿和员工们的不懈努力，而其中的重要一点，就是沃尔顿谦虚谨慎的态度。其实，不管是在什么时代，也不管社会如何变迁，好的东西都不应该被摒弃。盲目张扬不会使你得到任何好处,只有谦虚谨慎才能让你的企业稳如泰山。沃尔玛的经营理念正说明了这一点。

信言不美,美言不信

——领导更需要广纳忠言

【回眸经典】

信言不美,美言不信。善者不辩,辩者不善。知者不博,博者不知。圣人无积,既以为人,己愈有;既以与人,己愈多。天之道,利而不害;人之道,为而不争。

——八十一章

【经典阐释】

能够让人信赖的言辞往往都没有华美的辞藻,而华丽动听的话语又往往是不可信任的。真正本性善良的人从不会与人争辩,而那些喜好争辩之徒必不善良。精通某项专业技术的人,其学问必不渊博;学问渊博的人绝不会花费大量精神去钻研某些专门的领域。圣人从不为自己累积福德资粮,愈是为别人设想,自己的能力就变得愈强;愈是利益大众,众人亦自然而然的回馈愈多。天地间运作的大道,是利养万物而不害万物;圣人在世间一切的行为,是无私无我地服务天下,谋求天下太平的,绝不会为自己争夺任何私利。

【老子商道】

决策是领导的责任,管理是领导的义务。关于这两点,你觉得自己足够称职了吗? 其实,不管你的回答是"是"还是"否",如果你不曾做到广纳忠言,那么你就不是一个称职的领导。老子说:"信言不美,美言不信。"这句话还有另一个我们耳熟能详的版本就是 "良药苦口利于病,忠言逆耳利于行"，广泛听取他人的意见绝对是一个领导自身修为的重要体现。

唐太宗李世民是在我国历史上可以排进前三位的有道明君，在他的统治时期，中国空前强盛，百姓安居乐业，这段时期也因此在历史上被称之为"贞观之治"。

唐朝贞观年间的谏议大夫魏征以直谏敢言著称，是中国史上最负盛名的谏臣。唐太宗能取得如此的历史功绩，跟魏征不断在他身边提出那些有建设性的意见有很大关系。魏征之所以能够成为中国历史上的名臣，还被唐太宗封为郑国公，也得益于李世民是历史上少有的明君。如果换成是隋炀帝那样的暴君，魏征恐怕早就被罢官杀头了。因此可以说，李世民和魏征这一对君臣一个敢于直谏，一个善于纳谏，两人相得益彰，被后世传为美谈。

贞观四年，大唐土地上风调雨顺，全国各地的百姓都沉浸在丰收的喜悦当中。因此，许多大臣就上书请求李世民在泰山顶上封禅，以表彰自己的功劳。李世民也认为自己既是开国皇帝，而且还把国家治理得不错，便接受了大臣们的意见。但是，魏征不同意。

魏征扫了皇帝的兴，皇帝当然很不高兴，便质问魏征："这么多大臣都同意封禅，为什么唯独你反对？难道我的功还不够高，德还不够深吗？国家还没有安定，四方还没有臣服吗？历史上那么多皇帝都在泰山上封禅，难道我比不上他们吗？"

魏征不管皇帝高不高兴，他只认道理。于是他从容地回答："皇上功业虽高，但是百姓受到的恩惠却不够多；您的德行虽深厚，但恩泽还没有及于所有的人；当今天下虽已太平，但仍是百废待举，国库并不十分充裕；粮食虽然丰收，但百姓家里还是没有多少存粮，仅仅只能吃饱肚子而已。才做到这个程度，怎么能向天地报告功业呢？再说封禅是大事，四邻各国酋长都得随从庆贺，这样一来，耗资巨大，对百姓却没有一丝一毫的帮助。更何况伊、洛（河南中原地带）以东地区至今十分荒凉，这不等于向四方各国展示虚弱，滋生其图谋中原之心吗？"

魏征这番话说得很不客气,把唐太宗问得哑口无言。但是,尽管心里不太舒服,他还是采纳了魏征的忠言,取消了去泰山封禅的计划。

如果说要给全天下的领导找一个榜样的话,那么唐太宗李世民绝对是一个非常合适的人选。一个人的能力再强,也不可能事事通达,一个人的思虑再周密,也不可能想到所有可能发生的情况。但是,一人计短,二人计长,只要领导者能够广开言路,择其善者而从之,就能够综合各方面的意见做出最恰当的决策,采取最适合的管理办法。

作为领导,如果你闭目塞听,那么绝不仅仅是你难以做出最准确的判断,难以制订最正确的计划这么简单。当你的手下们感觉"领导从不让我们讲话","我们只有干活的义务,没有说话的权利"的话,那就糟了。久而久之,他们就会感到不被重视,抑郁寡欢,工作也感到索然无味,丧失主观能动性。而这样的情况,当然是你所不愿意见到的。因此,作为领导,你需要格外注意,在制定计划、布置工作时,不要只是自己单方面发号施令,而应当让大家充分讨论,发表意见。在平时,要创造一些条件,开辟一些渠道,让大家把要说的话说出来。而且千万要记住,自己绝不能被那些所谓的"一致通过"的假象所迷惑,那并不能说明大家对你的想法完全同意,而是他们不愿意把自己的意见说出来,这个时候,你可就需要对自己平时的言行和态度做一番反思了。

要想让你手下的员工们大胆地把他们自己的想法说出来,同样需要你自身做出一些改变。首先你必须放弃自信的语气和神态,多用疑问句,少用肯定句。不要让下属觉得你已成竹在胸,说出来只不过是走走形式而已,真主意其实早就定了。这样的话,他们当然不愿意跟你唱反调来触你的霉头。其次是主动把自己设想过程中所遇到的难点告诉下属,引导别人提出不同意见。只有集合多方面的意见,不断改进自己,才能更上一层楼。总而言之,反对之声不仅不是领导者的祸水,反而是领导者的福音。只有敞开心胸、广纳忠言的领导才能称得上是一个贤明的、有领导力的领导者。

下 部

【孙子商学院】

　　《孙子兵法》同样是一部哲学著作，一部把军事上升到哲学高度的著作。哲学本身就可以对世间之事起到指导作用，而且商场于战场也有诸多相似之处。因此，如果从哲学的高度来看待《孙子兵法》的话，那么其中所阐述的上兵伐谋、知己知彼、兵贵神速、出奇制胜、避实就虚等军事思想不仅仅可以教会人们如何在战场上战胜敌人，同样也可以教会人们如何才能在商场上无往而不利。

第一章

始计篇：运筹帷幄，在战略层面上压倒对手

《始计篇》虽然是整部《孙子兵法》的第一篇，但作用和内容却类似于整部书的"前言"，讲的是应该如何从战略的高度来看待战争，对整部《孙子兵法》有提纲挈领的作用。国家战略和企业战略并无本质上的差别，要知道，"国之大事，唯祀与戎"，战争是国家的大事，商战也不是说打就打的。要想赢得商战的胜利，利用商战让企业为企业赢得发展的空间，那么你必须学会如何从战略的高度来规划企业的发展方向。

【兵法原典】

孙子曰：兵者，国之大事，死生之地，存亡之道，不可不察也。

故经之以五，校之以计，而索其情：一曰道，二曰天，三曰地，四曰将，五曰法。道者，令民于上同意者也，可与之死，可与之生，民不诡也。天者，阴阳、寒暑、时制也。地者，高下、远近、险易、广狭、死生也。将者，智、信、仁、勇、严也。法者，曲制、官道、主用也。凡此五者，将莫不闻，知之者胜，不知之者不胜。故校之以计，而索其情。曰：主孰有道？将孰有能？天地孰得？法令孰行？兵众孰强？士卒孰练？赏罚孰明？吾以此知胜负矣。

将听吾计，用之必胜，留之；将不听吾计，用之必败，去之。计利以听，乃为之势，以佐其外。势者，因利而制权也。

兵者，诡道也。故能而示之不能，用而示之不用，近而示之远，远而示之近。利而诱之，乱而取之，实而备之，强而避之，怒而挠之，卑而骄之，佚而劳之，亲而离之，攻其不备，出其不意。此兵家之胜，不可先传也。

夫未战而庙算胜者，得算多也；未战而庙算不胜者，得算少也。多算胜，

少算不胜，而况无算乎！吾以此观之，胜负见矣。

【兵法释义】

孙子说：战争是国家的大事，关系着军民的死生，国家的存亡，是不可不慎重研究的。

所以，针对于敌对双方，要从五个方面进行衡量，通过计算作出比较，以探索其战争胜负的情势。这五个方面：一是政治，二是天时，三是地利，四是将领，五是法制。所谓政治，是使民众与君主意志相统一，使他们与君主同生共死，而不避危难。所谓天时，指昼夜阴晴、气候冷暖、季节时令。所谓地利，指道路远近、地形险易、地面宽窄、死地生地。所谓将领，指其是否具备智谋、诚信、仁爱、勇敢、严明的素质。所谓法制，指军队的编制体制、将吏的职责和管理方法，以及军需物资的管理和使用。凡属这五个方面的问题，将帅没有不知道的，但只有熟知掌握者才能够取得战争的胜利；没有熟知掌握的，就不能取得战争的胜利。

所以，要从以下七个方面对敌对双方的情况进行比较，以探索双方胜负的情势：哪一方的君主政治清明？哪一方的将帅贤能？哪一方占据天时地利？哪一方能令行禁止？哪一方武器装备精良？哪一方士卒训练有素？哪一方赏罚严明？我依据这些，就可以判断他们的胜负情况了。

如果能听从我的筹谋用于作战，一定能取得胜利，那我就留下；如果不能听从我，作战一定会失败，那我就离去。筹谋有利并被采纳，就造成一种"势"，以作为外在的辅助条件。所谓"势"，就是要根据情况对我是否有利而灵活实施权变。

用兵打仗，应以诡诈变化为原则。所以，有能力却表现出没有能力，要打却表现出不要打，要从近处攻击敌人却表现出从远处袭击，要从远处攻击却表现出从近处进攻。敌人贪利，就用小利诱惑它；敌人混乱，就攻取它；敌人力量充实，就防备它；敌人强大，就避开它；敌人易怒，就骚扰它；敌人谦谨，就使它骄横；敌人安逸，就使它疲劳；敌人亲和，就使它涣散。对敌人没有防备之处发起攻击，在敌人意想不到之时予以打击。这是善于用兵的人取胜的奥秘，是无法预先传授的。

没有开战而在战略筹划上取得胜利的，是因为算计准备的比较多；没有开战而在战略筹划上不能取胜的，是因为计算的比较少。运筹帷幄多的能够取胜，计算准备少的不能取胜，更何况没有准备的呢！我根据这些来观察，谁胜谁负，就可以做出预测了。

【兵法解读】

《始计》是《孙子兵法》的首篇，具有提挈全书的作用。本章主要论述庙算对取得战争胜利的重要性，探讨决定战争胜负的基本条件，并提出了"攻其不备，出其不意"的战略名言。关于决定战争胜负的基本条件，孙子指出："故经之以五，校之以计，而索其情：一曰道，二曰天，三曰地，四曰将，五曰法。"五事就是探讨的首要条件。

在这一篇《孙子兵法》的总纲当中，孙子还提出了一个全新的战略概念——庙算。庙算指的是在战争前进行的战略筹划。本篇的最后结论是："多算胜，少算不胜。"孙子说："未战而庙算胜者，得算多也；未战而庙算不胜者，得算少也。多算胜，少算不胜，而况于无算乎！"在战争之前就将战争的整个进程筹划妥当，取得战争胜利的可能性就越高。庙算对战争的进行具有指导意义，运筹帷幄之中，决胜千里之外，拥有极强的战略意识，就能深得庙算的精髓。而庙算最主要的对象就是上面所说的"五事"。

制定企业经营战略与筹划战争全局有相通的道理。商品交换错综复杂，市场风云变幻莫测，企业经营决策者在开展经济活动，制定企业发展方向时，必须预先了解市场的需求，同类企业的竞争能力和运行态势，自己企业的设备条件和技术基础以及市场形势的发展趋势。以敏锐的观察力、机敏的反映力和果断的决策力，发现和选择最佳的企业经营方向，制定适合本企业生存和发展的经营方针，神机妙算，善出奇招，从而在市场竞争中获胜赢利。

在商战中，对关乎企业生死存亡的重大问题，如企业的发展方案中，包含企业各种业务、各个合作伙伴、内部各个部门、投入产出与目标等主要关系要素，同时包含主要研判产业的多元化和专业化程度的设计、经营方式设计、资本投资与管理输出组合等方案，企业家必须深谋远虑，按"五事"、"七计"诸类比较分析方法来制定战略。同时，在战略执行时要不断修正，根据反馈信息进行定量或定性的分析评估，便能对竞争对手和自身企业的资源及市场能力做出较客观的描述，从而保障商战的胜利。

这就是庙算的思想对于商战的指导意义。

【孙子商道】

1. 与时俱进：企业发展战略的核心思想

商战精髓：企业要想发展，就必须紧跟住时代的步伐，与时俱进，否则其他一切的经营手段和战略思想全都是空谈。

"一治一乱"这是中国历史的一大规律。为什么社会会在被一个朝代带入太平盛世之后短则几十年，长则上百年的时间之后就一定会重新迎来一段四分五裂、战争不断的乱世呢？这是因为在太平盛世里，人们衣食无忧，思想会松懈，进取心会被消磨，慢慢也就失去了之前那种不断拼搏，不断开拓的精神。

实际上，企业也是这样的。再加上现在的市场竞争如此激烈，因此商场上的"兴衰成败"的戏码几乎是每天都在上演。常言道"富不过三代"，就是这个道理。

既然知道了这个道理，我们就要尽可能地去打破这个"生死循环"，方法就是把与时俱进，保持开拓精神融入企业文化，并且将其作为企业发展战略的核心思想来对待。

《孙子兵法》告诉我们，要想让企业保持永恒的竞争力，长盛不衰，就必须精于"庙算"，也就是要善于运筹帷幄，把控全局。而与时俱进正是企业制订发展战略时最应作为核心的思想。

北京同仁堂是中药行业闻名遐迩的老字号，中药业的第一品牌，创建于清康熙八年（公元 1669 年），创始人乐显扬。清雍正元年（公元 1723 年）同仁堂开始供奉御药房用药，享受皇封特权，历经八代皇帝，长达 188 年。

同仁堂创立至今已经有 300 多年了。现在的同仁堂能够生产中成药 24 个剂型，经营中药材 800 多个品种、饮片 3000 余种；并有 47 种产品荣获国家级、部级和市级优质产品称号。同仁堂集团下属的上市公司北京同仁堂股份有限公司 2006 年实现主营业务收入 30 亿元，净利润 13 亿元。300 多年，那是十几代人的时间，为什么同仁堂没有陷入富不过三代的"魔咒"当中呢？没错，正是与时俱进、不断适应时代和市场要求的精神帮助了他们。

客为导向一直是同仁堂的信条。多年以来，同仁堂抱着"同修仁德，济世养生"的堂训，不断开发新品种，把同仁堂祖上传下来的经典药材乌鸡白凤丸、牛黄清心丸、大活络丹、安宫牛黄丸等进行市场化运作，加入到市场竞争的行列中去。与此同时，同仁堂还主动涉及营养保健品、药膳餐饮、化妆品、医药机械等相关产业，并提供有关的技术咨询、技术服务等等。这些经营方式和服务手段都是古时候没有的，但是在现代，这些却都是患者们最需要的。随着时代的变迁不断满足患者的需要，这就是同仁堂能够屹立至今的诀窍。

不仅如此，同仁堂现在不但还"活"着，而且"活"得还相当好。1997 年，国务院确定 20 家大型企业集团为现代企业制度试点单位，同仁堂作为全国唯一一家中医药企业名列其中。同年，由集团公司 6 家绩优企业组建的北京同仁堂股份有限公司成立，同仁堂股票在上海证券交易所上市，这标志着同仁堂在现代企业制度的进程中迈出了重要步伐。2000 年 3 月，以北京同仁堂股份有限公司为主要发起人,联合集团公司及其他六家有相当实力的发起人共同组建成立了北京同仁堂科技发展股份有限公司。这标志着同仁堂实现了规范化的公司制的转变,也是体制上的一次重大变革。通过以上一系列的步骤,同仁堂已经从一家老式的药材铺成功转变成为一家现代企业。

1993 年以来,同仁堂相继在香港、马来西亚、英国和澳大利亚开设了分店,与泰国合资组建北京同仁堂(泰国)有限公司。1997 年 7 月,同仁堂股票在上证所上市,股票上市共募集可用资金 3.42 亿元。1997 年 12 月,集团公司所属企业 8 条主要生产线通过澳大利亚 GPA 认证,为同仁堂产品进一步走向世界奠定了基础。2000 年 10 月在香港成立了同仁堂和记(香港)药业发展有限公司,并在香港联交所创业板上市,募集资金 2.38 亿港元。这些资金在同仁堂的发展中起到了巨大的作用。

通过以上一系列的运作,同仁堂已经成为一家现代化的跨国公司。原本上给皇帝贵妃治病,下给平民百姓开药的京城第一药铺同仁堂现在不但早就不再依赖之前的那件"黄马褂",而且在当今竞争极为激烈的制药业当中,面对那些来势汹汹的新兴企业甚至外资企业,始终保持着半个身位的优势,这无疑是同仁堂与时俱进的战略思想在起作用。

北京同仁堂已经有 300 多年历史,可以说是在中国这片土地上土生土长的老字号了。这其间,从大清前期的太平盛世到清末的屈辱和动荡,从民国时代的饱经战乱直到如今的改革开放,同仁堂这家"药铺"始终屹立不倒,这不得不说是一个奇迹。

事实上,越是这样的老字号,一旦面对时代巨变,就越容易被历史和商业向前发展的滚滚洪流所淘汰。同仁堂之所以能够支撑过来,全在他们勇于冲破传统商业模式的桎梏,积极向成功的现代品牌学习,重视对品牌资产的培育。他们深知,只有不断创新,才能不被时代所遗弃,不被市场所抛弃,才能始终跟得上时代的脚步,让企业在越发激烈的市场竞争中始终处于优势地位。

因此，与时俱进，这是一切企业想要在商战当中保持优势所必须贯彻的战略思想方针，同时也是制订其他一切企业发展战略的先决条件。

2. 通过广泛合作，壮大自身实力

商战精髓：合作并不是一件容易的事，因为在合作中会牵涉到很多方面的利益。因此，要想维护好合作关系，就必须让合作建立在诚信的基础之上，为双方的共同利益而谋划。这样一来，各方势力才不会因为利益分割的问题而产生矛盾。

每个混迹商场的人都知道没有朋友就做不成生意的道理，但是话虽如此，利益才是经商者们最看重的一样东西。如今很多创业成功的企业家都是从一个销售员慢慢做大的，这种情况绝非偶然。

其实，正是因为这些人之前曾经做过销售员，与三教九流各式各样的人打过交道，成了朋友，他们在开始自己的创业计划之后，才比其他人多了不少机会和门路。而这些人中的佼佼者们则会通过自己当初所建立的人脉网迅速通过广泛的合作来壮大自身的实力。我们绝不能小视这些销售员出身的创业者们的优势，因为开展广泛合作，正是一家企业壮大自身实力最好的战略手段之一。

当然，合作也并不是一件容易的事，因为在合作中会牵涉到很多方面的利益。因此，要想维护好合作关系，就必须让合作建立在诚信的基础之上，为双方的共同利益而谋划，这样一来，各方势力才不会因为利益分割的问题而产生矛盾。作为亚洲第一富豪，白手起家的李嘉诚的合作之道就令人击节赞赏。

李业广是香港著名的"胡关李罗"律师行的创建人之一。在香港法律界，李业广具有很强的影响力，他既是香港及英国的执业律师，同时也是一个在业内极有声望的会计师。但是李业广这个在香港商业界内大名鼎鼎的

"两栖"专业人士,却被称为是李嘉诚的"御用律师",这就是李嘉诚广交朋友,善于合作的手段了。不过虽然如此,李嘉诚却不无深意地说:"不好这么讲,李业广先生可是业内的顶尖人物,我可没这个本事独包下他。"

李嘉诚说的是实话,像李业广这样业界顶尖的精英人士,当然不会仅仅是李嘉诚一个人的"跟班"那么简单。事实上,李业广身兼香港 20 多家上市公司的董事,这些公司市值总和相当全港上市公司总额的 1/4 还要多;另外,李业广还是包括李嘉诚在内的许多富豪的不领薪水的高参。不过,要知道,当李嘉诚的长江实业上市的时候,李业广便是长江实业首届董事会中的一员;在长江发展壮大之后,李业广更是长江全系所有上市公司的董事。就此一点,足见两李的关系非同寻常,但两人的关系却绝非是雇佣,而是合作。

虽然说,在香港商界,拉名人任董事是商家常用之术,但李嘉诚却是个彻底的务实派,像那种扯大旗做虎皮,虚张声势的事情,李嘉诚是绝对不会去做的。李嘉诚选择李业广作为合作伙伴,看中的不仅仅是他在香港商界的名望,而更多的是他的才干和能力。事实上,长江实业的不少扩张计划,在幕后都是两李"合谋"的结果。

出身于伦敦证券经纪行的英国人杜辉廉,是一位证券专家,他也是李嘉诚的"御用合作伙伴"之一。20 世纪 70 年代,英国的惟高达证券公司来港发展,其驻港代表正是杜辉廉。从那时起,杜辉廉就与李嘉诚建立了牢不可破的合作伙伴关系。从那以后,李嘉诚家族的股票买卖都是由杜辉廉全权负责的,他同时还是长江实业多次股市收购战的幕后策划者,以至于被香港商界称为"李嘉诚的股票经纪人"。

与李业广不同的是杜辉廉多次谢绝了李嘉诚邀其出任董事的好意,是李嘉诚的众多合作者中绝无仅有的手中没有任何长江实业股份的人。虽然如此,他也从未拒绝过参与长实系股权结构、股市集资、股票投资的决策工作,令一向做生意讲究人情味的李嘉诚总觉得欠着他的人情。

因此，当 1988 年底杜辉廉与他的好友梁伯韬共创百富勤融资公司的时候，李嘉诚邀请了除自己之外的 17 家商业巨头参股，以便帮助杜辉廉顺利创业。当然，百富勤还是杜梁二人的公司，他二人合计占 35%股份，其余股份则均匀地分布在其他 18 家参股公司手中，并且没有一家的股份超过 10%，这样一来就不会对杜梁在公司内的领导地位构成威胁了。有 18 路商界巨头为后盾，百富勤发展神速，先后收购了广生行与泰盛，并紧接着分拆出另一间公司百富勤证券。到 1992 年，该集团年盈利已达 6.68 亿元。

极会做人的李嘉诚在百富勤集团成为商界小巨人后，甚至主动摊薄自己所持的股份，好让杜梁两人的持股量达到绝对"安全"线——合作伙伴间的善始善终一向是他所看重的。事实上，明眼人一眼就可以看出来，李嘉诚对百富勤的投资，绝非完全处于盈利的目的，他这么做更多的是想要以此来报杜辉廉的效力之恩。不过，李嘉诚手中所持有的 5.1%百富勤股份，在百富勤发展迅速的情况下也仍然给他带来越来越多的分红，是市场备受宠爱的热门股。

李嘉诚就是这样一个人，凡是与他打过交道，合作过的人，没有一个不说他仁义的。而李嘉诚自己也是在这些合作伙伴们的助力下一步步成为了亚洲首富，在福布斯排行榜上雄踞前十。

在李嘉诚 50 多年的经商历程中，广泛寻求合作，壮大自身实力，并且善待自己的合作伙伴始终是他不变的经营战略之一，而李嘉诚的这种做法无疑也是极其值得我们这些混迹于商海的人好好学习和借鉴的。

3. 协调集中多股势力，才能做成大事

商战精髓：商战归根结底是实力的比拼。协调和集中多股势力的目的就是要尽可能地做到恃强凌弱，这样才能在残酷的商战当中立于不败之地。

我们从小都听过一根筷子容易折断，十根筷子就坚不可摧的故事。这

个故事的本意虽然是劝导兄弟和睦的，但其中却说明了一个道理，那就是无论多么弱小的事物，只要能够将力量集合起来，拧成一股绳，最终都将是坚不可摧的。

古往今来，这个道理已经被证明了无数次，最有名的要数战国时期在七大国之间进行的关于合纵还是连横的政治博弈。合纵是苏秦的主张，他积极联络除秦国外的其他六国暂时抛开仇怨，从长期利益出发，共同出兵灭秦。连横则是张仪的主张，他帮助秦国联络其他比秦国弱的国家来依附于秦国，以便达到远交近攻的战略目的。如若合纵成，那么六国连兵伐秦，秦人死无葬身之地。如若连横成，那么秦国就可以一个个地蚕食掉其他诸国，以达到自己一统天下的目的。无论是合纵还是连横，其根本的出发点实际上都是协调多股势力才能做大事这个道理。

在滚滚商海之中，除了一些在产业链中存在供需关系的企业之外，其他绝大多数的企业之间恐怕或多或少都存在着直接或者间接的竞争关系。毕竟，市场就这么大，老百姓口袋里的钱就这么多，要是被你赚去了，其他人可能就赚不到了。

因此，有很多企业都是在用敌视的眼光看待其他企业，尤其是那些跟他们有直接竞争关系的同行们。但是，也正是因为商场中的这一规律，那些真正能够协调和集中多家企业的力量来办大事，做大生意的企业家才显得尤为可贵。

在20世纪七八十年代的香港，其商战的大趋势是新型的华资财团和老牌的英资财团的对抗。在这场持续了近20年的商战大潮中，虽然华资财团的资金实力还远远不及那些在香港已经经营了近百年的英资大企业，但他们凭借着蓬勃的朝气和一致对外的团结，最后竟然将英资财团打得节节败退，将香港的商业命脉牢牢地控制在了中国人的手里。

时间到了20世纪80年代后期，华资财团和英资财团的旷日持久的大规模商战已经到了展开最终大决战的前夕。以华资"龙头"李嘉诚为首的一批实力雄厚的华资财团磨刀霍霍、虎视眈眈地盯着怡和财团这只垂老的"巨无霸",随时准备向这个巨无霸财团的"命根子"置地公司下手。这是因为,在"怡和王国"中,置地公司拥有香港商业金融中心——中环的贵重物产,可以说是香港地产皇冠上的明珠。

虽然华资财团在之前的一系列商战当中取得了一场又一场的胜利,将英资财团打得节节败退,但是即便是李嘉诚的长江实业,也同样不具备和怡和财团正面硬拼的实力。但是,这次李嘉诚有帮手,而且他的帮手们在现在看来个个都是大名鼎鼎的明星企业家。新世界集团的郑裕彤、恒基兆业集团的李兆基、中国国际信托投资公司的荣智健,再加上长江实业的李嘉诚,这就是华资方面的"全明星阵容"。

怡和财团又岂会坐以待毙,他们绝不容许任何人打置地公司的主意。于是,1986 年,怡和财团的董事会主席西门•凯瑟克从美国请来了投资银行家鲍维思,委托他重组怡和财团和置地公司的资产结构,以确保怡和保有对置地公司的绝对控制权。这个鲍维思也不是一个好对付的人物,他深通运筹之道,在美国素有"金融智多星"之称。

1987 年 2 月,凯瑟克宣布成立怡和策略公司(简称怡策),由怡策直接控制置地公司,而置地原持有的怡和股权,则改由怡策持有。经过此番大改组,怡和与置地两家公司 7 年的互控关系结束,变为怡和与怡策互控,这样一来就最大限度地降低了外来资本恶意收购置地公司股份的可能性。

华资方面当然也不是毫无动作。1987 年,香港股票正处在一个前所未有的历史高点上。李嘉诚等四大巨头决定利用当时的高市价,集四大公司之力筹集巨额向置地下手。很快,华资财团在暗中吸纳了部分置地公司股票,稳固了自己的桥头堡之后,公开宣布愿意以每股 17 港元的价格全面收购置地,将这场香港商业历史上前所未有的大规模商战推向了最高潮。

对此,西门•凯瑟克虽然嘴上说怡和实力雄厚,对此并不担心,但心里却十分惊恐,积极挪借资金组织反收购。1987 年 4 月 28 日,怡策与其控制

的文华东方发表联合声明，由文华东方按每股 4.15 港元的价格，发行 10%
新股给怡策，使怡策所持的文华东方股权，由略低于 35%增至 41%。华资财
团担心置地公司"依样画葫芦"，发行新股给怡策，这样一来华资财团的控
股比率就会下跌。

于是，华资财团决定采取"快刀斩乱麻"的方式，跟怡和财团摊牌。5 月
4 日，李嘉诚等华资巨头和怡和财团主席西门·凯瑟克和鲍维思等人进行了
谈判。最后，唯恐事态扩大的怡和财团迫于华资财团的压力，决定用议价购
入四大财团手中持有的置地股份。5 月 6 日，怡和、怡策及置地三家公司宣
布停牌。同时，怡策宣布以每股 8.95 港元购入长江实业、新世界、恒基兆业
及中信公司所持的置地股份。由此，怡策所控制的置地股份，由 25.3%增至
33%，重新稳固住了自己在置地公司的第一大股东地位。

这场商战终于落下了帷幕，虽然说咋一看，貌似是怡和财团打退了华
资财团的进攻，保住了置地公司。但实际上，李嘉诚和他的盟友们却从这场
商战当中获取了巨额利润，每家公司都有过亿港币的收入。因此，怡和财团
似胜实败，华资财团似败实胜。从那以后，遭受了致命打击的怡和财团再也
不具备与华资财团争锋的实力了。

在这样大规模的商战当中，运用什么样的战术来战胜敌人反而是次要
的，这样的商战归根结底还是实力的比拼。英资的怡和财团实力虽强，但也
强不过华资四大财团联手，这就是怡和财团在这场商战当中败北的原因。
而华资财团则通过多家财团的合作由以弱敌强变成了恃强凌弱，从而取得
了商战的胜利。

4. 节约：企业发展的战略基点

商战精髓：实际上，对于一家企业的经营战略来说，这种叫做"我"的东
西就是老祖宗留给我们的勤俭节约的美德。节约，从来都是一家企业发展
战略的基点，失去了这一美德，企业赚多少钱也不够浪费的。

在进入正题之前，我们不妨先看看一则寓言，轻松一下。

从前，有个爱忘事的差人押送一个犯罪的和尚，动身前把各式各样东西清点了清点，编成顺口溜：包袱、雨伞、枷、公文、和尚、我。在路上一直走，心里一直念叨，光怕忘了。和尚很聪明，听他念叨，就发现这个差人有点愚。一天晚上，在客栈过夜时，和尚给差人买了一大坛子酒还有二斤酱牛肉。差人大吃大喝了一顿，没多久就醉了。趁着差人醉倒的功夫，和尚把差人的头剃光，把自己戴的枷给差人戴上，悄悄跑了。

第二天，差人清醒过来，清点东西一看，包袱、雨伞、枷和公文都在，和尚却不见了，他吃了一惊，不由得去摸自己的头。一摸光秃秃的，他笑了。心里说，吓了我一跳，闹了半天和尚在呢。转念又觉得不对，就自己问自己："和尚在呢，我哪儿去了？"

看着这个可笑的笨差人，每个人都会心一笑。但是，在笑的时候，我们不妨也反思一下，当我们为了企业的前途而反复庙算的时候，是不是也曾忽略了一些叫做"我"的东西？实际上，对于一家企业的经营战略来说，这种叫做"我"的东西就是老祖宗留给我们的勤俭节约的美德。节约，从来都是一家企业发展战略的基点。失去了这一美德，企业赚多少钱也不够败的。

失败的企业有各种各样失败的理由，但成功的企业无一例外都是讲究节约的。作为世界上最大的聚氯乙烯生产厂的台塑集团，就是一个节约型企业的典范。

台塑集团的员工食堂采用的是自助餐形式，让员工吃得满意，同时又避免了大量的浪费。为此，台塑集团董事长王永庆专门请几位营养专家花了两年时间，为台塑集团编制了一份详尽的"全年度统一菜单"。这份菜单对于员工每日的营养搭配，食堂的成本控制与采购方式等都进行了周全的计划，然后分发到各单位食堂，使其从采购、验收到每一道菜的制作方法都有章可循，这样一来就避免了食堂里产生的大量浪费，同时还让员工们对公司提供的午餐更加满意。

台塑集团在筹建生产高密度聚乙烯和聚丙烯工厂时，董事长王永庆仍坚持自己的节约理念。除制程和仪器设备向国外订购外，工厂筹建和基本设计等方面的工作全由公司自己负责，这样就节省了大量的设计费与工程费。结果是，聚乙烯厂总计花费 12 亿台币，聚丙烯厂总计花费 16 亿台币。在建厂成本上，假如美国人来做需要 140 元，日本人要 100 元，而王永庆的台塑公司只用 67 元就够了。

王永庆是穷苦出身，是靠做小本生意起家的，俭朴是他从小养成的习惯。他说："多争取一块钱生意是很难的，这要受外在环境的限制。但节约一块钱却很容易，而且不用看别人的脸色。所以说，赚一块钱的价值和节约一块钱的价值是一样的。"他的理念是："追根究底，点点滴滴求其合理化"，他认为：如果能消灭任何一丝不合理成本，那么企业才是完美的。

企业经营有一个简单公式：经营利润＝经营收入－经营成本－税金。由于税率和税金是法定的，带有很强的刚性，可供企业把握的空间并不大（企业非法偷逃税则另当别论）。也就是说，企业要获取更多的利润，要么提高经营收入，要么降低经营成本，或者在提高收入的同时降低成本，也就是所谓的开源节流。

事实上，削减成本对于利润的影响是巨大的。大家不妨来算一笔简单的账。假设一件产品的售价是 1000 元，成本是 900 元，那么利润就是 100 元。如果将成本减少 100 元，那么利润就是 200 元。显而易见，成本减少了 10%，而利润就增加了一倍。减少一分的成本，就能够增加成倍的利润。如果企业能够认真地做好成本控制工作，在企业内部削减一切不必要的成本开支，尽可能地节约，能省则省，哪怕只是把成本减少了 5%，利润就有可能会增加一倍，即使利润率是 10%，降低 5% 的成本仍然增加了 50% 的利润。

所以，企业要想赢利，削减成本是一条切实可行的路径。这也就是为什么把节约称作是企业一切经营战略的出发点的原因所在。

第二章
作战篇：市场竞争，打的就是资源牌

打仗就是打钱，这是古今中外所有亲身体会过战争的人所达成的共识。打仗需要物资，士兵吃的粮食，用的兵器，这都是钱。而商战需要资金，无论是打价格战还是收购战，没有大量的资金作为支持，都是没有胜算的。所以说，市场竞争，打的就是资源牌，想要赢得商战，先得要有取胜的资本才行。

【兵法原典】

孙子曰：凡用兵之法，驰车千驷，革车千乘，带甲十万，千里馈粮，则内外之费，宾客之用，胶漆之材，车甲之奉，日费千金，然后十万之师举矣。其用战也贵胜，久则钝兵挫锐，攻城则力屈，久暴师则国用不足。夫钝兵挫锐，屈力殚货，则诸侯乘其弊而起，虽有智者，不能善其后矣。故兵闻拙速，未睹巧之久也。夫兵久而国利者，未之有也。故不尽知用兵之害者，则不能尽知用兵之利也。

善用兵者，役不再籍，粮不三载；取用于国，因粮于敌，故军食可足也。

国之贫于师者远输，远输则百姓贫。近师者贵卖，贵卖则百姓竭，财竭则急於丘役。力屈、财殚，中原内虚于家。百姓之费，十去其七；公家之费：破军罢马，甲胄矢弩，戟盾蔽橹，丘牛大车，十去其六。

故智将务食于敌。食敌一钟，当吾二十钟；萁杆一石，当吾二十石。

故杀敌者，怒也；取敌之利者，货也。故车战，得车十乘已上，赏其先得者，而更其旌旗，车杂而乘之，卒善而养之，是谓胜敌而益强。

故兵贵胜，不贵久。

故知兵之将，民之司命，国家安危之主也。

【兵法释义】

孙子说：大凡用兵作战的一般规律，如果出动轻型战车千辆，重型战车千辆，军队十万，越境千里运送军粮，那么前方后方的费用、使节往来的开支、器材物资的供应、车辆兵甲的维修保养，每天都要耗费千金之巨，然后十万大军才能够出征。

用这样的军队去作战，就应力求速胜。旷日持久就会使军队疲惫、锐气挫伤；攻打城池，就会使军力耗竭；军队长期在外作战，就会使国家财政发生困难。如果军队疲惫、锐气挫伤、军力耗尽、国家财政枯竭，那么诸侯列国就会乘虚而入，那时即使有足智多谋的人也无法挽救危局了。所以，只听说用兵看似笨拙但能速胜，没见过为追求精巧而导致持久的好处。战争长期拖延而对国家有利的情形，是从来没有过的。所以，不完全了解用兵之害的人，也就不能完全了解用兵之利。

善于用兵打仗的人，兵员不用再次征集，粮秣不用多次运送，军需物资既由国内供给，粮食、饲料又在敌人那里补充。这样，军队的粮草供给就得到满足了。

国家之所以因用兵而导致贫困，是由于远程运输，远程运输就会使百姓陷入贫困。临近驻军的地区物价必定暴涨，物价暴涨，就会耗尽百姓的钱财。百姓钱财耗尽，国家就会为赋役而焦虑。军力耗尽，财富枯竭，国家空虚。百姓的财产，耗去十分之七；公家的费用，如车辆损坏，马匹疲敝，盔甲、箭弩、戟盾以及大牛大车等，要耗去十分之六。

因此，明智的将领务求在敌国就地解决粮秣供应问题。就地取得粮食一钟，相当于从本国运送二十钟；就地征集饲料一石，等同于从本国运送二十石。

军队英勇杀敌，依靠的是高涨的士气；夺取敌人的资财，要依靠对士卒进行物质奖励。所以，在车战中，凡是缴获战车十辆以上的，就应奖赏最先夺得战车的士卒，并且换上我军的旗帜，混合编入我方战车的行列。对俘虏来的士卒，要给予善待和教养，这也就是所谓战胜敌人，而使自己更加强大（的道理）。

因此，用兵作战贵在速战速决，而不宜旷日持久。懂得如何用兵的将帅，是民众命运的掌握者，是国家安危的主宰者。

【兵法解读】

本篇的名字虽然是《作战篇》，但其全篇说的都是后勤对于战争的决定性意义，以及经济与战争的关系。并且从战争对人力、物力和财力的依赖关系出发，着重论述了"兵贵胜，不贵久"的速战速决的军事战略，并提出了"因粮于敌"，"胜敌而益强"等作战指导原则。孙子认为，战争会给国家的物力、财力带来巨大消耗，尤其是旷日持久的战争给国家造成的各种危机，这也就是穷兵黩武的国家必然灭亡的原因。

从《作战篇》中，我们可以知道，其实打仗就是打钱，不仅仅是两国军事实力的较量，更是两国经济实力的比拼。商战也是一样，就拿我们最常见的价格战来说，参与到价格战当中的企业，无一例外地都要承担利润率降低所带来的损失。在价格战中，谁率先坚持不住了，谁就输了；谁坚持得久，谁就赢了。因此，打价格战本是商家迫不得已的选择，因为无论输赢，最后的结果几乎都是两败俱伤。但如果你的公司本身实力超群的话，那么你大可以用你所能接受的损失来打价格战，拖垮你的竞争对手，独占市场。市场竞争，归根结底打的还是资源牌。

与此同时，孙子在阐述完战争与经济的关系之后，还引申了一条行军打仗的重要原则，那就是"兵贵胜，不贵久"。意思是要尽可能地快速结束战争，以避免国家陷入持久战的泥潭而不可自拔。要知道，这样的例子近在眼前，美国最终拼了命也要从越战当中抽身，就是这个原因——他们虽然强大，但也实在拖不起了。

在战场上，时间就是生命，就是胜利，战争早结束，国本就少消耗；在商场上，时间就是金钱，就是效益，商战早结束，企业的资源也就能够最大限度地保留下来，用以发展。因此，为了速战速决，商战的谋略和手段也同样是非常重要的。

【孙子商道】

1. 品牌是商战当中最可倚仗的资源

商战精髓：在商战中，你的品牌是可以当钱花的。无论你有多少钱，但都买不来一个受到消费者广泛认同的、真正属于你的有价值的品牌。所以说，品牌才是商战当中你最可倚仗的资源。

《孙子兵法》告诉我们，打仗，其实就是打钱。而现代商战，比拼的则是资源。这里所说的资源不仅指你的企业拥有多么雄厚的资金实力，这其中还包括很多其他的要素。例如，资金和厂房等是你的有形资源，而品牌则是你的无形资源。这其中，品牌这种无形资源在商战当中所起的作用要远远大于你的那些有形资源。在商战中，你的品牌可以当钱花；无论你有多少钱，但都买不来一个受到消费者广泛认同的、真正属于你的有价值的品牌。所以说，品牌才是商战当中你最可倚仗的资源。

太太口服液是深圳太太药业有限公司的骄傲，同时也是他们的拳头产品，太太口服液这个品牌是这家公司最重要的无形资产。深圳太太药业有限公司成立于 1992 年 12 月 18 日，次年 3 月 8 日，首批太太口服液在广东面市，成为了中国大陆的第一款女性口服美容保健品。

改革开放之后，现代女性的生活节奏日趋加快。相比于男性，女性虽然不必承担过大的来自事业上的压力，但是在家庭上，女性则要比男性多操许多心。在工作和家庭上的双重操劳，以及长期的紧张生活会让女性的内分泌逐渐失调，出现黄褐斑并伴有失眠、腰酸、月经不调、痛经等反应。

正是为了解决女性的这一问题,太太口服液应运而生,采用 13 种名贵中药精制而成。其原理是从调理女性内分泌入手,滋补肝肾,行气活血通络,令肌肤柔美润泽,健康亮丽。犹太人有句名言:"女人和嘴巴的生意最好做。"没有女人不爱美,这其中潜藏着巨大的商业潜力。深圳太太药业公司正是抓住了这一商机,给了广大的"半边天"们最无微不至的呵护。而且,女性虽然天性善变,但对于认准的事物,她们却往往表现得非常固执。这也就更加坚定了深圳太太药业有限公司打造强势品牌的决心,以便在将来可以预见的保健品热潮当中保持竞争优势。

在给产品取名的时候,公司着实费了一番功夫。由于这种口服液是一种全新的产品,因此一定要有一个让人们能够产生先入为主好感的名字,这样才有利于打开市场。名字想了不少,后来集中到这个理念:内地人习惯称妻子为"爱人"、"内人"、"老婆",但随着开放及受境外文化影响,视称妻子为"太太"更新潮,更文明,更尊重。因此,"太太口服液"的名字就这样定下来了,而且口服液所针对的消费者群体也正是那些 20~50 岁之间的"太太"们。

产品上市之后,要想扩大产品的影响力,打造著名保健品品牌,那么广告推广就是必不可少的。为了确保"太太口服液"的广告片的严谨性,深圳太太药业有限公司在执行广告策划的时候进行了多达三次的消费者调查,每一次调查都由专业的国际性市场研究公司执行,每一次消费者座谈会都分别在香港、北京、上海、广州进行,以确保其代表性及准确性,以确保广告片达到预期的效果。

1994 年,著名歌星毛阿敏成为了太太口服液的首位明星代言人。1995 年,深圳太太药业有限公司又以都市女性新生活为主题而创新了品牌。1996 年度,太太药业退出了"做女人真好"这个近点的广告主题。这个主题表达了两层意思:一是随着社会不断进步,中国女性社会地位提高了;二是这个产品能给女性保持青春的靓丽光彩,使其在生理上、心理上永葆青春。

太太药业的广告词及电视广告画面由于精心策划，所以都能给消费者留下深刻印象。

如 1994 年，精心策划的"三个太太"系列报纸广告在南方媒介推出，由于画面设计独特，新奇的广告主题先声夺人，在极短时间内便获得了广泛的传播，迈出了成功的第一步。不仅仅对广告本身，对于广告的载体太太药业也同样是千挑万选。除电视台外，《新现代画报》《读者》《家庭》《羊城晚报》这些受到广大女性普遍欢迎的平面媒体成了太太口服液的又一广告载体。与此同时，太太药业还在《女友》上作推介，那些女读者虽然今天还是姑娘，但明天就是太太，超前的教育宣传是为了造就不断层的消费群体。

之后的短短 5 年间，太太口服液从一个地区性新产品发展到今天销售遍及中国超过二百个城市的全国性品牌，还出口至港澳、东南亚、日本、韩国等地区。从上市时的年营业额 7000 多万，跃升至今天的年销量近 5 亿人民币，成为中国美容保健口服液市场中的佼佼者。

在太太口服液之后，有无数的保健品曾经在中国的大地上风靡一时。从 2004 年开始，史玉柱挟脑白金和黄金搭档横扫中国的保健品行业，众多保健品企业挡者披靡。但是，反倒是太太口服液这个老牌保健品始终屹立不倒，这不能不说是一个奇迹。而这个奇迹所产生的原因则是太太药业自始至终都极其注重他们的品牌建设，因此他们虽然在筹集资金占领市场方面比不上史玉柱，但凭借着强大的品牌支持，他们同样可以在激烈的商战当中立于不败之地。拥有忠实消费者群体的太太口服液这个品牌，是太太集团在商战当中最可倚仗的资源。

2. 丰富的人力资源让你在商战中立于不败之地

商战精髓：从某种意义上说，现代商战当中，企业之间的争夺就是人才的争夺。只要拥有了高质量的人才，也就在企业之间的竞争中占据了主动。

21 世纪什么最贵？人才！丰富人力资源是企业强大的基础。《作战篇》

虽然通篇都在说粮草对于作战部队的意义，但实际上，如果所任不得其人，一个国家是不可能光用粮草就打败敌人的。人才的重要意义，《孙子兵法》中是始终强调。"故知兵之将，民之司命，国家安危之主也"，只有真正善于用兵的人才，才能懂得资源，尤其是人力资源对于战争的重要意义。

从某种意义上说，现代商战当中，企业之间的争夺就是人才的争夺。只要拥有了高质量的人才，也就在企业之间的竞争中占据了主动。俗话说："千军易得，一将难求。"因为人才是企业的灵魂，他们要么是正确决策的制定者，要么是高新技术的研发者，要么是新型产品的生产者，要么是抢占市场的先行者。如果企业不从战略的高度去认识这一点，白白地让优秀人才流失，被自己的竞争对手所用，那么企业在竞争之前就已经先失一招了。

因此，不断招揽人才，积累自己的人才储备才是让企业保持永恒活力的重要法宝，企业在商战当中才能够立于不败之地。

在湖北省有一个叫观音岭的地方，这个地方海拔1200多米，山上是茂密的原始森林，是湖北省著名的旅游景点之一。与此同时，观音岭同时也是湖北省重要的贡茶产地。在观音岭有一家贡茶开发有限公司，这家公司的董事长叫做王新。

观音岭的茶叶种植已经有几百年的历史了，早在明清时代，这里的茶叶就成为了进献给皇帝的"贡茶"，茶叶的品质自然是毋庸置疑的。王新的茶叶公司坐拥如此优良的自然资源，但其产品却并不为人所知，原因就是在他的公司里，缺少一位有经验的管理人才，而且这个人一定还要懂行才行。

为此，求贤若渴的王新想尽了办法。他不仅在报纸和网站上不断发布招聘启事，同时还特地在朋友圈中打听，希望能够招到这样一个能人。终于，有朋友向他介绍，说武汉有一个具有20年生产茶叶经验的厂长，姓马。这位马厂长曾经把一个默默无闻的国营茶场，做到全国闻名，现在已经退休了。王新觉得这是个机会，他决定亲自登门拜访马厂长，如果真如朋友所说的那样,他就把马厂长招至麾下,让他做自己的总经理。

第一次的登门拜访,王新没能打动马厂长。马厂长在听说他的来意之后,推说自己年事已高,拒绝了王新的邀请。马厂长的话语像一盆冷水,泼在了王新的头上,王新的热情被打消了一半,只能怏怏地走出了马家。但是,王新此行也并非一无所得,因为他从马厂长的言行中看出,这正是自己期盼已久的人才。

仅仅是一次失败,王新岂肯就此放弃,他决心坚持当初的决定,不管花什么代价,一定要将这位"诸葛亮"请出山来。第二次,冒着大雨,王新又一次来到了马厂长的家里,这一次,马厂长没有立刻回绝王新,而是给他泡上茶,两人谈了很久。但是,这一次,马厂长还是没有答应王新的请求。王新又以失败而告终。但是在这次深谈中,王新更加确信马厂长就是自己的"诸葛亮",无论如何,自己还会再来的,他太需要马厂长这样的人才了。

一个偶然的机会,王新得知了马厂长母亲的生日,于是王新专门在武汉定制了一个大蛋糕,租车送到马厂长家里,给他母亲祝寿。马厂长的母亲70多岁了,对于王新能给自己祝寿非常感动。在得知王新的来意后,她反而帮着王新劝起自己的儿子来:"你看人家这么有诚意,你就帮他一起发展吧,不用担心我,我这身体啊,还硬朗着呢!"

原来,马厂长之所以不肯答应王新,就是因为母亲年事已高,自己不好跟王新去观音岭,而把母亲一个人扔在武汉不管。王新一听这话,立马保证说:"马厂长,我的茶厂是在观音岭,可您是搞管理的,您在武汉就行,不用非得跟我一起跑到山里去!"马厂长一听这话,心里没了顾虑,终于决定"出山"帮助王新了。

在马厂长的帮助下,王新的茶叶公司有了脱胎换骨的变化,生产技术得到了更新,管理得到了加强,销售额直线上升,成为了全国知名的茶叶品牌。

历史上的"三顾茅庐",让刘备获得了一个天下,而这则故事可说是现代版的"三顾茅庐"。王新之所以如此求贤若渴,正是因为他深深懂得人才对于一家企业的重要意义。

俗话说"三军易得,一将难求"。像马厂长这样懂行的管理人才,那是打着灯笼都找不到的,也难怪王新肯以董事长之尊,先后三次登门拜访了。也正是由于马厂长的加入,王新的公司才一举扭转了在市场竞争当中处于劣势的局面,在商战中打败了众多本省的茶叶公司,进军全国市场。如果我们自己也有王新这种求贤若渴的态度,又何愁找不到人才,何愁自己的企业不能发展壮大呢?

3. 在商战中,资金就是你的粮草

商战精髓:人需要吃饭来维持生命,而资金就是企业的粮食。没了资金,企业自身都活不成了,还谈什么商战? 不用人家来打你,你自己就垮了。

俗话说,兵马未动,粮草先行。打仗需要用人,需要用马,但是人需要吃饭,马需要吃草料,没有粮草,还打什么仗? "夫钝兵挫锐,屈力殚货,则诸侯乘其弊而起,虽有智者,不能善其后矣",《作战篇》所表达的,也是这个意思。

打仗需要粮草,那么商战需要什么? 钱。人需要吃饭来维持生命,而资金就是企业的粮食,没了资金,企业自身都活不成了,还谈什么商战? 不用人家来打你,你自己就垮了。

1997年乐百氏集团的何伯权决意从果冻市场中分一杯羹。8月份,乐百氏果冻上市,市场反应相当热烈,销售渠道一片急呼:要货! 要货! 到了1998年春节前后,市场几乎到了疯狂的程度,一个省区往往发几十个车皮还供不应求。在这样的形势下,何伯权有些头脑发热了,他决定扩大生产,一定要在果冻身上好好地捞上一笔。

在银行贷款的支持下,乐百氏的果冻生产线从2条增加到4条、6条、8条……等生产线上的48台机器全部安装完毕,正准备投产之时,零售商突然宣告全

面滞销！原来，原有的乐百氏果冻全积压在渠道里，并没有到消费者手中。何伯权从银行申请来的贷款全都砸在了果冻上，如今果冻卖不出去，经销商纷纷要求退货。一方面是经销商要求退货，一方面银行的贷款日期也即将到来。正常的资金周转被打破了，乐百氏公司掉进了甜蜜的"果冻旋涡"，数亿资金，血本无归。

许许多多的人在经营企业时都有一个误区，那就是什么最赚钱，他们就想做什么。他们都把眼睛盯在了利润率上却总是忽视周转率，然后将精力集中在利润空间大的项目上。但利润率大的项目，往往因价格高昂而导致周转速度较慢。此时企业一旦无力维持自己的资金链，就会像乐百氏那样，不但会被库存所困，而且整个企业都可能一夜之间宣布破产。若非乐百氏家大业大，他们也难以逃脱破产重组的悲剧性结局。这就好比是一支军队被敌人截断了粮道，如果你看过一些关于古代战争的书籍或者是电视剧的话，那就可以明白一支被断了粮道的军队结局是何等的悲惨。

因此，做生意，绝不能眼里只有利润率，你必须时刻保持手中拥有足够的资金储备，或者说就是你产品的资金回笼的速度要足够快，不然，你就会时刻面临着"断粮"的危险。

台湾宏基电脑董事长施振荣在少年时，曾经帮着母亲卖鸭蛋和文具。鸭蛋3元1斤，进价却有2元7角，每斤只能赚3角钱，利润只有可怜的10%。而且在运输的过程中一不当心就会打碎，若没有及时卖出还会坏掉，造成经济上的损失；文具的利润较高，至少要超过40%，而且文具也不会损坏和变质。

虽然从表面上看起来卖文具比卖鸭蛋赚钱。但当时，施振荣却极力说服母亲让她以卖鸭蛋为主。施振荣的理论是：鸭蛋虽然利润薄，但最多两天，资金就能周转一次；文具虽然利润高，但有时半年甚至一年都卖不出去，不但积压本金，利润更是早被利息吞噬一空。鸭蛋薄利多销有利于资金周转，所以利润远远大于周转慢的文具。

施振荣后来将卖鸭蛋的经验运用到宏基电脑公司,建立了"薄利多销模式",即产品售价定得比同行低。如此一来,客户量增加,资金周转快,库存少,经营成本大大降低,终于将宏基从一个小公司经营成台湾最大的电脑公司。

亚马逊是一家在线书店,由于互联网的优势,他们能够一周7天每天24小时营业。在刚起步的时候,亚马逊并没有库存,这使得它相比于那些需要将大量书籍存放在书店和仓库中的传统书商有着巨大的现金优势。亚马逊书店通过因特网收取订单,然后再依靠物流系统把书送到顾客的手上。书被发送以后,顾客需要立即用信用卡向公司支付书款,而亚马逊则可以在几周以后才向它的供货商支付书款。依靠这种模式,亚马逊产生了大量的现金,公司可以把这些现金用于市场营销以获取更大的销售量。

施振荣的商业才智体现在,他能够同时考虑利润率和周转率两个方面的因素,因此他才能看出薄利多销的重要性。薄利多销是根据乘法原则得出的销售方法。商品流通速度的增加,意味着投入的减少,从而使利润得到增长。薄利多销,这种策略虽然获得的单位利润较少,但由于多销,其总体利润反而会上升,其原因是这种营销模式能加快资金的周转。而亚马逊的高明之处则是他们想方设法在自己的营销渠道上下功夫,打时间差,以便从中获得更多的可以使用的流动资金。亚马逊非常清楚,无论这钱是谁的,只要是在自己手里,就能够给自己创造利润。

我们常说,手里有钱,心里不慌,其实不仅仅老百姓过日子是这样,企业"过日子"也是这样。军队打仗要吃粮,企业打仗要花钱,你得时刻记住这一点。否则的话,"乐百氏悲剧"就很有可能会在你的身上重演。

4. 出其不意,快速制胜

商战精髓:其实,无论是真正的战争还是商业领域的商战,本质上都是没有差别的。所以,商战也同样有虽胜犹败的时候。"兵贵胜,不贵久"的理论在商战上也同样适用。因此，出其不意，快速制胜，就是最好的，利润最高的商战。

有一种战争叫做虽胜犹败的战争。为什么战胜了敌人却和失败了没什么两样？这要从战争的本质上说起。发动战争，其目的无非就是要获取更多的利益。其实战争也是一种变相的投资，只要战争所得比在战争中所花费的要多，那么这场战争就是值得的，就是胜利的。

但如果仅仅取得了军事上的胜利，而且战争迁延日久，在战争中得到的还没有所花掉的军费多，那这次投资就亏了，这就是虽胜犹败的战争。这个道理，两千多年以前的孙子早就懂了，因此他才会有"兵贵胜，不贵久"的精辟论断。

其实，无论是真正的战争还是商业领域的商战，在本质上都是没有差别的。所以，商战也同样有虽胜犹败的时候。"兵贵胜，不贵久"的理论在商战上也同样适用。因此，出其不意，快速制胜，就是最好的，利润最高的商战。因为进行一场商战是很费钱的，如果商战迁延日久，也同样可能出现所得不足以偿所失的情况，这样的话，这场商战也就没有意义了。

2005年，国家出台了新的家电行业管理办法，一夜之间，风云突变，很多家电小企业突然间就面临了被淘汰出局的局面。与此同时，整个家电产业也很快形成了新的格局：作为国内家电行业的龙头老大，海尔虽然受到一定的影响，但依旧保持着相对的强劲势头；始终略逊海尔一筹的长虹则仍旧紧追不舍，使足了劲模仿老大的产品线；而TCL则跃居三甲，并在行业中一些重要的产品上牢牢占据着主导地位。

这一年，在11月15日TCL迎来了自己的周年店庆。这时，离全年的销售最旺季——春节还有两个月，各大家电企业已经早早地进入了紧张的备战状态，准备在第二年重点推出的新产品也已经基本准备就绪，只等春节的时候上市了。毫无疑问，任何一个家电厂商都不会轻易放过春节这块大蛋糕的。但是蛋糕就只有那么大，很显然，哪家企业能吃得更多，哪家企业就可以为接下来整整一年的经营和发展打下一个坚实的基础。

事实上，TCL 公司早在店庆到来之前一个月就召集所有中层以上的干部开了个碰头会，大家普遍认为，在春节到来之时进行促销活动是不二的选择。而且这个活动力度要大，吸引力要强，一定要制造一个市场上的轰动效应才行，而且时间要提前，尽量避免在春节期间跟其他企业的促销活动撞车。最后，会议决定，在 11 月 15 日早晨超市营业时推出这个活动。但是，只做店内促销，既不上海报，也不动用销售网络进行宣传，一切都要做得悄无声息。也就是说，这些工作都要在静悄悄中推进，就像平静水面下涌动的"暗流"，能量无限，但表面不动声色。

做市场的都知道，一个成功的促销活动，前期宣传至关重要，它能聚拢人气，为活动造势，一个没人知道的促销活动是没有任何意义的。然而，TCL 为避免被竞争对手跟进，却偏要反其道而行之。比如为了瞒住自己的竞争对手，TCL 先前在大中电器的产品捆绑、促销活动，在开动之前只有中层以上干部知道，为的就是避免走漏风声，导致计划前功尽弃。

一切都在按照计划有条不紊地进行，时间到了 11 月 5 日，离周年庆还有 10 天，TCL 的业务人员、促销人员在撤下超市所有赠品、取消所有特价活动的同时，故意向外界泄露了自己的"商业机密"：随着产品原料的涨价，生产和销售成本越来越大，再加上运费的大幅提升，企业已没有利润空间来做活动了。

放出风以后，TCL 的老总还在媒体面前很无奈地摇摇头：唉，真的是很难啊！当然，竞争对手们一开始也不信，但观察了一周后，发现 TCL 还真的是一点动静也没有。于是他们就放松了警惕，甚至原本很多针对 TCL 周年店庆所制定的针对性的促销计划也被临时叫停了。

2005 年 11 月 14 日晚 7 点整，TCL 所有的业务人员、促销人员以及宣传品发放人员都已经做好了"临战准备"，只等公司总部一声令下，他们就会给自己所有的竞争对手们一个"惊喜"。结果可想而知，一夜之间，各大超市、家电卖场和专营门店里，TCL 的产品全都换上了"活动装"，宣传品遍布市场的每个角落，活动信息更是家喻户晓。在随后的 10 天时间内，市场上除了一些利润空间很小的低档产品外，中高档市场基本全部被 TCL 所占领，TCL 的竞争对手们目瞪口呆。

"惊喜"过后，竞争对手们的领导虽然一方面毫不犹豫地跟进，且力度远远超过前者，但毕竟 TCL 已经先一步占领了市场，这些亡羊补牢的活动所取得的成果十分有限。与此同时，他们也在骂业务员无能，骂促销员"死脑筋"，也骂自己信息不灵，骂 TCL 太"鬼"，但骂又能怎样？悔之晚矣。

TCL 这场商战打得着实漂亮，出其不意，只用一天时间就奠定了胜局，颇有些二战时德军闪击波兰的味道。在这次商战中，TCL 可以说是深得兵法的精髓，他们深知，如果光明正大地与自己实力相当的对手们打价格战的话，凭着个个财大气粗的对手们，这场商战一定会拖得很久，毫无疑问会拖慢公司的发展步伐。更重要的是，如果打一场这样的商战，结果如何实在难以预料，要是一旦失败，今后的"电器争霸战"，TCL 恐怕就连参加的资格都没有了。

因此，TCL 选择了闪电出击，打了竞争对手一个出其不意，最大化了这场商战的利润，着实高明。

第三章
谋攻篇：上兵伐谋，在策略上压制对手

俗话说，杀敌一千，自损八百。在战场上，只会兵对兵将对将地跟对方决战的将领不能称其为名将。孙子所主张的上兵伐谋，用智慧和策略来战胜对手，用尽可能小的代价来取得尽可能多的战果的理念是绝对正确且不容置疑的。在商战当中，跟对手进行旷日持久的价格战显然不是一个明智的办法。通过谋攻轻易获胜，这才是那些成功企业家所推崇的商战策略。

【兵法原典】

孙子曰：凡用兵之法，全国为上，破国次之；全军为上，破军次之；全旅为上，破旅次之；全卒为上，破卒次之；全伍为上，破伍次之。是故百战百胜，非善之善也；不战而屈人之兵，善之善者也。

故上兵伐谋，其次伐交，其次伐兵，其下攻城。攻城之法为不得已。修橹轒辒，具器械，三月而后成，距闉，又三月而后已。将不胜其忿，而蚁附之，杀士三分之一，而城不拔者，此攻之灾也。故善用兵者，屈人之兵而非战也，拔人之城而非攻也，破人之国而非久也，必以全争于天下，故兵不顿，而利可全，此谋攻之法也。

故用兵之法，十则围之，五则攻之，倍则分之，敌则能战之，少则能逃之，不若则能避之。故小敌之坚，大敌之擒也。

夫将者，国之辅也。辅周则国必强，辅隙则国必弱。

故君之所以患于军者三：不知军之不可以进而谓之进，不知军之不可以退而谓之退，是为縻军；不知三军之事，而同三军之政者，则军士惑矣；不知三军之权,而同三军之任,则军士疑矣。三军既惑且疑,则诸侯之难至矣,是谓乱军引胜。

故知胜有五:知可以战与不可以战者胜,识众寡之用者胜,上下同欲者胜,以虞待不虞者胜,将能而君不御者胜。此五者,知胜之道也。

故曰:知己知彼,百战不殆;不知彼而知己,一胜一负;不知彼不知己,每战必殆。

【兵法释义】

孙子说:通常用兵作战的法则,使敌人全国屈服是上策,击破敌国就次一等;使敌人全军屈服是上策,击破敌军就次一等;使敌人全旅屈服是上策,击破敌旅就次一等;使敌人全卒屈服是上策,击破敌卒就次一等;使敌人全伍屈服是上策,击破敌伍就次一等。所以,百战百胜并不算是高明中的极致;不经过直接交兵就能使敌人屈服,才是高明中的最佳境界。

所以,用兵的上策是挫败敌人的战略,其次是挫败敌人的外交,再次是击败敌人的军队,最下策是攻打敌人的城池。选择攻城是不得已而为之的办法。制造攻城用的各种器械,需要数月才能准备完毕;构筑攻城的土山,又要耗时数月才能竣工。如果将帅控制不住自己愤怒的情绪,强令士卒像蚂蚁一样去爬梯攻城,结果士卒伤亡三分之一,而城池依然不能攻克,这就是攻城所带来的灾难。所以,善于指挥作战的将领,使敌军屈服而不靠硬打,夺取敌人的城池而不靠硬攻,灭亡敌人的国家而不靠久战,必须用(准备着要取得)全面胜利的谋略争胜于天下,军队不受挫而胜利却能够圆满获得,这就是以谋取胜的法则。

所以,用兵的法则是,拥有十倍于敌的兵力时,就围歼敌人;拥有五倍于敌的兵力时,就直接进攻敌人;拥有两倍于敌的兵力时,就要设法分割敌人,各个击破;兵力与敌相当,要有战胜敌人的能力;兵力少于敌人,要有摆脱敌人的能力;实力弱于敌人时,要有避免与敌人决战的能力。如果力量弱小的军队一味强打硬拼，就会成为强大敌人的俘虏。

将帅是国家的辅佐之臣。如果将帅对国家辅佐周全，国家就强盛；如果将帅对国家辅佐不周全，国家就一定会衰弱。

国君(有可能会)对军事行动造成危害的情况有三种：一是不知道军队不可以前进而强令其前进，不知道军队不可以后退而强令其后退，这叫做束缚军队。二是不了解军队内部的事务而干预军队的行政，这样军队上下就会迷惑而无所适从。三是不懂得军事上的权宜机变而参与军队的指挥，这样就会使军士产生疑虑。一旦军队处于迷惑和疑虑状态，其他诸侯国就会乘机发难，这实际上等于为敌人提供了可乘之机。这就是所谓自乱其军，招致败亡。

(能够)预知(最终肯定会取得)胜利的情况有五种：凡是能看清情况知道可以打或不可以打的，能够胜利；知道根据兵力多少采取不同战法的，能够胜利；上下团结一心、同仇敌忾的，能够胜利；以有准备的军队对付没有准备的敌人的，能够胜利；将帅能力强而国君不横加干预的，能够胜利。以上五条，就是预知胜利的方法。

所以说，既了解对方又了解自己，即使经历百战也不会有失败的危险；不了解对方但了解自己，这样就可能胜负参半；既不了解对方也不了解自己，那么势必每次都会失败了。

【兵法解读】

《谋攻篇》是《孙子兵法》中的名篇，在整部《孙子兵法》占有极其重要的地位，也是后世之人引用最多的一篇。这一篇的核心思想无外乎四个字，那就是"上兵伐谋"。其实，孙子虽然是我国古代最伟大的军事家，但他却绝不是一个好战分子。相反，他主张战争能免则免，要尽可能地在战略、计谋和外交上战胜敌人。孙子作为一个军事家，他心目中最理想的战争形态是先用谋略和战术奠定胜局，然后出兵一鼓而定，而并非是在战场上以堂堂之阵、正正之师来击破敌人的军队，并且除非迫不得已，否则决不轻易发动战争，因为战争是一件劳民伤财，大耗国本的行为。这就是孙子在《谋攻篇》中传达给我们的军事思想。

"故善用兵者，屈人之兵而非战也，拔人之城而非攻也，毁人之国而非久也，必以全争于天下，故兵不顿，而利可全，此谋攻之法也。"用上兵伐谋的观点来看待现代商战，我们就会发现，在企业间的竞争中，一味地拼价格、拼成本是愚蠢的，也是对资源的浪费。在企业的竞争中，不但可以通过"伐谋"、"伐交"而获得成功，更重要的是不断地创新，不断地开发新技术、新产品、新市场；并且也可以通过联合与分工合作，实现双赢。在企业的竞争当中，采取联盟的方式可以合并实际的或潜在的力量，形成强大的企业阵容，最终实现战胜对手的目的。

与此同时，在占领"敌国"的方式上，我们也应该多用些谋略，少用些强硬的手段。比如，在兼并一家企业时，对这家企业的重组政策一定要宽厚，以不损己方实力，不破坏对方的实力和将"被屈服"者的实力转化为己方的方式来进行。而且手脚一定要快，因为拖得越久，你所造成的无谓浪费就会越大。我方要想实施"和平占领"，就必须采取能使敌方最低限度可以接受的较宽厚的政策，不能置对手于死地。这样有利于缓和敌对和反抗，落入我手的这些企业和市场的"战利品"也更加容易得到消化和巩固。

与此同时，在企业的经营发展战略上，我们还可以遵循"十则围之，五则攻之"的原则。例如，在企业资源有限时，集中力量在拳头产品的开发上，或者寻求占领那些竞争压力更小的市场，这些都不失为一种明智的选择。一般来说，小企业的竞争能力不如大企业。就应采用孙子"敌则能战之，少则能逃之，不若则能避之"的策略，面对资金雄厚、技术力量强的大、中企业，小企业若采用"拾漏补遗"的经营方针，去拾大企业之"漏"，占领其他市场，就有可能变劣势为优势，达到"不战而屈人之兵，善之善者也"的目的。

【孙子商道】

1. 用最大化的利润来壮大自己，压迫对手

商战精髓：我们在商战中少花钱甚至不花钱就能够达到占上风的目的，让自己变得更强大，这当然是最好的方法。而要想让自己变得强大，就得在自己的企业内部尽可能地实现利润最大化。毕竟，商战拼的是财力，有了雄厚的财力基础，才有可能达到不战而屈人之兵的目的。

追求利润是经商者的终极目的，任何一个人涉足商海，都是为了赚钱。但是，商战却是一件需要花钱的事。话又说回来，我们为什么要进行商战？我们进行商战还不是为了给自己打下一片赚钱的空间，好让自己能够安安心心地赚钱吗？这下可就矛盾了。其实，解决这一矛盾的方法，不妨从《孙子兵法》中去寻找。要想让战争少花钱甚至不花钱，那么就需要不战而屈人之兵。要想做到不战而屈人之兵，一方面是靠谋略，另一方面是靠自身的强大，恃强凌弱。而实际上，这两点也是统一的，因为让自身强大，这本身也是一种谋略。

具体到商场上，我们要想在商战中少花钱甚至不花钱就达到占上风的目的，让自己变得更强大，这当然是最好的方法。而要想让自己变得强大，就得在自己的企业内部尽可能地实现利润最大化。毕竟，商战拼的是财力，有了雄厚的财力基础，才有可能达到不战而屈人之兵的目的。

作为一家世界知名的汽车制造企业，广州本田汽车有限公司为了实现利润最大化，从 1998 年投产之日起就制定了"盘活存量、少投入、快产出、严管理、高质量、滚动发展"的原则，采取节约办厂的思路，充分利用原有的厂房设备，经员工们一番奋力拼搏，终于用最省的投资、在最短的时间内达到了年产 5 万辆这一预期目标。比起国内同行每生产 10000 辆车的投资当量和成本来看，广州本田在成本和建设周期上，都只是对方的一半。

此后几年，广州本田在"以市场为导向，少投入、快产出、滚动发展"的道路上越走越远。广州本田具有非常强的节约意识，他们边生产边改造，并且根据我国汽车市场的发展和客户的需求有计划性地、扎扎实实地不断扩大产销规模，从1万辆、3万辆、5万辆直到年产24万辆。广州本田的每一步发展都跟市场结合得非常紧密，绝不盲目扩张，从而避免业内常见的由于产能放空导致的设备、人员、能源等方面的浪费。

广州本田不但以市场为导向狠抓管理，在节能减排方面也做得非常出色。广州本田在生产设备的改造、引进及工艺改善的过程中，充分考虑到了节能带来的成本和环保效益，多管齐下确保源头节能。广州本田对涂装车间的工艺设备进行了改造，在燃烧器的原料上用液化石油气替代了成本高、污染严重的柴油，在满足生产和减少环境污染的前提下将燃烧器的原料成本节约了30%，同时对车体的喷涂上采用环保涂料。另外，广州本田使用的车内装饰的注塑成型零部件，都基本使用了可再生利用的材料，这样一来就使得整车材料可回收率达到90%以上。

在生产环节上，广州本田实施"精益生产"，以实现节流增效。2004年，广州本田员工的人均劳动生产率排在了全国同行业的第一位，他们之所以能够取得这样的成就，其根源是减少了员工的无效劳动。在总装车间，奥德赛和飞度的工时相差将近1/3。生产飞度时，空闲下来的员工便被安排去提前准备奥德赛的部分工作。冲压科、合成树脂科的生产每班都要多次更换模具，为此，工人们通过苦练，将更换模具的时间压缩到10分钟以内，停机现象大大减少。此外，"不接受不良品、不制造不良品、不流出不良品"，"下道工序是上道工序的顾客"，也让他们把生产中的浪费减到最小。

为了实现利润最大化，有的企业选择了开发新产品，有的企业选择了开拓新市场，而广州本田从建厂之日起，就选择了狠抓管理、节能减排这条路。广州本田所选择的这条路不需要过多的投入，但却大大增加了员工们的工作效率以及原材料的使用效率。相应地，他们的各方面成本都降到了一个很低的程度,而成本的降低也就意味着利润率的增加。

利润,是企业的生命线,是一家企业强大与否的重要指标。就算是一家规模极大的企业,如果他们的利润率过低的话,那这家企业也绝对算不上强大,充其量是外强中干罢了,而这样的企业在商战当中无疑是没有竞争力的。反观那些在商战中拥有强大竞争力的企业,则无一不具有很丰厚的利润空间。

利润空间一大,企业手头的资金就多,可以选择的余地也就更大,是战或是不战,这样的企业尽可以从容选择。就算退一万步说,哪怕在价格大战当中,那些利润空间更大的企业也是占据着绝对的优势,他们更加耗得起,不是吗?

2. 吃小亏赚大钱才是真正的经营谋略

商战精髓:如果有一桩买卖能赚大钱,但却需要付出一定的代价,当然,这个代价与你所能得到的利润相比简直不值一提,那么这桩买卖你会不会去做? 毫无疑问,这是一桩值得做的好买卖。但问题是世界上的事情往往不是像这样把一切利弊都摆在桌面上的。所以,只有真正深具谋略的经营者才能够看穿这其中的利弊,甚至他们会主动付出一些代价来获取这桩能赚大钱的买卖的机会。

谋略是为了达到某人或某个集团的需求(即有价值的物品、头衔或土地等)而想出的方法。谋略的最终目的所追求的效果就是以最小的代价赢得最大的胜利。这是百科全书上对于"谋略"一词的解释。没错,以最小的代价换取最大的胜利,这就是谋略的意义,这也就是孙子宣扬"上兵伐谋"的目的。因为孙子知道,打仗,那是要死人的。

在把战争的理论引申到商业领域时,我们不妨换个角度来看。如果有一桩买卖能赚大钱,但需要付出一定的代价,当然,这个代价与你所能得到的利润相比简直不值一提,那么这桩买卖你会不会去做? 毫无疑问,这是一桩值得做的好买卖。但问题是世界上的事情往往不是像这样把一切利弊都摆在桌面上的。

所以，只有真正深具谋略的经营者才能够看穿这其间的利弊，甚至他们会主动付出一些代价来获取、接受这桩能赚大钱的买卖的机会。上兵伐谋，这其中的道理深着呢。

一天，张小凤一个人逛街，她原本不准备买什么。突然在一家乐器行里，她的眼里迸发出兴奋的光芒。她立刻喊来了售货小姐，指着一架德国制的正宗名牌货——斯坦威三角钢琴，说道："你好！我要买下这架钢琴。"

售货小姐看了看价牌，却拒绝销售。张小凤不由地非常生气，售货小姐只好急忙请来了组长。

当组长看了价格牌后，脸色一沉，也觉得自己做不了主，又叫来了值班经理。值班经理出面斡旋，张小凤依然坚持购买，值班经理亦无能为力。

迫不得已，总经理也来到了店里。他看了标价后大吃一惊，原来那架价值数千美元的名牌钢琴，标价偏偏少了一个零！这显然是制作标价牌的工作人员粗心大意所致。但是他当场定夺：卖！按标价卖！而且送货上门，免费调音，直到满意为止。

第二天，这个消息被很多人知道了，他们纷纷赶来，商店钢琴及其他乐器被购买一空。原来，张小凤是当地一家报社的记者。

日本广岛市水道局打算根据埋在市区的电线、煤气管和自来水管的阀门位置、各类管道和铺设时间等，绘制出一幅能用电子计算机控制的示意图。水道局的预定价格为 1100 万日元。当时共有 9 家公司参加投标，其中 8 家的报价均在 1000 万~1500 万日元之间。最后一家日本富士通公司的报价惊呆了所有的人，他们的报价仅仅是 1 日元。也就是说，他们将免费赠送给广岛市水道局总价值 1100 万日元的设备。

既然富士通是来捐款而非做生意的，那些竞争对手还有什么话好说？只得认栽退场了。只怕他们离开的时候心里还在琢磨，不知道是不是富士通的人脑子进水了。

当然，富士通这样做绝对是有其道理的。要知道，做生意的人，没有谁是傻瓜，搞慈善也不是这么搞的。原来，日本政府建设省早已发出通知，要求包括东京在内的 11 个大城市都要把铺设在地下的管道绘制成电子计算机能够控制的示意图，广岛不过是率先付诸实施的城市而已。富士通若能在广岛中标并绘制成功，便可为其在其他 10 个城市的招标竞争中增加必胜的实力。

更为重要的是，日本政府的最终计划是要根据绘制出的示意图来设计和安装电子计算机。富士通丢弃这 1100 万日元顺利中标并争取到了示意图的设计权，于是就可以设计出符合自己计算机特点的图纸，也就等于把非富士通牌的计算机的硬件、软件统统排斥到这一市场的千里之外，自己却成了使用这一图纸以控制地下管道的唯一计算机生产厂家。试想，在如此巨大的市场潜力和生意利润空间之下，富士通先期损失的那 1100 万日元又算得了什么？别说是 1100 万，富士通从后续的工程中所获得的利润是以亿来计算的。

付出一个城市的本金却把其他 10 座城市的业务全部揽入怀中，这样的生意是划算还是不划算？这样看来，富士通还真不是傻瓜，人家用的是"图大利敢弃小利"的计谋。人家用这 1100 万套来的，是上亿的大利润。

要么能够看穿一桩亏本买卖之后的额外效益，要么能够主动舍小利而套大利；毫无疑问，那家琴行的总经理是前者，为富士通谋划这条计策的则是后者。前者通过一桩亏本买卖获取了企业的名声和诚信度，把这桩亏本买卖变成了琴行的活广告；而后者则更加高明，因为他们的眼光更加长远，不仅仅把着眼点放在眼前的这一桩生意上，而是把整个 11 座城市的管道改造当做了一桩大生意来做，这才制定出了这条"图大利敢弃小利"的计谋。

3. 抓住商机，占领谋略制高点

商战精髓：在现代商业领域，一个好的商机比战机更加难得。如果你的谋略不足以让你把握住转瞬即逝的商机的话，那么必有在谋略上强过你的人能够抓住这次机会。到那时，你可就只有后悔的份了。

俗话说，机不可失，时不再来。在战场上，能否把握住一闪即逝的战机，这是一位将领的谋略段位的重要体现。还记得三国时曹操出兵讨伐刘备，而刘备派孙乾去见袁绍，请袁绍出兵袭击许都去抄曹操的后路。曹操是袁绍的劲敌，这次对于袁绍来说本来是一次不可多得的良机，但可惜袁绍的优柔寡断葬送了这次机会。很快，曹操打败了刘备回到了许都，而曹操回去之后做的第一件事就是与部下商议出兵征讨袁绍。"以虞待不虞者胜"，这是《谋攻篇》的原话，而曹操也是人们所公认的比袁绍更出色的用兵家。

战机不可失，是因为战机的难得。商机同样不可失，因为在现代商业领域，一个好的商机比战机更加难得。如果你的谋略不足以让你把握住转瞬即逝的商机的话，那么必有在谋略上强过你的人能够抓住这次机会。到那时，你可就只有后悔的份了。

1998 年，拉斯维加斯进行了一场职业拳坛比赛。比赛中，有"野兽"之称的著名拳王泰森在与另一位拳王霍利菲尔德的世纪对决中落了下风。情急之下他凶性大发，咬掉了对方的半块耳朵。

当这个消息传开后，所有人不禁一片哗然。但大家最多把它作为茶余饭后的谈资而已，谁能意识到竟有人将其作为发财的良机。

就在泰森咬耳丑闻发生之后的第二天，卡塞尔公司推出了一种形状像耳朵的巧克力，上面故意弄成缺了一个小角的形状，象征着被泰森狠咬的霍利菲尔德的那只著名的耳朵，巧克力的外包装上还印有霍利菲尔德的大照。

就这样，此种牌子的巧克力在众多品牌的巧克力中脱颖而出，在美国乃至全世界范围内大卖，卡塞尔借此良机狠狠地大赚了一笔。而耳朵巧克力一出，无数跟卡塞尔公司境况差不多的公司望而兴叹，只不过有的人叹的是自己竟然没有想到这么好的创意，另一些人叹的则是卡塞尔公司竟然手脚这么快。要知道，他们连类似的产品还没做出来呢！

卡塞尔公司确实有一双善于发现商机的眼睛，这很难得。不过比这更加难得的是他们还有一双善于把握机会的手。正是这双眼睛和这双手，让卡塞尔公司在与同行的竞争中占领了谋略的制高点，同时也抢占了市场的先机。

1994 年，可口可乐公司突然收到了一位消费者的投诉。电话里，这位消费者怒气冲冲地说："在我买的可口可乐里发现了一枚别针，如果你们不能给我一个合理的解释，我将向联邦法院起诉你们，并将这件事向媒体公布。"

听完消费者的投诉，可口可乐公司的接待人员不知道怎么回答。因为，可乐里面怎么可能会有别针?！在可口可乐公司的生产线上，总部对装瓶一直是严格控制的，谁也说不明白怎么会出现这样的事情。但是，可口可乐高层意识到，这样的情况无论是否确有其事，一旦处理不当，定会被媒体添油加醋地炒作一番，可口可乐的百年声誉必将毁于一旦。

为了解决这个问题，可口可乐公司高层召开会议，紧急成立了一个调查组，连夜奔赴出事地点——位于科罗拉多州的一个名为布瑞英克的小镇。调查组连夜找到投诉的消费者，并来到了购买可乐的那个店。通过店主，可口可乐公司又来到批发商那里，最后确认了这罐可口可乐是由科罗拉多州的一个分厂生产的。找到了分工厂，调查组更加忙碌起来，带着那位消费者进行了突击检查。结果发现这家工厂的生产条件极佳，干净卫生，工人也极为负责，根本不可能将别针放进可乐里。而调查组所做的一切工作，都被可口可乐公司似有意似无意地传扬了出去。

事已至此，调查组的人员最终也没有查出别针到底是怎样进到可乐瓶里去的。下一步，可口可乐公司找到了那位投诉的消费者，真诚地向她道歉，请她原谅："您也看见了，我们的生产条件极好，工作纪律非常严格，尤其是各位员工对顾客绝对负责。发生这样的事件肯定是个意外，遗憾的是，我们不能查出其中的缘故。"

可口可乐公司所做的一切都被那位消费者看在了眼里（同时也被媒体和民众看在了眼里），看在他们如此诚恳的份上也就没再多说什么。调查组的人员接着说道："但是，请您相信，我们将会进一步加强管理，保证类似的事绝不再发生。为了弥补您的损失，我们决定，赔偿您 1 万美元的精神损失费。并且，为了感谢您对可口可乐的喜爱，经董事会研究决定，我们邀请您到公司总部免费参观旅游。如果您还有什么要求，我们一定会尽量为您服务。"

最后，这位消费者决定接受可口可乐公司的道歉和赔偿，并高高兴兴地去可口可乐公司总部参观了一次。

你看懂可口可乐公司所用的谋略了吗？可口可乐公司的如意算盘是这样打的：他们大张旗鼓地搞调查，弄得世人都在关注他们的调查进展，这样一来他们就把自己公司内部原本不为人所知的清洁卫生、严格管理等优点全都展示在了世人的面前。再加上最后并没有查出到底是哪里出了问题，因此几乎所有的人都会认为是那位消费者在敲诈可口可乐公司。因为可乐里有别针，这毕竟是空口无凭的事情，这样一来，可口可乐的品牌形象也就保住了。最后，可口可乐公司特别礼遇那位消费者，又向她赔款，又请她参观公司，这宣传的则是可口可乐公司以顾客为上帝的售后服务态度。

从总体效果上来看，可口可乐公司这一连串的行动既挽回了自身的品牌形象，又在全美甚至全世界范围内做了一次活广告。更重要的是这个广告仅仅花去了 1 万美元的成本，可口可乐公司的经营谋略实在深不可测。

4. 远离商战漩涡，照样可以赚大钱

商战精髓： 在这个市场上，总有一些公司我们是没有实力去与他们抗衡的，一旦陷入了商战的泥潭，我们想脱身都难了。对付这样的企业，最好的谋略就是躲着他走，他走他的阳关道，我过我的独木桥。你仰仗你自己的实力，我搞我的创新，不跟你们打商战，我照样可以赚大钱。

"十则围之，五则攻之，倍则分之，敌则能战之，少则能逃之，不若则能避之。故小敌之坚，大敌之擒也。"这是孙子兵法谋攻篇给我们的教导。

所谓"敌则能战之，少则能逃之，不若则能避之"，就是打得过就打，打不过就逃，打不过也逃不了，我不跟你接触总可以了吧。在这个市场上，总有一些公司我们是没有实力去与他们抗衡的，一旦陷入了商战的泥潭，我们想脱身都难了。对付这样的企业，最好的谋略就是躲着他走，他走他的阳关道，我过我的独木桥。你仰仗你自己的实力，我搞我的创新，不跟你们打商战，我照样可以赚大钱。

对商业领域略有了解的人恐怕没有不知道几年前那场空调价格大战的，把那场空前绝后的价格大战比作"没有硝烟的战争"也并不过分。在那场价格大战当中，众多空调生产厂家从天一热就开始备战，整整打了大半年，到年底一算账，居然多数赔了，着实让人感到市场竞争的残酷无情。

在全国绝大多数空调生产厂商都在忙于筹集资金进行价格战的时候，有一家名叫北京华夏通商科技发展有限公司的小企业却靠着他们所发明的一种与空调有点关系的小产品——冰垫，悄然崛起，不仅没被空调大战伤着，反而利用空调大战留下的市场空间大获全胜。其实北京华夏原本也是做空调的，可是这一年下来，他们卖那个小小的冰垫，效益竟然要比之前卖空调好得多。要知道，这种冰垫的零售价才 40 多块钱，也就是空调价格的一个零头罢了。

北京华夏所发明的这种冰垫名叫"一坐爽"，只有一张报纸大小，里面

是高科技的制冷材料，接触人体后，迅速变凉，是夏季用的消暑佳品。在"一坐爽"冰垫刚进入市场时，消费者并不认可，因为这是一个新产品，顾客们大多对这样的产品心存顾虑，购买的欲望并不强烈。

为了打开"一坐爽"的销路，北京华夏在一些专家的帮助下，出台了"给西服打补丁"的营销策略。所谓"给西服打补丁"就是找一个大家都熟悉、印象深刻的参照物，让这个产品和这个参照物产生直接联想。这就像在西服上打补丁，要多显眼有多显眼，或者说，能打到西服上的不管什么补丁都能被人高度关注。"一坐爽"当然是补丁，那西服是什么呢？西服当然就是当时价格正在直线下跌的空调。

北京华夏首先在报纸上发布了一条骇人听闻的广告——四十元买空调，紧接着又在各大型超市售卖现场打出精心制作的颇为醒目的 POP 广告，再辅以相应的促销策略。一下子就吸引了人们的眼球，得到了足够的关注度，激起了市场销售的人气。初战告捷以后，北京华夏开始在全国的主要销售点制作统一的售点广告牌，并设置专门的讲解人员，大肆宣传自己的"四十元的空调"—— 一坐爽。果然，广告起到了意想不到的成功，"一坐爽"凉垫就此进入了热卖期，短短三天时间就卖出去 5 万多个。紧接着，"一坐爽"一发而不可收拾，很快就火遍了大江南北，销售点遍及全国。

这还不算完，"一坐爽"冰垫在全国热卖之余还进入了外国市场。北京华夏通商科技发展有限公司历史上的第一个国外经销商是一个比利时商人，他订购了部分"一坐爽"冰垫之后回到比利时，没想到销路非常好。很快，巴黎、布鲁塞尔、科隆这些欧洲大城市的经销商也纷纷上门，一时间，国内外对于"一坐爽"冰垫的市场需求量远远超过了北京华夏的产量，一段时间之内，"一坐爽"甚至出现了脱销的状况。

一年后，北京华夏与一家法国企业签订了关于"一坐爽"欧洲总代理的合作文书，正式宣告"一坐爽"在欧洲站稳了脚跟。没过多久，韩国、菲律宾、马来西亚及香港的超市也不断前来订货。

　　众多的厂家挤在制造销售空调的"独木桥"上，拼杀在"血海纷飞"的空调大战中，"一坐爽"冰垫却避实就虚，宁愿给空调做"补丁"，反而突出重围，大获全胜。

　　事实上，在那些大企业们年复一年地进行价格大战的时候，也有无数的小企业通过他们的经营谋略在市场上站稳了脚跟。这些小企业之所以能够在大企业的夹缝当中生存下来并且还能趁着大企业忙于进行商战的机会大发其财，正是因为他们所选择的行业属于"不起眼的"，竞争对手是"相对较弱的"的缘故。

第四章

军形篇：要想打赢商战就得认清形势和实力

《军形篇》全篇，说的虽然都是攻守之势和战争胜负的关系，但实际上，背后的潜台词则是要求为将者必须时刻认清战争的形势，只有认清了敌我双方的实力对比，然后才能据此来制订攻守的对策。我们所在的商业领域与瞬息万变的战场是极其相似的。所以《军形篇》中的战争理论也同样可以应用在我们的经营策略当中，并在我们需要选择攻守之势的时候给我们一些有价值的启示。

【兵法原典】

孙子曰：昔之善战者，先为不可胜，以待敌之可胜。不可胜在己，可胜在敌。故善战者，能为不可胜，不能使敌之必可胜。故曰：胜可知，而不可为。不可胜者，守也；可胜者，攻也。守则不足，攻则有余。善守者，藏于九地之下；善攻者，动于九天之上。故能自保而全胜也。

见胜不过众人之所知，非善之善者也；战胜而天下曰善，非善之善者也。故举秋毫不为多力，见日月不为明目，闻雷霆不为聪耳。古之所谓善战者，胜于易胜者也。故善战之胜也，无智名，无勇功。故其战胜不忒。不忒者，其所措必胜，胜已败者也。故善战者，立于不败之地，而不失敌之败也。是故胜兵先胜而后求战，败兵先战而后求胜。善用兵者，修道而保法，故能为胜败之政。

兵法：一曰度，二曰量，三曰数，四曰称，五曰胜。地生度，度生量，量生数，数生称，称生胜。

故胜兵若以镒称铢，败兵若以铢称镒。

胜者之战民也，若决积水于千仞之溪者，形也。

【兵法释义】

孙子说：从前善于打仗的人，先创造我方不被敌人战胜的条件，然后等待可能战胜敌人的机会。不被敌人战胜的主动权掌握在自己的手里，能否战胜敌人则在于敌人是否有隙可乘。所以，善于打仗的人，能够使自己不被敌人战胜，而不能做到使敌人必定被自己所战胜。所以说，胜利是可以预见的，但却不能强求。若要不被敌人战胜，就要实施防御；想要战胜敌人，就要采取进攻。之所以要采取防御，是由于自己兵力不足；之所以要采取进攻，是因为自己兵力有余。善于组织防御的人，隐蔽自己的兵力如同深藏于地下；善于组织进攻的人，展开自己的兵力如同神兵从天而降。所以，这样的人既能保全自己，又能夺得完全的胜利。

预见胜利不超出一般人的见识，这算不上高明中的最佳境界。经过艰苦激战而取得胜利的，即便是普天下的人都说好，也不能算是高明中的最好。这就像能举起秋毫的人算不上力大，能看见日月的人算不上眼明，能听到雷鸣的人算不上耳聪一样。古时候所说的那些善于用兵打仗的人，总是在易于取胜的情况下战胜敌人的。因此，那些善于打仗的人打了胜仗，既没有智慧的名声，也没有勇武的战功。他们取得胜利，是没有差错的。之所以不会有差错，是因为他们的作战措施建立在必胜的基础之上，是战胜那些已经处在失败地位的敌人。善于用兵打仗的人，总是首先确保自己立于不败之地，而不放过任何可以击败敌人的机会。所以，打胜仗的军队，总是先有战胜敌人的条件，然后寻机同敌人进行交战；而打败仗的军队，总是先冒险同敌人交战，而后企求侥幸取胜。善于指导战争的人，必须修明政治，确保法制的实行，因此能掌握战争胜负的决定权。

根据兵法，要把握这样几个基本问题及其相互关系：一是"度"，二是

"量"，三是"数"，四是"称"，五是"胜"。敌我双方所处地域的不同情况，产生双方土地面积大小不同的"度"；土地面积大小不同的"度"，产生双方物质资源多少不同的"量"；资源多少不同的"量"，产生双方兵员寡众不同的"数"；兵员寡众不同的"数"，产生双方军事实力强弱不同的"称"；实力不同的"称"，最终决定战争的胜负成败。

胜利的军队较之于失败的军队，就像是以"镒"称"铢"那样处于绝对的优势地位；而失败的军队较之于胜利的军队，则有如以"铢"称"镒"那样处于绝对劣势的地位。

军事实力强大的胜利者指挥军队同敌人作战，就像在万丈悬崖上决开山涧的积水那样一泻千里、所向披靡，这就是军事实力上的"形"。

【兵法解读】

孙子在《军形篇》中主要论述的是攻与守这两种作战方式与战争胜负的联系。在孙子看来，守，是为了求不败；攻，是为了求胜。守，是因为实力不足；攻，是因为实力有余。如果实力不足却反而偏要勉强进攻，那就是在拿自己的前途进行赌博，战败的可能性是很大的。然而世界上任何事物都是由弱小逐渐变为强大，由不足渐渐成为有余的，所以才会有"昔之善战者，先为不可胜，以待敌之可胜"的著名论断。因此，擅于用兵者应当勤修守备，不给敌人以可乘之机；然后再抓住敌人用兵上的错误，转守为攻，给敌人以致命一击。

《军形篇》全篇，说的虽然都是攻守之势和战争胜负的关系，但实际上，背后的潜台词则是为将者，要时刻认清战争的形势，认清敌我双方的实力对比，然后才能据此来制订攻守的对策，达到"胜者之战民也，若决积水于千仞之溪者，形也"的目的。我们所在的商业领域与瞬息万变的战场是很相似的。所以《军形篇》中的战争理论也同样可以应用在我们的经营策略当中，并在需要选择攻守之势的时候给我们一些有价值的启示。

所谓"先为不可胜，以待敌之可胜"，企业拓展固然重要，但巧妙地守住优势更重要。在企业经营当中，如果你一时间无法看清市场未来的走向，那么还不如稳定现有的业务，暂时采取守势经营。等待合适的机会再转守为攻，向新的领域扩展。与此同时，一旦有了机会，企业也应该毫不犹豫地将机会抓在手里，并尽自己的最大努力将机会转化为成果。这就是"善守者，藏于九地之下；善攻者，动于九天之上。故能自保而全胜"的真谛。

【孙子商道】

1. 认清形势，用人脉造就你的实力

商战精髓：什么是实力？充足的资金是实力，过硬的产品质量和品牌效应是实力，庞大的人脉关系网同样是你实力的一部分。而且，营造人脉关系网也是有讲究的。作为企业的管理者，你就需要在充分看清自己所处形势的前提下，在最关键的地方交上几个最得力的朋友。这些"关键性"的朋友给你的帮助会比你人脉关系网中其他所有的朋友给你的帮助加起来都大。

所谓的"自保而全胜"，其实说白了就是我们常说的"防守反击"策略。如果你真的读懂了《军形篇》就会知道，之所以要防守，归根结底还是因为自己的实力不足。所以孙子才主张在防守中积攒自己的实力，消耗对手的实力，然后等待对手犯错的时候给予对手致命的打击。要知道，迄今为止，还没出现过任何一场双方都没犯过任何错误的战争呢。

对于企业来说，无论你想采取什么样的经营手段，你的实力都是你在商战中获取优势的保障。只有有了足够的、比对手更强大的实力，你才能摆脱被动防守的命运，变不足为有余，进而谋求更大的发展。

那么，什么是实力？充足的资金是实力，过硬的产品质量和品牌效应是实力，庞大的人脉关系网同样是你实力的一部分。而且，营造人脉关系网也是有讲究的。作为企业的管理者，你就需要在充分看清自己所处形势的前

提下,在最关键的地方交上几个最得力的朋友,这些"关键性"的朋友给你的帮助会比你人脉关系网中其他所有的朋友给你的帮助加起来都大。

胡雪岩是清朝著名的商人,他的成功,就在于他对于当时的形势有一个极其透彻、极其深刻的了解,然后才能有针对性地结交人脉、笼络朋友,利用人脉为自己的经商之路扫清了一道又一道障碍。

在胡雪岩初进商场之时,他就显得比别人聪明许多。不仅善于经营,还会做人,颇为通晓人情,懂得"惠出实及"的道理,常给周围的一些人施以小恩小惠。

很快地,胡雪岩就获得了不小的收获。但胡雪岩天生是个做大事的人,小打小闹不能使他满意,他一直想成就大事业。他心里很明白,在中国,一贯重农抑商,单靠纯粹经商是不太可能出人头地的。大商人吕不韦独辟蹊径,从商改为从政,名利双收,所以,胡雪岩亦想走这条路子。

恰巧就在这个时候,胡雪岩结识了王有龄。王有龄是杭州府的一个小官吏,很想往上爬,但又苦于没有钱作敲门砖。后来随着二人交往的加深,两人发现他们有共同的目的,可谓殊途同归。

有了共同目标,两个人的关系就更加密切了。一天,王有龄对胡雪岩说:"雪岩兄,我这几年非常苦恼。因为没钱,所以我总是不能再升一级,而老是在这个小官差上混日子。"

胡雪岩听罢,说:"老兄,别担心,你的事就是我的事,我愿倾家荡产,助你一臂之力。"

有了胡雪岩的承诺,王有龄不禁大喜,说:"那可真是太好了!雪岩兄,如果有朝一日我富贵了,我一定不会忘记你的恩德,一定会好好报答你!"

胡雪岩是个重承诺的人,因此,他不惜变卖家产,筹集了几千两银子,以此资助王有龄。

当王有龄去京师求官后,这件事也传开了。很多人都笑胡雪岩傻,为了别人居然变卖自己的家产。不过,胡雪岩对这些并不放在心上,仍旧做他的买卖。

一转眼几年过去了，这个时候，王有龄已身居高官。当然，他没有忘记老朋友胡雪岩，于是身着官服，亲自拜访胡雪岩。两人一番寒暄后，王有龄问："雪岩兄，你有什么要求就说吧，我不会忘记你的大恩大德。"不过，胡雪岩笑了笑，只是恭喜他升官，没有提出任何要求。

虽然胡雪岩并没有提出要求，但王有龄也是个讲交情够朋友的人，他不可能不报答胡雪岩。于是，王有龄利用职务之便，令军需官到胡雪岩的店中购物。得到了官府的庇护，胡雪岩的生意越来越好、越做越大，与王有龄的关系亦更加密切。

后来，太平天国运动爆发，太平军占领了杭州，王有龄自缢。失去王有龄的支持，胡雪岩并没有苦闷多久，因为他找到了新的依靠——新任浙江巡抚左宗棠。

为了得到左宗棠的协助，胡雪岩不顾众人的反对，从库房拿出不少银子交给湘军，资助他们的粮饷与武器。这件事，让左宗棠对胡雪岩有了好感。后来，随着左宗棠权力的升级，胡雪岩也是吉星高照，被左宗棠向慈禧太后举荐为二品官，成为大清朝唯一的"红顶商人"。

胡雪岩为什么肯倾家荡产地支持王有龄？为什么肯不计成本地供应湘军的粮草军械？仅仅用一句"够朋友"、"讲义气"，恐怕是解释不通的。要知道，胡雪岩再够朋友，他也还是个商人，不可能为了"朋友"的前途连自己的本钱都搭上。事实上，明眼人虽然不说，但心里都知道，胡雪岩和王有龄、左宗棠虽然口中说是朋友，但实际上是合作伙伴，他们之间只是各取所需罢了。

胡雪岩之所以肯在这两人身上下血本，正是因为他深深地了解到，在清末那样的社会中，商人如果没有官员做依靠，是很难把生意做大做强的。而一旦跟官府联系上，那就无异于是捡了一座金山，其中的收益是做什么生意都比不上的。对于胡雪岩来说，王有龄和左宗棠毫无疑问就是他的人脉关系网中最重要的两个点,如果没有这两人,胡雪岩这辈子也不过就是个小商小贩罢了。

2. "赌徒心态"是生意场上的大忌

商战精髓:"不可胜在己,可胜在敌",盲目进攻、孤注一掷的赌徒心态绝不是一个成熟的企业家所应有的,这样的心态早晚会让你尝到失败是什么滋味。

"胜兵先胜而后求战,败兵先战而后求胜",这就是常胜将军和败军之将在用兵上的不同之处。常胜将军作战,就像是银行放贷款,在确认客户确有偿还能力之后,稳稳当当地运作,稳稳当当地得利;而败军之将则像是赌场里孤注一掷的的赌徒,虽然也有赢的时候,但终归是要输光的。还记得日本偷袭珍珠港吗?他们赌赢了一次,但却唤醒了美国整个民族,结果在后来的太平洋战争中,日本海军被美国海军打得全军覆没。最终,美国人在广岛和长崎用两颗原子弹为整个二战画上了句号,日本人则为他们的赌徒心态付出了整个民族、整个国家的代价。强大的美国惹不得,这个道理德国人懂,但日本人不懂,他们看不到日美两国之间悬殊的实力对比。因此实际上在日本偷袭珍珠港的那一刻,这场战争的结果就已经见分晓了。

作为企业来讲,"胜兵先胜而后求战,败兵先战而后求胜"的道理也同样适用。因为商战从根本上来讲,拼的还是企业的综合实力。没有绝对实力来作后盾却盲目发动商战,除非对手犯下致命的错误,否则成功的可能性可以说是微乎其微。为什么通用汽车可以挤掉福特,坐上美国汽车制造业的头把交椅?那是因为福特自身沉醉在 T 型车的成功当中不能自拔,进而变得不思进取,这才给了通用以可乘之机。"不可胜在己,可胜在敌",盲目进攻、孤注一掷的赌徒心态绝不是一个成熟的企业家所应有的,这样的心态早晚会让你尝到失败是什么滋味。

20 世纪 70 年代末 80 年代初,日本爆发了一场被称为"近代日本工业领域最残酷的一次竞争"的商战,交战的双方是在世界摩托车界雄踞榜首的本田公司和排名第二的日本雅马哈公司。

当时,本田公司在摩托车领域的领先地位十分稳固,尤其是在日本本土,他们的市场占有率竟然高达85%。但是,本田公司自己也知道,他们几乎已经垄断了摩托车市场,再想在这块市场上获取更大的利润已经很难了。因此,本田公司的经营重点正在逐渐转变,汽车工业所占的比重在本田公司内部越来越大。为了在汽车市场中站住脚,将公司最好的设备和技术力量投入其中,甚至不惜调用生产摩托车的技术力量。到1975年,本田公司在汽车市场上的收入最终超过了摩托车市场的收入。

就在本田把精力都集中在汽车工业上的时候,摩托车产业的"二当家"雅马哈公司向本田公司发动了突然进攻。为了打垮本田公司,雅马哈开始不惜一切代价积极拓展摩托车市场。在雅马哈的猛烈攻势下,本田公司节节败退。1970年本田的销售额以3∶1领先于雅马哈。到1979年双方的销售额已经非常接近,变为了1.4∶1。1981年8月,雅马哈公司总经理旧朝智子宣称:很快将建一座年产量100万台机车的新工厂:这个工厂建成后,将可以使雅马哈每年的总产量提高到400万台,并以20万台的优势凌驾于本田之上,到那时,本田公司在摩托车市场上一直以来的优势也将不复存在。在1982年1月的一次会议上,雅马哈公司董事长小池不无得意地表示:"雅马哈公司很快就可以超过本田。身为一家专业的摩托车厂商,我们不能永远屈居第二。"

雅马哈的勇气固然可嘉,但本田公司多年以来所积攒下的家底却远非雅马哈公司可比,甚至超乎了他们的想象。而且,虽然被雅马哈偷袭得手,本田还有他们正在冉冉上升的汽车产业做后盾,而雅马哈要是输了,作为一家"专业"的摩托车制造商,他们将变得一无所有。因此,1982年元月,当雅马哈公司所发出的挑衅言论传到本田决策者的耳朵里时,他们迅速做出决策:在雅马哈新厂未建成时,以迅雷不及掩耳之势给予反击,打掉对手的嚣张气焰。这场商战大戏的高潮终于上演。

很快,各大销售商宣布,本田摩托大幅降价,部分车型的降价幅度甚至超过了1/3。本田公司率先挑起了价格大战,如果雅马哈不降价,那么他们的新厂哪怕年产2000万台,最终也都只是库存而已。这下,雅马哈傻眼了,他们把大笔资金投入了新厂的建设当中,在这种情况下他们根本没有资本跟本田打大规模的价格战,而如果从新厂抽调资金,那么新厂就只能停建,成为全日本的一大笑柄。结果在价格战中,雅马哈公司左右为难,很快败下阵来。仅仅一年之后,雅马哈的市场占有率从原来的37%急剧下降为23%,营业额比上一年锐减了50%以上。而到了1983年初,雅马哈公司的库存竟然占到了日本摩托车行业库存总量的一半。在这种情况下,雅马哈只有举债为生。1982年底,雅马哈公司的债务总额已达2200亿日元。银行家们看到雅马哈前景不妙,纷纷停止贷款。雅马哈公司缺乏资金,产品无法降价出售,库存也就只能越积越多,最终形成了恶性循环。

再打下去,雅马哈公司就完了。因此,走投无路的雅马哈公司为了避免破产,终于在1983年6月向本田举起了白旗。1983年6月,雅马哈公司董事长川上与总经理智子一起去拜见本田公司的总经理川岛清,就雅马哈的不慎言辞向本田公司道歉。接着,川上又在记者招待会上重申对本田公司的歉意,总经理智子也在三天以后黯然辞职。至此,历时18个月的摩托车战役以雅马哈公司的全面失败而宣告结束。

雅马哈发动商战是典型的赌徒心理,希望借着本田公司专注于汽车产业的时候趁火打劫。结果虽然在初期占据了一些优势,取得了一些战果,但当实力雄厚的本田缓过手来之后,雅马哈就完全不是本田的对手了。

仅仅18个月的时间,雅马哈就彻底败下阵来。心存侥幸、盲目出击;虽先声夺人,却大败亏输。雅马哈在这场商战当中的命运和日本在太平洋战场的命运是何其相似。事实上,所有抱有赌徒心理的人的命运,也都是一样的。

3. "浮躁心态"让企业铸成大错

商战精髓：事实上，那些在一夜之间暴富又在一日之内销声匿迹的暴发户们最容易犯的错误就是浮躁。是浮躁让那些暴发户们在有了钱之后感到忘乎所以，是浮躁让那些暴发户们在决策的时候忘记了自己应当随时观察商场的形势，是浮躁让他们的自信过度膨胀，变得刚愎自用，最终铸成大错。

"善战之胜也，无智名，无勇功"，这是孙子对于善战名将的评价。为什么善战之人反而会无智名，无勇功？那是因为他们沉得住气，等得到战机到来的那一刻。而这一点正好与《军形篇》中"不可胜在己，可胜在敌"的军事理论相契合。

还记得三国时著名的夷陵之战吗？刘备给人的感觉是浮躁，他出兵伐吴一方面是为了给关羽报仇，另一方面也是因为他自觉年事已高，如果再不抓紧时间的话，恐怕在有生之年就见不到自己中兴汉室的理想得以实现的那一天了。

因此，在夷陵之战中，蜀军干什么都是急匆匆的，带着一股浮躁之气。反观东吴主帅陆逊，既没什么名望也没什么打仗的经验，他只是认真地布置好了每一寸土地的防御罢了。因为他对当前的形势有非常明确的认识——蜀军势大，不能硬拼，等待天时。然后，等到刘备犯错之时，一把抓住了这个火烧夷陵的机会。"无智名，无勇功"，陆逊当之无愧。

商场是一个神奇的地方，它可以一夜之间造就无数的百万、千万、甚至是亿万富翁，也可以让一个在今天还是家资万贯的企业家在明天就成为一文不名的穷光蛋。

事实上，那些在一夜之间暴富又在一日之内销声匿迹的暴发户们最容易犯的错误就是浮躁。是浮躁让那些暴发户们在有了钱之后感到忘乎所以，是浮躁让那些暴发户们在决策的时候忘记了自己应当随时观察商场的形势,是浮躁让他们的自信过度膨胀,变得刚愎自用,最终铸成大错。在商场上,领导者对自己情绪的管理至关重要。企业的领导者决定着整个团队的方向,代表着集体的利益。

因此领导者的每一个决策,都必须经过冷静沉着的分析,在认真权衡利弊之后再做出。在浮躁心态影响之下的任性决断,只能把整个团队导入歧途,注定会得不偿失。

1995年秦池酒厂以6666万元成为了央视当年的广告标王。在当时,6666万元意味着3万吨白酒,足以把豪华的梅地亚中心淹没一半。1996年梅地亚中心再次召开广告招标大会。秦池酒厂厂长姬长孔踌躇满志地说:"去年我们每天向中央电视台开进一辆桑塔纳,开出一辆奥迪;今年我们每天要开进一辆豪华奔驰,开出一辆加长林肯!"结果秦池说到做到,在第二年以3.212118亿元蝉联标王。当时,一个吃惊的外国记者曾经问姬长孔3.212118亿元这个数字是怎么计算出来的,不可一世的姬长孔的答案竟然是:"这是我的电话号码。"秦池酒厂投资的随意性由此可见一斑!

但事实上,秦池的销售能力远没有达到可以消化如此高额的广告投入的地步。3.212118亿元相当于秦池1996年全年利润的6.4倍,就算是财大气粗的沃尔玛也做不起这么昂贵的广告。结果第二年秦池便一蹶不振,走到了破产的边缘。

在秦池"一鸣惊人"之后,第二年的11月8日,央视梅地亚中心再次展开了一年一度的广告招标。这一次,爱多的老总胡志标和步步高的老总段永平展开了激烈的争夺,最后胡志标以2.1亿元的价格击败段永平,加冕标王。紧接着,爱多又找到成龙拍了个"爱多VCD,好功夫"的广告片。成龙开价是450万元,相当于爱多全年的利润总额。

不仅如此,1997年,爱多的老总胡志标和他的秘书、总裁助理林莹结婚,给全国各地的爱多经销大户和各个媒体的知名记者送了一份喜帖。喜帖竟然贴着2张百元大钞,目的不过是为了讨一个"两人圆满"的好口彩。

胡志标的婚礼上，放的是 138 万响的鞭炮，坐的是 18 辆车牌号码连在一起的白色奔驰车，还邀请了 1000 多位身份显赫的贵宾。

胡志标如此任意挥霍的结果，就是他结婚仅仅两个月之后，爱多便爆发严重的财务危机，随后轰然垮台。胡志标也因为企业资金紧张，不惜铤而走险，进行金融诈骗，最后落了个锒铛入狱的下场，他那位兼总裁助理的妻子也就此不知所终。

秦池和爱多都曾是神州大地上赫赫有名的品牌，但这两家公司实际上却更像是两颗划过天际的流星，盛极一时却无法持久，很快便消失无踪了。为什么有的企业会成为历数十年甚至上百年而不衰的世界名企，而像秦池和爱多这样的企业就注定只能成为流星？这其中的差别就在于那些世界名企在达到兴盛的顶峰之后就开始转攻为守，渐趋沉稳，而那些"流星"们却在发迹之后变得越来越浮躁，最后甚至像姬长孔和胡志标那样失去了对当前形势的把握和对自身实力的认识，都不知道自己要的是什么，自己正在做什么了。这样的企业又怎么可能不衰败呢？

商场有风险。生意往往就是如此，你越是着急，事情就越是不成功。这不是冥冥中的什么力量在操控一切，而是因为焦急和浮躁会让你失去清醒的头脑，使你无法冷静地思考和决策。控制好自己的情绪是直面风险的第一步，而控制好情绪的关键又在提高人的道德、修养、人品的修炼和提升，只有如此，才能克服无谓的浮躁情绪，稳扎稳打，让公司的实力得到稳步的提升。

4. 静待时机，一鼓而胜

商战精髓：在机会到来之前，你也不妨像等东风的周瑜诸葛亮一样稍安勿躁，采取守势，采取以不变应万变的策略。一旦机会来临，则需要你果断行动，把机会死死地抓在手里。而这一切的前提，则是你要对整个的"天下大势"有一个明晰的判断，能够对各种各样的信息做出正确的解读，以便从中发现商机。

先为不可胜，以待敌之可胜。在孙子看来，在战争中要想取胜，那是需要时机的。什么是取得战争胜利的时机？或者天时有变，或者敌人犯错，或者两者兼而有之。赤壁之战，周瑜和诸葛亮订下了火攻之策，之后的苦肉计、连环计，孙刘两家携手让火攻一步步成为了可能。但是，当时正好是冬天，北边的曹操处在上风口，因此周瑜和诸葛亮也就只能凭借东吴精锐的水军把曹操死死地挡在长江对岸，然后苦苦等待。好在他们终于等到了变天的那一日。当东南风吹起，83万曹军的结局也就已经注定了。

说起来，商场对于时机的依赖比之战场可以说是有过之而无不及。没有合适的时机，就算你有满腔的雄心壮志，就算你手中握着大笔的资金，你还是会有一种老虎啃天、无处下嘴的感觉。既如此，在机会到来之前，你也不妨像等东风的周瑜诸葛亮一样稍安勿躁，采取守势，采取以不变应万变的策略。一旦机会来临，则需要你果断行动，把机会死死地抓在手里。而这一切的前提，则是你要对整个的"天下大势"有一个明晰的判断，能够对各种各样的信息做出正确的解读，以便从中发现商机。

古川久好早就想发财了。但是，他现在仍然只是日本一家中型百货公司的一个小小的售货员。这份工作很辛苦，薪水又不高，平时在柜台上一站就是一整天，还要陪着笑脸给顾客介绍产品。但是在工作之余，他把自己所有的时间都花在了听新闻读报纸上，希望自己能够从中找到一条发财的门路。

有一天，古川久好在一份晚报上看到了一篇专题报道，专门介绍美国商店的经营方式，其中有一段提到了自动售货机这种东西。报道上面写着："现在美国各地都大量采用自动售货机来销售货品，这种售货机不需要雇人看守，只要每天早上往里面放上货物，自动售货机就可以一天24小时随时供应商品，而且在任何有电的地方都可以售货。

"这种新发明不仅解放了售货员，更可以为消费者带来很多方便。可以预料,随着时代的进步,这种新的售货方法会越来越普及,必将被广大的商业公司所采用,消费者也会很快地接受这种方式,前途一片光明。"

看过这篇专题,古川久好激动了很久,他心想,自己发财的机会终于来了。古川久好知道,那篇报道上说的没错,将来必然会迈入一个自动售货的时代。自动售货机虽然在美国已经相当普及,但在日本还仍然是一片空白,我何不趁此机会去钻这个冷门,经营这种新行业?至于售货机里的商品、日用品和各种食品当然是主打,甚至一些新奇的东西也可以放到售货机里去卖。

说干就干,古川久好筹集了 30 万日元,以每台 1.5 万日元的价格买下了 20 台售货机,然后将这些自动售货机设置在酒吧、剧院、车站等一些公共场所,把一些日用百货、饮料、酒类、报纸杂志等放入其中,开始了他的新事业。要知道,30 万日元对于一个小职员来说可不是一个小数目。这笔钱包括他在亲戚朋友那里借到的 20 万日元,再加上他自己 10 万日元的全部家当。

古川久好敏锐的市场感知力果然给他带来了巨额的财富。人们第一次见到公共场所的自动售货机,感到很新鲜,因为只需要往里投入硬币,售货机就会自动打开,送出人们需要的东西。一般来说,一台售货机只放入一种商品,顾客可按照需要从不同的售货机里买到不同的商品,非常方便。甚至有很多孩子专门向父母要钱就为了体验一下这种传说中的不用售货员就可以卖货的新奇物件。

古川久好的自动售货机第一个月就收回了所有的本钱,并且还额外赚到了 100 多万日元。他用这笔钱成立了公司,并且把剩下的钱全部用来购买新的自动售货机用以扩大经营规模。5 个月后,古川久好不仅早已连本带利还清了借款,而且还净赚了近 2000 万日元。

昔之善战者,先为不可胜,以待敌之可胜。古川久好如果从军的话,那么他定然可以成为一员名将。当然,在现实中,他"下海"了,所以他成为了著名的日本企业家，成为了"日本自动售货机之父"。古川久好之所以能成功，就是因为他擅守，能忍。在机会没来之前，他甚至甘愿做百货公司的小售货员，每天对人赔笑脸。同时也是因为他能攻，做事情雷厉风行。在机会来临之后他毫不犹豫地用最快的速度把自己所有的财产都投了进去。要知道，看到这篇报道的人有很多，能够想到这是一个绝佳商机的人也绝对不止他一个，但是他比所有人都快，这就够了。

孙子所说的"善守者，藏于九地之下；善攻者，动于九天之上"就是用来形容古川久好这样的人的。

第五章
兵势篇：竭尽所能，创造于我有利的态势

本篇名为《兵势篇》，其精髓就在一个"势"字上。军队取胜靠"势"，现代企业在经营管理中也要谋"势"、造"势"。有了"势"，企业的成功就变得顺理成章，而失了"势"，企业则会举步维艰。商道博大精深，变化无穷，但只要企业能够营造好对自己有利的势头，那么做大做强就并非什么难事。

【兵法原典】

孙子曰：凡治众如治寡，分数是也；斗众如斗寡，形名是也；三军之众，可使必受敌而无败，奇正是也；兵之所加，如以石投卵者，虚实是也。

凡战者，以正合，以奇胜。故善出奇者，无穷如天地，不竭如江河。终而复始，日月是也。死而复生，四时是也。声不过五，五声之变，不可胜听也。色不过五，五色之变，不可胜观也。味不过五，五味之变，不可胜尝也。战势不过奇正，奇正之变，不可胜穷之也。奇正相生，如环之无端，孰能穷之？

激水之疾，至于漂石者，势也；鸷鸟之疾，至于毁折者，节也。是故善战者，其势险，其节短。势如扩弩，节如发机。

纷纷纭纭，斗乱而不可乱也。浑浑沌沌，形圆而不可败也。

乱生于治，怯生于勇，弱生于强。治乱，数也；勇怯，势也；强弱，形也。

故善动敌者，形之，敌必从之；予之，敌必取之。以利动之，以卒动之。

故善战者，求之于势，不责于人，故能择人而任势。任势者，其战人也，如转木石。木石之性，安则静，危则动，方则止，圆则行。故善战人之势，如转

圆石于千仞之山者，势也。

【兵法释义】

孙子说：管理人数多的部队和管理人数少的部队一样，这是属于军队的组织编制问题；指挥大部队如同指挥小部队作战一样，属于通信指挥的问题；即使部队遭到敌人的攻击也不溃败，这是属于"奇正"战术灵活运用的问题；指挥部队打击敌人如同以石击卵一样，这是属于"避实击虚"原则的巧妙运用问题。

凡是用兵作战，一般都是以"正"兵当敌，以"奇"兵取胜。所以说，善于出奇制胜的将帅，其战法就像天地一样变化无穷，像江河那样永不枯竭。终而复始，如同日月的运行；去而复来，如同四季的更迭。声音不过五个音阶，但五音的变化听不胜听；颜色不过五种，但五色的变化看不胜看；滋味不过五样，但五味的变化尝不胜尝；战术不过奇、正，但奇正的变化无穷无尽。奇、正相互转化，就像循环旋绕，无始无终，谁能穷尽它呢？

迅猛的流水，能将石头漂走，这就是势；凶猛的飞鸟，快速搏击，能捕杀小的鸟兽，这就是节。所以说，善于指挥作战的人，他所创造的态势十分险峻，发起进攻的距离非常短近。险峻的态势就像拉满的弓弩，短近的距离犹如一触即发的弩机。

旌旗纷乱、人马杂沓，在混乱的状态中作战，要使军队严整而不可混乱；战车滚滚、步卒奔驰，在迷蒙不清的情况中打仗，要部署严密而不可被打败。

示敌以混乱，本身须具有严密的组织；示敌以怯懦，本身须具有勇敢的素质；示敌以弱小，本身须拥有强大的兵力。阵形的严整或混乱，决定于组织编制；士兵的勇敢或怯懦，决定于态势；战斗力的强大或弱小，决定于实力。

所以说，善于调动敌人的将帅，以假象迷惑敌人，敌人就会听从调动；用小利诱惑敌人，敌人就会来夺取。用这样的方法去调动敌人，再集以重兵伺机破敌。

善于用兵的人，设法创造有利的态势，而不对部属求全责备。他们（通常会）选择良将创造和利用有利的态势。善于创造和利用有利态势的人指挥部队同敌人作战，就像转动木头和巨石一样。木石的特性是，把它们放在平坦的地方就静止，放在险峻陡峭的地方就滚动。方形的木石容易静止，圆形的木石易于滚动。所以说，善于指挥作战的将帅所创造的有利态势，就像转动圆形巨石从万丈高山上滚下来一样，这就是所谓的"势"。

【兵法解读】

本篇名为《兵势篇》，其精髓就在一个"势"字上。因此，孙子在本篇中着重阐释了在军事实力得以保证的基础上，将帅如何才能发挥他们的指挥才能，着力营造对我军有利的态势，并且利用这种态势出奇制胜地打击敌人。孙子指出，用兵作战必须掌握四个环节：分数、形名、奇正、虚实。在这四大环节当中，孙子又着重论述了"奇正"在用兵当中的重要作用。奇和正是我国古代常用的军事术语，即指挥军队作战所运用的常法和变法。例如公开宣战是正，突然袭击是奇；正面攻击为正，侧面袭击为奇；权衡敌强我弱是正，而在战场上改变这种态势就是奇。活用奇正之术，变化奇正之法，是指挥员临机处置情况所必须把握的艺术。战争是力量的竞赛，更是智慧的竞赛。奇正之变毕竟不是戏法之变，要把军队的战斗力充分发挥出来，真正做到出奇制胜。

军队取胜靠"势"，现代企业在经营管理中也要谋"势"、造"势"。有了"势"，企业的成功就变得顺理成章，而失了"势"，企业则会举步维艰。事实上，我们现在所说的"造势"这个词，最早就来自于《孙子兵法·兵势篇》。所谓造势，主要是指用电视、广播、报刊、网络等传媒介质，宣传报道甚至不惜制造"新闻事件"来营造声势的行为，目的是为了树立企业形象和提高产品知名度。

当然，企业要想得势，依靠广告宣传来造势是其中的一种方法，但绝非唯一的方法。商道博大精深，变化无穷，但只要企业能够营造好对自己有利的势头，那么做大做强就并非是什么难事了。

【孙子商道】

1. 赞助公益，为企业形象造势

商战精髓：赞助公益事业实际上也可以称作是一种变相的广告，只不过你没把钱捐给媒体，而是把钱捐给了那些需要帮助的人。媒体虽然没收你的广告费，但是基于媒体的责任，他们仍然会让你在其出版面上获得一席之地。而你从中所得到的广告效应不仅丝毫不减，还可以借此时机对自己的企业形象进行正面的宣传，可谓一石二鸟。

众所周知，广告宣传现在已经成为了企业市场营销策略的重要组成部分。其实，广告这种东西只有一个作用，那就是帮助一家企业或是一种产品扩大其知名度。

要说这知名度，其实是不能当钱花的，但是知名度却可以帮助一家企业获得取之不尽的滚滚财源。这其中的原因涉及到相当深奥的广告心理学的范畴。简单来说就是利用人潜意识当中的虚荣心，让他们在选择购买对象的时候会倾向于那些在广告当中看见过的产品。因为他们已经在潜意识当中将这些产品当做名牌产品了，购买名牌产品当然是一件很有面子的事情。因此，做广告成了每一个商家扩大自己知名度，为自己造势是获取名利双丰收的必然选择。

但事实上，要想扩大公司的知名度，做广告并不是唯一的选择。还有另外的一种方法，这种方法所消耗的成本不见得比做广告更多，但在扩大自己知名度的同时还会有企业形象方面的额外收入，这种方法就是赞助公益事业。

柯达公司是世界上最大的影像产品及相关服务的生产和供应商,世界500强企业之一。中国是柯达公司在世界上的第二大胶卷市场,仅次于美国,而且在不久的将来,中国市场极有希望成为柯达获利最多的市场。曾任美国驻华外交官的著名女企业家叶莺,在出任柯达中华区域副总裁兼对外事务部总经理之后,大力推动柯达在中国的企业形象建设,依靠着强大的社会公益活动宣传攻势,使柯达在取得中国政府支持与信任的同时,自身形象在中国老百姓心中也一下子变得高大起来,进而推动了柯达事业在中国的迅速发展。

1999年,柯达无偿出资100万元人民币用于厦门的城市绿化建设,并出资兴建柯达园,多次组织员工参与种树绿化环境等活动。与此同时,柯达汕头废水处理厂也是柯达公益行动的重要组成部分。

2000年,柯达(中国)股份有限公司汕头分公司无偿为70所学校的3000名学生提供环保知识培训。这件事在潮汕地区引起了极大的反响,为柯达公司的企业形象建设做出了极大的贡献。

2002年,柯达响应中国政府开发西部的策略,先后分别向四川省、陕西省和重庆市政府捐赠15万美元教育资金,这笔资金分别被用来支持四川省的英语教师培训、陕西省的旅游人才培育和重庆市城市建设人才的培养。此外,柯达还出资支持上海市政府的"4050"再就业培训项目,帮助下岗职工获得重新就业的技能。柯达还为西安、成都、重庆市捐赠了城市教育基金。同年,柯达还与上海宋庆龄基金会合作设立龙的传人在柯达——柯达科学奖,鼓励中学生进行科学探索和发明创造,支持中国培养科学技术人才。

2003年,柯达向北京大学新闻学院捐款10万美元设立柯达财经、体育记者培训项目。

这一笔笔的捐款虽说数额并不大,对于柯达这种世界顶尖的大公司来说绝对是九牛一毛，但造成的影响遍及小半个中国，让几亿中国老百姓对柯达刮目相看。

可以看出，柯达在公益方面所关注的，一是环保，二是教育。环保可以称得上是现在全世界最高尚的一项事业；而教育，恰恰是中国普通老百姓所最关注的。柯达公司在公益事业上花费这么多心思的目的，当然是要包装企业形象，用这样的公关方式来赢得新一代中国人的认同，为企业的产品营销造势。柯达出色的公益公关，使得柯达每到一地，都在当地企业、公民心目中树立起了"良民"企业的形象。在老百姓眼里，柯达虽然同样是来赚中国人钱的外国公司，但是他们知道回馈社会，知道感恩，这样有良心的企业，谁不喜欢？

事实上，这一笔笔的捐款每一次都成了柯达的活广告，这样的广告不带有一丝的铜臭味，但却在一点一滴地为柯达积累着人气，为柯达营造着势头。像这样的"捐款政策"毫无疑问地为柯达公司带来了极其重大的收益，真可谓吃小亏而占大便宜，其头脑真可谓聪明绝顶。

2. 顺势而为，白手起家并非难事

商战精髓：激水之疾，至于漂石者，势也。只要你能够迎合市场发展的趋势，并且有雷厉风行的手段，那么在商场上取得成功并不是一件很难的事情，甚至白手起家成为大老板也是有可能的。

在我们被"肯德基"、"麦当劳"等洋快餐包围的今天，曾耀宁的"中国快餐"在欧洲市场也刮起了旋风。在欧洲人眼里，他是"欧洲中式快餐第一人"。

1990 年，曾耀宁和妻子一起来到匈牙利首都布达佩斯创业。俩人的创业是从摆地摊开始的，历尽了艰辛。

有一天，一位朋友来曾耀宁家做客，曾耀宁亲自下厨，烧了一桌拿手的家乡菜来招待客人。在饭桌之上，朋友对他的厨艺赞不绝口，"老曾呀，你还

摆什么地摊呀,你应该开家中餐馆,凭你的手艺,生意错不了。"

曾耀宁心想:"随着中国这些年来在国际上地位的提高,中餐也越来越受到众多外国人的青睐。如果真的如朋友所说,开一家中餐馆应该是可以赚钱的。"夫妻经过商量,在 1993 年曾耀宁毅然与朋友一起合开了一家中餐馆,朋友出钱,自己出手艺,从此进入了餐饮行业。

经过一年多的摸爬滚打,曾耀宁对于经营饭店已经颇有心得。为了壮大自己的事业,能够在中餐上做出点更大的名堂来,曾耀宁拿出了自己的全部积蓄再加上一部分银行贷款,在距布达佩斯市 30 公里的一个小城创办了一家"中华大酒楼",这座小城是一个被中国人叫做"山丹丹"的著名旅游景点。这家酒楼占尽天时、地利、人和,推出的各档中国菜肴颇具特色。

曾耀宁的"中华大酒楼"成功了,那里的中国菜让布达佩斯人不惜驱车三十公里,专程前来品尝。1996 年,马来西亚国王访问匈牙利,匈牙利政府甚至点名要把宴请来访的马来西亚国王的国宴设在"中华大酒楼"。这次国宴过后,曾耀宁在匈牙利的餐饮业界已经是名闻遐迩。

可曾耀宁是个干事业的人,他没有满足于现状,他的理想是在欧洲市场上创出中餐的肯德基和麦当劳。通过周密的调查分析,他发现随着社会生活节奏的加快,快餐的需求量正在日益增大。西式快餐如"麦当劳"、"肯德基"、"汉堡包"等正以惊人的速度抢占着全球市场。西式快餐虽然口味单调,但是发展非常迅速,而有着几千年历史的中华美食,在世界上却发展缓慢,这说明中餐业一定有落后之处。通过一番对比分析,曾耀宁得出了结论,传统的中餐由于品种过于繁多,制作不够统一,质量不够稳定,工艺较为复杂,耗时多,价格高。而西式的快餐则制作标准化,品种系列化,省时、省力、省钱。

找出了问题所在后,曾耀宁决心突破中国餐饮的传统模式,创造一种具有全新概念的"中式快餐",一种既有传统中餐的美味,又有"麦当劳"那样快餐优势的"中式快餐"。

经过精心筹备，"中华快餐城"在布达佩斯最大的购物中心顶层隆重开业。果然不出曾耀宁所料，中华快餐城一开业便在匈牙利引起了相当的轰动，一时间顾客盈门，座无虚席。

布达佩斯人对这一新型的中餐表现出来的热情证明了曾耀宁的思路是对的。于是，他不失时机地在布达佩斯新建的几家购物中心中开起了一连串中式快餐连锁店。在之后的十年时间里，曾耀宁依靠自创的"中式快餐"在匈牙利构筑起了他的"曾氏中华贸易餐饮集团"。这家公司的实力虽然现在还难以和大名鼎鼎的肯德基、麦当劳相提并论，但假以时日，定然是世界餐饮界不可忽视的一股力量。

我们可以发现，曾耀宁之所以能够取得如此的成功，并非他在经营上有什么独到之处，而是在于他始终在顺势而为，他做出的每一个决定都是顺应市场发展潮流的。从当年决定跟朋友合伙开饭馆，到之后的独立单干，再到后来的进军布达佩斯，直到最后的创建中式快餐模式，这一次次的决定都是如此。

当然，能够做到这一步也并非是一件容易的事，要知道，其实每个人都懂得只要能够顺应市场潮流，那么赚大钱发大财是很容易的。但实际上这个市场潮流却并非人人都能抓得住，把握得准。要想做到这一点，除了拥有雷厉风行的手段之外，还需要你有一双善于发现的眼睛才行。

3. 借势腾飞，把企业做大做强

商战精髓："势"这种东西绝非是一成不变的，今天势在你这，明天后天势就可能在别人那。因此对于企业来讲，当势头在你这里的时候，可千万要抓紧时间，借势腾飞，把企业做强做大。否则的话，很可能过不了多久，"势"就被别的企业夺走了。到了那个时候，你可能就要生出"天予弗取，反受其咎"的慨叹了。

"怕上火喝王老吉"，这恐怕是现在除了"今年过节不收礼，收礼只收脑白金"之外最火的广告词了。要知道,现在的王老吉已经不仅仅是一种饮料,在某种意义上,它已经成为一种文化品牌、文化符号了。

王老吉确实很火,但恐怕很多人都不知道王老吉何时火起来的,是怎样火起来的。王老吉是什么时候突然出现在我们的视野里的?没错,是 2003 年。但 2003 和 2004 年,王老吉虽然已经为人所知,但还远远谈不上火。直到 2005 年,王老吉突然飘红全国。在这一年,王老吉的销售额达 30 亿元;2006 年更是突破了 40 亿元大关。要知道,王老吉 2002 年的销售额只有区区 1.8 亿元,到 2006 年就变成了 40 亿元。

短短数年时间,激增 20 多倍,王老吉的营销魔方是什么?业内专家对王老吉的营销总结了很多,从它准确的产品定位、品牌名称,到精美的产品包装、广告宣传,都有精彩的论述。但是一致公认的关键一条:就是"时势造英雄"。

时势,2003 年有什么时势?对,就是非典。从某种程度上说,2003 年的"非典"疫情成就了王老吉的品牌。

"非典"之前的王老吉知名度仅限于广东,年销售额不到 1 亿元,企业发展不温不火。在此之前,没有人想到,作为岭南养生文化的一种独特符号的"凉茶",在两广的大街小巷里沉淀一百多年。你还别不信,王老吉真的是老字号。当年商务部公示首批"中华老字号","王老吉"榜上有名,另据 2006 年 8 月 22 日中国品牌研究院最近公布的 "首届中华老字号品牌价值百强榜",王老吉以高达 22.44 亿元的品牌价值荣登第五位。

言归正传,在 2003 年,那段全国都被"非典"搅得鸡犬不宁的时间里,所有人的神经都是紧绷着的,每个人都在密切注意着关于"非典"疫情的发展,人们以宁可信其有,不可信其无的心态尝试一切"据说"可以预防"非典"病毒侵害的方法,并且以广州医学专家钟南山为代表的权威成为焦虑不安的人们唯一的慰藉。

当年钟南山的一句话,成就了现在的王老吉。他在一次节目中说:"广东人自古以来就有喝凉茶的习惯，喝凉茶对抵抗 SARS 病毒有良好效果。"这句话乍看起来跟王老吉没什么关系，但是，广东是当年"非典"疫情最严重的地区之一。当年全国防治"非典"的用药目录也是由广东制定的，其中就包括了一些清热解毒类的药品，王老吉药业公司的"广东凉茶颗粒"也被列入，这成为了王老吉在全国普及的一个契机。冥冥之中的天灾人祸成为王老吉快速启动全国市场的按钮。按照"非典"前王老吉的市场增长态势保守估计，如果没有"非典"，王老吉的发展至少要放慢 4 年。

蛰伏已久的王老吉这次算是真正抓住了机会，他们借钟南山在中央电视台推荐"凉茶"的东风，借了"非典"用药的绝好机会，加班加点地生产，把产品迅速推向全国，当年销量就比上年增长 5 倍。在捅破了这层窗户纸之后，王老吉一发而不可收拾，马上便以迅雷不及掩耳之势火遍了全国。

从营销角度分析，王老吉通过"非典"这一特殊事件进行"事件营销"，是事后成功极其关键的一步棋。没有这步棋，王老吉核心诉求再独特，广告投入再多，也不可能在全国卖得如此红火。而从兵法的角度来说，王老吉则确确实实算得上是借势而起。"势如扩弩，节如发机"王老吉的腾飞正如箭在弦上不得不发，他们等的，就是这个对自己有利的"势"。

关于到底是"时势造英雄"还是"英雄造时势"的争论，自古以来从未平息过。但事实上，对于企业和产品来说，还是"时势造英雄"的案例居多。因为顺应时代，依据客观规律和实际情况来进行市场运作，毕竟要比超前意识、引导消费、创造环境，相对容易一些，风险也少一些。王老吉的发展就是一个非常有说服力的案例，如果没有"非典"时期的事件营销，王老吉的今天恐怕谁都无法预料。

但是，如果把王老吉面临的机遇同样给其他企业或其他产品，他们也能像王老吉那样成功吗？恐怕未必。因为当机遇真的来临的时候，我们很多企业缺乏应对，缺乏敏锐，缺乏抓住机遇的果断和决策，最终仍旧错失良机。所以说，不要羡慕王老吉的借势腾飞，他们之所以能够抓住这个机会，只在于他们时刻做好了借势而起的准备罢了。

4. 巧施妙手，扭转不利态势

商战精髓：在你顺势的时候，你自然可以稳步发展，一帆风顺。但当你处于逆势，你是否能巧施妙手，为自己造势，把整个的势头扭转过来呢？事实上，从这里，就可以看出你是否具有成为一名杰出企业家的资质。

商场如战场。战场上有顺势有逆势，所以孙子才会作《兵势篇》，以教导后人如何在战场上为自己造势。商场也是一样，同样有顺势有逆势。

2008年的北京奥运会让国人有了空前的自豪感，也让奥运精神融入了每一个中国人的心中。众所周知，现在的奥运会主办权是在很多有志于申办的城市中经过一轮轮的选拔和论证才最终决胜出来的。对于一座城市和这座城市所在的国家来说，办奥运不仅仅是一项无上的光荣，更是一个宣传自己国家形象，为国家盈利的大好机会。

但是，就在短短的30年前，办奥运还只是一项花钱买荣誉的活动，想盈利是根本不可能的。不信？让我们用事实说话：1972年慕尼黑为了举办奥运会而欠下的债务，他们整整还了8年；1976年加拿大蒙特利尔奥运会，亏损了整整10亿美元；1980年在莫斯科举行的第22届奥运会耗资90多亿美元，不用想就知道他们到底亏了多少。直到1984年的洛杉矶奥运会，精明的美国人才让办奥运变成了既光荣又赚钱的事，完成这壮举的是一个叫尤伯罗斯的美国企业家。

当初洛杉矶准备举办奥运会，当地政府的态度是不反对也不支持，他们声称：想办就办，我们不但不阻挠，还给奥组委的一切行动开绿灯——除了一点，那就是政府不会为办奥运掏一分钱。谁能解救这场危机呢？洛杉矶奥运会筹备小组向一家管理咨询公司求助，请他们帮助寻找一位能在行政当局不补贴一分钱的情况下还能办好奥运会的最佳人选。最后，经过咨询公司的推荐，这个重担最终落在了彼得·尤伯罗斯的肩上。

　　1979 年年初，当尤伯罗斯正式就任组委会主席时，他发现组委会竟然在银行里连个户头都没有。他立即从自己的腰包里掏出 100 美元，开了一个户头。没钱是不可能办成奥运会的，尤伯罗斯为奥运筹款的方式很简单，那就是为奥运招商。奥运会虽然谁办谁赔，但是毕竟还是世界上最大的综合性体育赛事，其影响力遍及全世界。在美国这个商业高度发达的国家，想利用奥运会这个机会来扩大知名度的企业多得数都数不过来。尤伯罗斯清楚地看到了奥运会本身所具有的价值，把握了一些大公司想通过赞助奥运会以提高自己知名度的心理，并运用他卓越的推销才能，挑起同业之间的竞争来争取厂商赞助，让他们以竞标的方式加入到办奥运这个光荣的事情中来。当然，奥运会也不会亏待他们，在全世界的观众观看奥运会的同时，这些企业的产品也将随之深入人心。

　　与此同时，由于想要借奥运扬名的企业实在太多，尤伯罗斯还制订了一整套规则，企业要想沾奥运的光，就必须无条件遵守这些规则。比如：赞助者不得在比赛场内，包括空中做商业广告，赞助的数量不得低于 500 万美元，本届奥运会正式赞助单位只接受 30 家，每一行业选择一家，赞助者可取得本届奥运会某项商品的专卖权等等。这些听起来很苛刻的条件反而使赞助具有更大的诱惑性，各大公司都拼命抬高自己赞助额的报价。结果，尤伯罗斯仅靠赞助就筹集了 3.85 亿美元的巨款，这些钱，没有一分来自当地政府。

　　火炬传递是奥运会的传统。以前的火炬传递任务都是由社会名人和杰出运动员独揽，尤伯罗斯看准了这点：当火炬手是无上的荣耀，有谁不想在有生之年光荣一次呢？而且越是普通人，就越渴望这份荣耀。于是，洛杉矶奥组委宣布：谁要想获得举火炬跑一公里的资格，可交纳 3000 美金。这项创意又为奥组委筹备了一笔巨款。

　　此外，组委会还制作各种纪念品、纪念币等，高价出售。尤伯罗斯成功的经营使奥运会总收入达到 8.19 亿美元，总支出为 5.69 亿美元，净赢利为

2.5 亿美元。此外，洛杉矶的旅馆、饭店、商店等服务机构额外收入高达 35 亿美元。尤伯罗斯本人获红利 47.5 万美元。最关键的是，从洛杉矶奥运会之后，奥运会从一个让各国政府又爱又恨的吸金黑洞变成了既能扬名又能赚钱的香饽饽。这才有了今天奥运会越办越红火，众多城市为了主办权而争破头的胜景。

空手套白狼，就想办奥运，这可能吗？尤伯罗斯告诉你，一切皆有可能。洛杉矶市政府的小算盘打得很精，奥运会是好事，作为政府当然不能公开反对，但是想要钱？实在比登天还难！场馆拿去随便用好了！办不成我不吃亏，办成了我坐收名利，两边都是赢。

对于尤伯罗斯来说，在他初接手的时候，一切的形势都不利于他。但是，尤伯罗斯深知，其实办奥运的难处就只在钱上，只要有了钱，势头就能转到自己这边。到了那时，什么困难都不能称其为困难了。结果，尤伯罗斯真的做到了，他用自己天才般的创意，艺术家般的经营手段，不仅让洛杉矶办成了奥运会，甚至还让奥运会有史以来第一次实现了盈利。把生意做到这样，我们不得不佩服尤伯罗斯转化势头、妙手回春的能力。

第六章

避实就虚，赢得商战需要有高明的手段

  战场上战胜敌人的方法，从来都不是一成不变的。在孙子看来，兵法讲究虚虚实实，变化之妙，存乎一心。《孙子兵法》虽然是这个星球上最伟大的军事著作之一，但其所论述的，也并非是如何克敌制胜的办法，而是一整套关于战争的理念，避实就虚就是这套理念中一个极其重要的关键点。同样，要想在商场上战胜对手，也没有固定的套路可供你选择，只有根据具体情况来制订相应的对策。事实上，无论商场形势如何千变万化，我们只需要坚持自己的取胜理念就可以了，这一理念总结起来就只有两句话，那就是"致人而不致于人"和"避实而击虚"。

【兵法原典】

  孙子曰：凡先处战地而待敌者佚，后处战地而趋战者劳。故善战者，致人而不致于人。

  能使敌自至者，利之也；能使敌不得至者，害之也。故敌佚能劳之，饱能饥之，安能动之。

  出其所不趋，趋其所不意。行千里而不劳者，行于无人之地也。攻而必取者，攻其所不守也。守而必固者，守其所不攻也。

  故善攻者，敌不知其所守。善守者，敌不知其所攻。

微乎微乎,至于无形,神乎神乎,至于无声,故能为敌之司命。

进而不可御者,冲其虚也;退而不可追者,速而不可及也。故我欲战,敌虽高垒深沟,不得不与我战者,攻其所必救也;我不欲战,虽画地而守之,敌不得与我战者,乖其所之也。

故形人而我无形,则我专而敌分;我专为一,敌分为十,是以十攻其一也,则我众而敌寡;能以众击寡者,则吾之所与战者,约矣。吾所与战之地不可知,不可知,则敌所备者多,敌所备者多,则吾之所战者,寡矣。

故备前则后寡,备后则前寡,故备左则右寡,备右则左寡,无所不备,则无所不寡。寡者备人者也,众者使人备己者也。

故知战之地,知战之日,则可千里而会战。不知战之地,不知战之日,则左不能救右,右不能救左,前不能救后,后不能救前,而况远者数十里,近者数里乎?

以吾度之,越人之兵虽多,亦奚益于胜败哉?!

故曰:胜可为也。敌虽众,可使无斗。

故策之而知得失之计,作之而知动静之理,形之而知死生之地,角之而知有余不足之处。

故形兵之极,至于无形;无形,则深间不能窥,智者不能谋。

因形而错胜于众,众不能知;人皆知我所以胜之形,而莫知吾所以制胜之形。故其战胜不复,而应形于无穷。

夫兵形象水,水之形避高而趋下,兵之形,避实而击虚,水因地而制流,兵应敌而制胜。故兵无常势,水无常形,能因敌变化而取胜者,谓之神。

故五行无常胜,四时无常位,日有短长,月有死生。

【兵法释义】

孙子说:凡是先占据战场而等待敌人的一方就从容、主动,后到达战场而仓促应战的一方就疲劳、被动。所以善于指挥作战的人,总是设法调动敌人而不被敌人所调动。

能够使敌人自动来就范的,是用小利引诱它的结果;能使敌人无法到达其预定地域的,是用危害阻止它的结果。因此,敌人休整得好,就设法使它疲劳;敌人给养充足,就设法使它饥饿;敌人驻扎安稳,就设法使它移动。

出击敌人无法救援的地方,奔袭敌人意料不到的方向。部队行军千里而不疲劳,是因为行进在没有敌人设防的地区;进攻必然获胜,是因为攻击了敌人无法固守之处;防守必然稳固,是因为扼守在敌人无法进攻之处。

所以,善于进攻的人,能使敌人不知该在何处防守;善于防守的,能使敌人不知该从何处进攻。

微妙啊!微妙到使敌人看不出一点形迹;神奇啊!神奇到使敌人听不见一点声息。这样便能成为敌人命运的主宰者。

进攻而使敌人无法抵御,是因为攻击了敌人的空虚之处;撤退而使敌人无法追击,是因为行动迅速而使敌人追赶不上。所以我军想打,敌人即使坚守在深沟高垒之中,也不得不出来与我交战,(这是因为)我军攻击了敌人所必须救援之处;我军不想打,即使是画地而守,敌人也无法与我交战,这是因为我军设法使敌人改变了行动方向。

所以,能使敌情暴露而隐蔽我军真实情况,这样我军就可以集中兵力而使敌人力量分散。我军兵力集中为一,敌人兵力分散为十,我军就能以十倍于敌的兵力去打击,从而造成我众而敌寡的有利态势。以众击寡,能与我军一战的敌人就很少了。我军所要进攻的地点敌人无法得知;无法得知,则需要设防的地方就多;设防的地方越多,我军进攻的当面之敌就越少。

因此,防备前面,后面的兵力就薄弱;防备后面,前面的兵力就薄弱;防备左翼,右翼的兵力就薄弱;防备右翼,左翼的兵力就薄弱;处处防备,就处处兵力薄弱。兵力寡少,是被动防敌的结果;而兵力众多,是使敌处处防备自己的结果。

所以,预知作战的地点,预知作战的时间,即使远距千里,也可以集中兵力与敌交战。不预知作战的地点和时间,那就会左不能救右,右不能救左;前不能救后,后不能救前,更何况远者相距数十里,近者相距数里呢!

依我看来,越国的军队虽然数量众多,又能对取得战争的胜利有什么补益呢?

所以说,胜利是可以争取的。敌人兵力虽多,可以使它无法与我交战。

所以,通过分析判断,就可以明了敌人作战计划的得失。通过挑动敌人,就可以明了敌人的行动规律。通过示形动敌,就可以明了敌人所处地形有利或不利之处。通过战斗侦察,就可以明了敌人兵力部署中的强点和弱点。

因此,把示形惑敌的手段巧妙地运用到极致,就使敌人无法看出我军的真实形迹。这样,即使隐藏很深的间谍也窥探不到我的虚实,再聪明的敌人也对我无计可施。

把根据敌情变化而取得的胜利摆在众人面前,人们也还是看不懂其中的奥妙。人们只知道我采取何种作战方法去战胜敌人,却不知道我是怎样根据敌情而制定这一作战方法的。所以,每次打胜仗都不是重复以往的战法。根据具体情况的不同,可以产生无数种变化。

用兵如同流水一样。水流的规律,是避开高处而流向低处;用兵的规律是避开敌人力量强大的地方而进攻其薄弱之处。水因地势的高低而制约其流向,用兵则根据敌情不同而采取不同的战法。因此,用兵打仗没有固定不变的模式,就像水流没有固定不变的形状一样。能够根据敌情变化而采取不同方法获胜的,就是用兵如神的将领。

金、木、水、火、土五行相生相克,没有哪一行常占优势而不变的;春、夏、秋、冬四季交替变化,没有哪一季是固定不移的;白天有短有长,月亮有圆有缺。

【兵法解读】

从《虚实篇》开始，《孙子兵法》对于战争的论述真正由宏观的战略方面转到了具体的战术方面。《虚实篇》主要讲的是在战场上如何调动敌人，迷惑敌人，让敌人晕头转向，疲惫不堪，以便我军能够赢得战场主动权的方法。而要想做到这一点，靠的就是"虚实"的变化。孙子认为，一支军队要想战胜敌人，最重要的是要争取主动，避免被动。主动地位的取得不能靠空想，在未战之前，要"先处战地而待敌"，先敌完成作战部署，以逸待劳。战场上最高明的指挥艺术，就是能够调动敌人而不被敌人所调动。军队作战所处有两种基本态势——力弱势虚和力强势实。在作战对象和攻击方向的选择上，要拣弱的打，以强击弱。在兵力运用上要以多胜少。集中兵力，避实击虚。与此同时，战场上的情况更是经常变化的，因此为将者必须懂得根据敌情的变化，采取相应的对策，才能取得战场上的主动权。

战场上战胜敌人的方法，从来都不是一成不变的。同样，要想在商场上战胜对手，也没有固定的套路可供你选择，只有根据具体情况来制订相应的对策。但是，无论战场和商场上的战术如何千变万化，其内在的实质是不变的，总结起来就只有两句话，那就是"致人而不致于人"和"避实而击虚"。只要抓住了这两点，你就可以充分发挥自己的聪明才智，从中变化出无穷无尽的战术来战胜你的对手。

唐太宗李世民在《李卫公问对》中对"致人而不致于人"一句推崇备至，认为兵法"千章万句，其要在此"。这是军事家的座右铭！但同时，也应该是我们企业家的座右铭。

【孙子商道】

1. 以柔克刚，曲线破敌

商战精髓：当你准备与一家企业进行商战时；即便是你的实力在对方之上，最好的办法也同样是以柔克刚，曲线破敌。只要抓住了对手的软肋，那么对手就再也没戏唱了。

"敌虽众，可使无斗"，这是一种用兵的境界。要想达到这样的境界，关键在于四个字"避实击虚"。当年曹操和袁绍战于官渡，袁绍有70万大军，而曹操手中则只有7万精兵，所以当时荀彧形容曹操所处的形势是"以至弱当至强"。

官渡之战的结果我们都知道是曹操以少胜多。但是曹操之所以能够取得胜利，在于他集中自己全部的力量攻击了袁绍最薄弱的软肋——乌巢。在曹操攻击乌巢的时候，他分明是在以至强当至弱。任何人都明白，以7万人跟70万人硬拼，一个打人家十个，兵再精，将再勇，结局也只能是全军覆没。但曹操做到了避实击虚，袁绍人数虽众，但也只能"无斗"了。

任何事物都有弱点，任何企业都有软肋，就看你有没有一双善于发现的眼睛。当你准备与一家企业进行商战时，即便是你的实力在对方之上，最好的办法也同样是以柔克刚，曲线破敌。要知道，一旦你抓住了对手的软肋，那么对手就再也没戏唱了。美国戴尔公司首席执行官迈克尔·戴尔把这种做法称为"和对手玩柔道"。当然，无论是"玩柔道"还是别的什么，其内在实质都是避实击虚。

早在20世纪80年代中期，作为美国企业的戴尔公司感到，美国本土市场已经远远不能满足戴尔公司发展的需要。因此，戴尔公司开始筹划进军英国市场的一系列事宜。当戴尔公司派人调查英国的电脑市场状况时，他们注意到了一家名为"恩斯萃"的公司。当时，该公司是英国个人电脑市场的龙头老大，没有任何一家其他的电脑公司有实力和他们进行抗衡。这也就意味着戴尔公司只需要打败恩斯萃，就可以顺利占领英国市场。

在英国，恩斯萃公司对于自己所生产的电脑市场定位是"可抛弃型个人电脑"。这种电脑的缺点在于死机率很高，并且售后服务系统也不够完善。当然，这种电脑最大的优点就是价格极其低廉。戴尔公司敏锐地发现，在销售品质不可靠，又没有良好售后服务系统的廉价电脑销售中，恩斯萃事实上给了广大英国消费者一个难忘的教训：千万不要买品质低劣、零件不可靠、服务差劲的个人电脑，因为那根本就不是电脑，而是"烦脑"。再便宜的商品也不能招人烦，一旦招人烦，这种商品也就前景堪忧了。

戴尔公司意识到，英国消费者已经彻底被恩斯萃的破电脑给弄烦了。因此英国人迫切希望能够有一家公司可以提供拥有优质的软硬件配置和强大的售后服务的公司出现。哪怕他们的产品贵一些，哪怕这家公司一开始并没有很大的市场占有率当作后盾也无所谓。戴尔公司当然会迎合英国消费者的需要。因此，他们的产品一上市，就受到了英国消费者的广泛欢迎，很快就在英国立住了脚。由于英国是戴尔公司向国外扩展的第一步，因此成为戴尔公司在全球获得成功的跳板。

时间来到了 20 世纪 90 年代中期，由于互联网和局域网的迅猛发展，服务器市场呈现出了良好的态势。戴尔发现，许多与他们有竞争关系的厂商有一半以上的利润来自服务器。而且，虽然他们的服务器是很好的产品，但却为了补贴业务上其他比较不赚钱的方面而必须抬高定价。也就是说，由于他们服务器的定价高得超乎常理，所以等于是把额外的成本转嫁给了消费者。虽然消费者现在还别无选择，但这无疑是那些与戴尔公司存在竞争关系的厂商的一处致命伤。因此，戴尔有理由认为，只要自己可以推出与那些竞争者们的产品性能相仿但价格较低的服务器，那么挤掉那些竞争者继续扩大市场应当是顺理成章的事情。

戴尔公司绝不会放过这样的商机。1996 年 9 月，戴尔公司以非常具有竞争力的价格,推出一系列的服务器,整个市场为之震惊。这项野心勃勃的行动,一举确立了戴尔公司在服务器市场的地位,并且掏空了竞争者的利润来源,削弱了他们在笔记本电脑、台式电脑等市场上与戴尔公司对抗的能力。

人家卖得便宜,我偏要卖得贵;人家卖得贵,我反而卖得便宜。戴尔公司几乎从来不跟自己的竞争对手们打价格战,硬拼消耗,因为他们认为那是笨人才做的事。戴尔自认为是聪明人,事实上他们也真的足够聪明。他们聪明的具体体现就是可以一次次地抓住竞争对手的软肋,以柔克刚,曲线破敌。其他人以为是缺点的地方,往往是利润所在。这正是戴尔"跟对手玩柔道"策略的精华所在。

2. 依靠独特定位,占领空虚市场

商战精髓:如果说一片市场已经被别人所占领了,而你硬要在这片市场里插上一脚,那么之前的那些既得利益者们当然不会轻易放过你。如果这样的话,那还不如自己去寻找,去占领一片全新的市场来得划算。实际上这并不难,只需要你的一点灵感,并且在你的产品定位上稍稍做一点手脚,然后就会发现,你的眼前豁然开朗。

"先处战地而待敌者佚,后处战地而趋战者劳"。实际上,在战场上,那些优秀的将领们对"先来后到"是非常看重的。我们在读一些与战争有关的书籍时,常常会看到这样的情节:一处战略要地,哪怕一方仅仅只比另一方早到了一分钟,那么晚到的一方往往就需要多付出数倍的代价,才可能把这块地方从先到的守军手里夺过来。

先到者之所以能够不费一兵一卒就占领战略要地,而后来者却必须付出比守军多出数倍的代价,正是因为先到者做到了避实击虚,而后来者没有做到罢了。

在商场上,也有这种先来后到。一块潜力巨大的市场,谁先占领,谁就

能大赚一笔。而后来者虽然也可以赚钱，但同时也很容易遭到先来者的排挤，遭受更多的损失。

"万宝路"是一个国际知名的品牌，它是由美国菲利普·莫里斯公司生产的。多年以来，"万宝路"一直是各阶层男士钟爱的香烟，而美国菲利普·莫里斯公司也因为拥有这个品牌获得了巨大的成功。

但是，很多人并不知道，美国菲利普·莫里斯公司一开始并不生产男士香烟，而是以女士香烟为主。在19世纪40年代末期，菲利浦·莫里斯开办了一家烟草销售商店。当时经营的品种几乎都是专为女士生产的香烟，烟味清淡，包装文雅。女士香烟有一个明显的特点，就是烟嘴是红色的，为了便于吸烟的女士掩盖唇膏留下的红印。

后来，女性吸烟的人群逐渐减少，香烟的主要消费者开始以男性烟民为主。于是，菲利普·莫里斯公司便决定生产男士香烟，并确定"万宝路"作为自己主打品牌的名称。

由于当时很多香烟厂家都开始转型生产男士香烟，因此男士香烟市场竞争十分激烈。如何独树一帜，赢得男性消费者的信赖，是一个关键问题。

为此，菲利普·莫里斯公司决定应该使用一则成功的广告来体现他们的消费者定位和品牌特点。

当时，美国西部有成千上万的牛仔，他们是香烟的巨大消费群体，而西部精神又是美国开拓精神的一个象征。因此，在"万宝路"的广告中一位牛仔跨一匹雄壮的骏马，是一个典型西部牛仔的男子汉模样。在他的手中总是夹着一支"万宝路"香烟，驰骋在美国西部大草原。就这样，"万宝路"似乎成为了美国精神的一部分。

自此，美国"万宝路"香烟的产品形象深入人心，以至于当时的一位文化界名人说："如果一个美国人打算变得欧洲化一些，他必须去买一部奔驰或宝马；但当一个人想要美国化，他只需抽万宝路，穿牛仔衣就可以了。"

一次成功的市场定位和广告营销让"万宝路"脱颖而出。直到今天，"万宝路"香烟销量一直居世界第一，成为全球香烟市场的领导品牌。

想让自己的产品变得畅销，其实就是这么简单。看看万宝路，他们所做的只是修改了一下产品的定位，然后重新做了一下广告而已，如此就成就了今天这样的超级香烟企业。对于你来说，其实做到这一点，也并不是很难。

水之形，避高而趋下；兵之形，避实而击虚。兵战需要避实而击虚，商战同样需要。在商战当中，避实而击虚的实质是要选择竞争对手的弱点，确定自己的目标市场。在市场争战中，要避开对手的强点、优势所在，特别是当竞争对手拥有规模优势，或在专利、商标、分销渠道等方面享有独占地位，都应"强而避之"，力避不利的决战。这就是万宝路更改自己产品定位的初衷。

之所以将产品定位称之为避实击虚，是因为定位并不是对产品本身做什么改动，而是一种对市场的发现，对消费者心智的占领。因此定位的关键是要找出消费者心智上的坐标位置。坐标位置的选择主要由消费者的心理活动和竞争对手的策略这两方面因素所决定。因此，消费者内心的需要是我们进行产品定位的最大依据。只有深入挖掘消费者内心深处尚未被发现的潜在需要，才能够做到避实击虚，出奇制胜。

依靠产品定位取胜的另一个著名案例是七喜。当年，在七喜上市之初的时候，美国的饮料市场早已经被众多可乐们所占领了。当时，美国可乐饮料市场的各品牌市场占有率为：可口可乐∶百事可乐∶荣冠可乐＝10∶4∶1，可口可乐公司占据的垄断地位几乎难以动摇，新的可乐饮料面临的是强大对手的直接竞争，被公众心理认可并建立起牢固地位的可能性极低。

结果七喜天才般地把饮料分成可乐型与非可乐型两大类。"三大可乐"自然是可乐型饮料，而七喜则以自己非可乐型饮料代表的姿态呈现在消费者眼前，从而避免了与行业霸主可口可乐的正面冲突，开辟了新的市场空间；在竞争中占据了有利的位置，一跃成为市场上三大饮料之一。

3. 骗过对手，把商战胜利揣进兜里

商战精髓：不管你用什么办法，只要能让对方的注意力和你的主攻方向不在一个点上，那么就相当于是主动为对方制造了一个软肋。放手进攻吧，因为商战的胜利已经被你揣在兜里了。

兵者，诡道也。战争不仅仅是交战双方实力的比拼，同时也是双方统帅智力的碰撞。谁能骗过对方，谁就赢了。因为只要你能骗过对方，你就可以让对方被你牵着鼻子走，"致人而不致于人"，说的就是这个道理。

在商战当中，诡道也同样有其发挥作用的舞台。正所谓兵无常势，水无常形。不管你用什么办法，只要能让对方的注意力和你的主攻方向不在一个点上，那么就相当于是主动为对方制造了一个软肋。放手进攻吧，因为商战的胜利已经被你揣在兜里了。

拥有英法双重国籍的戈德史密斯先生在商界有一个外号叫做"金融鳄鱼"。他的拿手好戏是并购企业。但是他买下一家公司却并非为了长期经营，而是将它肢解后立即转手倒卖，赚取中间的差额利润。由于这种并购一般都会彻底瓦解被收购企业的原有架构，破坏原有企业的长期经营战略，因此企业家们对戈氏是又恨又怕。

1984 年 1 月，戈德史密斯这只鳄鱼找到了新的猎食对象，他准备收购美国克朗公司。这个克朗公司可远非戈氏之前的那些猎物可比，他们是美国 500 强企业之一，绝对的财大气粗。戈氏这条金融鳄鱼这次竟然是要吞大象。

戈氏之所以要向克朗公司下手，主要是看中了克朗公司名下的 90 万公顷的森林。要知道，这 90 万公顷几乎有半个比利时那么大。克朗公司知道戈氏准备收购自己的计划，更知道戈氏从来都是心狠手辣，吃人不吐骨头。

因此，虽然他们对自己的实力有相当的自信，但是为了稳妥起见，还是请防卫专家制订出了"毒丸计划"。所谓毒丸计划，就是那种让袭击者即使

得手也会被拖垮的财务计划。在"毒丸"做成之后，克朗公司将这一计划公之于众，目的就是告诉戈氏：我有毒，你可千万别吃我。自从"毒丸"公开之后，戈氏那里没有传来半点消息。一直等到了 11 月，克朗的董事长长舒了一口气，"毒丸计划"果然有效！

谁料 12 月 12 日，在克朗的毒丸做成整整十一个月之后，戈德史密斯面对媒体正式宣布将收购克朗公司，把这个之前的众所周知的"秘密"正式说了出来，这也就意味着戈氏已经破釜沉舟，彻底截断了自己的退路。

这个突如其来的消息吓得刚做完手术的克朗公司董事长立即出院，从三个方面完善原有的"毒丸计划"。一是压低股息，让收购方无利可图；二是宣布新股东没有选举权，董事会每年最多更换 1/3，任何重大决定须经董事会 2/3 票通过，让收购者即使收购成功，也不可能控制董事会；三是公司高级负责人离职时须支付其 3 年工资和全部退休金，总计 1 亿美元，公司骨干离职时须支付其半年工资，总计 3000 万美元，这样一来，如果收购者想要让克朗公司的管理层大换血，就会被迫背上沉重的财务包袱。

克朗公司这么一通忙活，可谁知上述计划制订好了之后，戈氏又无声无息了。实际上，要是戈氏真的大张旗鼓地挑起商战，克朗公司的心里反而会感到安定。但就这么拖着，这件事情反倒成了克朗公司的一块心病。又是整整 4 个月过去了，克朗公司的管理层被这种沉默的恐惧气氛所笼罩着。

紧接着，克朗公司的董事长做出了一个让他后悔莫及的决定。他找到了平时跟自己关系不错的梅德公司，让梅德公司以每股 50 美元的价格全面收购克朗公司的股票。当然，其中也包括了戈氏手中以每股 42 美元吸纳的克朗股票。出人意料的是，戈德史密斯表示对 50 美元的价格很满意，并且同意出售手中的克朗股票。反而是梅德公司因为没想到戈氏如此爽快，所以没有事先准备足够的资金。就在双方签订协议前十几分钟，梅德公司主动取消了交易。

梅德公司没帮上忙，反而坏了事。六神无主的克朗公司本以为戈德史密斯会加紧吸纳自己的股票,谁料第二天,等到的却是戈氏宣布撤消这次收购计划的重磅消息!消息一经宣布;毫无准备的人们大肆抛售克朗股票,导致股价大跌。克朗公司的管理层如坠入五里雾中,搞不清戈氏葫芦里卖的是什么药。但不管怎样,毕竟戈氏已经放弃了对自己的收购,这本身就是一件可喜的事。于是,克朗公司上下一扫愁云,开始兴致勃勃地制定公司的"振兴计划"。

可是,这次的事件根本就是戈氏所耍的转移注意力的手段。在克朗公司正在准备"振兴"的时候,戈德史密斯正在紧锣密鼓地收集克朗公司的股票。很快,戈氏就已经拥有了克朗公司 19.88%的股权,并给克朗发去最后通牒:不取消"毒丸",戈氏就将增持股权至 20%以上。克朗公司先是一惊,继而心中暗喜:我们还有"毒丸",戈氏的计划不会得逞。谁知戈德史密斯暗地里去做各位大股东和董事的工作,说服他们把手中股票卖给自己。

这一招果然奏效,两个月后,戈氏手中的克朗股票已经超过了 50%,相当于已暗中控制了公司,而克朗公司的董事长还被蒙在鼓里。直到 1985 年7 月 25 日,戈德史密斯召集了临时股东大会,他利用手中的股权成为克朗公司的新任董事长并宣布取消"毒丸计划"。原任董事长这才如梦方醒。

戈德史密斯不愧是华尔街上一条狡猾的鳄鱼。财大气粗的克朗公司,拥有丰富管理经验的克朗公司董事长完全被他声东击西的诡计玩弄于股掌之上。实际上,在这次收购行动中,自从克朗公司的毒丸做成之后,直到收购结束,事情的发展完全都是由戈氏一手操控的。

戈氏这边有一点小动作,克朗那边就按照戈氏的设想完成一堆大动作。而在收购的最后阶段,戈氏连续放出了取消收购和增持股权这两枚烟雾弹,克朗公司的注意力完全被吸引住了。而戈氏则明修栈道、暗度陈仓,在没有触发毒丸的情况下完成了对克朗公司的收购。能够用阴谋诡计把克朗这样一家大公司耍得团团转,戈德史密斯不愧是商界老手。

4. 企业陷入困境，更需要玩虚虚实实的把戏

商战精髓：陷入危机不可怕，因为只要你应对得当，危机终究是可以化解的。因此，虚实之道不仅仅可以用来对付敌人，同样也可以用来化解自身的危机。

所谓"五行无常胜，四时无常位，日有短长，月有死生"。无论是国家还是企业，都没有长盛不衰的道理。合久必分，分久必合；一治一乱，物极必反，这也是自古以来的天道。对于一家企业来说，无论它现在势头多么强劲，利润多么丰厚，产品多么畅销，要说内部全无隐患和矛盾，要说企业永远不会陷入危机，那也是不可能的。事实上，陷入危机不可怕，因为只要你应对得当，危机终究是可以化解的。因此，虚实之道不仅仅可以用来对付敌人，同样也可以用来化解自身的危机。

1902年11月，亨利·福特一手创办了大名鼎鼎的福特汽车公司，成为了汽车制造业的先驱。在亨利·福特等人的不懈努力下，福特汽车公司创造了一个了不起的奇迹。福特公司的拳头产品"福特牌T型车"大受欢迎，即使公司的生产线24小时不停地生产，所有工人三班倒，也还是无法满足巨大的市场需求量。

福特公司的发展如此迅猛，按说亨利·福特应该相当兴奋才是，但他的心里却一直压着一块石头。原来，亨利·福特虽然是福特汽车公司的总裁和决策人，但他仍然不能有充分的自主权来放开手脚大干一场。在公司创办伊始，亨利·福特用的是拉人入股的方式。

因此，现在他必须还要考虑到那些股东的利益和想法，否则那些短视的家伙们就会给他找麻烦。亨利·福特觉得，那些股东只是初创时出了点钱，并没有出什么力，现在却一再质疑自己的经营理念，做出种种对福特公司的未来发展不利的事，这肯定是不行的。现在，到了该把股权从那些人手里收回来的时候了。但是，公司现在发展得这么好，还有无穷无尽的上升空

间，那些人怎么肯轻易放弃自己手中的那些"无价之宝"呢？

亨利·福特有办法。在一次股东会上，亨利·福特突然宣布自己将辞去公司总经理一职，这个职位将由他的儿子接任。一时间，全场哗然，股东们大吃一惊，随即力劝亨利·福特打消这个想法。但亨利·福特不为所动，表示自己决心已下，不会再改变自己的想法了。

不久，洛杉矶主要报纸上又登出头条新闻："亨利·福特正在着手准备成立一个崭新的汽车公司。"这下那些小股东们可真的慌了：谁都知道没有亨利·福特，就没有福特公司的今天，离开了亨利·福特，这个公司还能再生存下去吗？他那个年轻的儿子真的靠得住吗？公司要是垮了，他们手里原本价值连城的股权一夜之间就会变得一文不值。

就在这时，一个中介商找到了福特公司的这些小股东们，告诉他们一个"愚蠢"的家伙愿意收购他们手中的股份。股东们此时恨不得赶快把手里的股票脱手，于是纷纷声称只要价钱合理，他们非常愿意现在就卖出自己手里的股权。

其实，那个想要收购股权的"蠢货"就是亨利·福特本人。谈判很快成功了，他仅仅花费了 1.06 亿美元，就把零散股东手里的股票全都买了回来。这样，整个福特汽车公司就成了亨利·福特的家族企业，亨利·福特可以由着自己的想法做事了。只是一个莫须有的烟幕弹，便使亨利·福特的计谋得逞，最终大权在握。

亨利·福特不愧是个手段高明的企业家。他既可以手创大名鼎鼎的福特公司，同样也可以把公司的股权从那些不思进取的小股东手里收回来。只不过他创立福特公司，用的是堂堂正正的经营手段，而他收回股权，用的则是虚虚实实的诡计罢了。

第七章

军争篇：争夺利润，保持机动是关键

"军争为利，军争为危"，孙子认为对于战场主动权的争夺，是一件既存在风险，又可以获取极大利益的事情。据此，孙子指出了优秀军队应当具备的基本素质是"其疾如风，其徐如林，侵掠如火，不动如山，难知如阴，动如雷震"，因为只有这样的军队才能在获取"军争"之利的时候规避"军争"之害。在商业领域，每一家企业都相当于是战场上的一支军队。因此，企业要想在"军争"当中趋利避害，同样需要像孙子所说的那样，时刻保持机动性，能攻能守，能进能退。进而争夺利润，退而保全自身，这才是真正精明的企业家所应采取的"军争"之道。

【兵法原典】

孙子曰：凡用兵之法，将受命于君，合军聚众，交和而舍，莫难于军争。军争之难者，以迂为直，以患为利。故迂其途，而诱之以利，后人发，先人至，此知迂直之计者也。

故军争为利，军争为危。举军而争利，则不及；委军而争利，则辎重捐。是故卷甲而趋，日夜不处，倍道兼行，百里而争利，则擒三将军，劲者先，疲者后，其法十一而至；五十里而争利，则蹶上将军，其法半至；三十里而争利，则三分之二至。是故军无辎重则亡，无粮食则亡，无委积则亡。

故不知诸侯之谋者，不能豫交；不知山林、险阻、沮泽之形者，不能行军；不用乡导者，不能得地利。

故兵以诈立，以利动，以分和为变者也。

故其疾如风，其徐如林，侵掠如火，不动如山，难知如阴，动如雷震。

掠乡分众，廓地分守，悬权而动。

先知迂直之计者胜，此军争之法也。

故三军可夺气，将军可夺心。是故朝气锐，昼气惰，暮气归。故善用兵者，避其锐气，击其惰归，此治气者也。以治待乱，以静待哗，此治心者也。以近待远，以佚待劳，以饱待饥，此治力者也。无邀正正之旗，无击堂堂之阵，此治变者也。

故用兵之法，高陵勿向，背丘勿逆，佯北勿从，锐卒勿攻，饵兵勿食，归师勿遏，围师遗阙，穷寇勿迫，此用兵之法也。

【兵法释义】

孙子说：按照用兵的一般规律，从将帅接受国君的命令，到征集民众、组织军队，再到布营设垒，和敌人相互对阵，其中最难的环节是争夺先机之利。争夺先机之利最难的是，如何把迂远转化为直近，把不利转化为有利。所以，走迂回的道路并以小利诱惑敌人，就会比敌人后出发而先到达，这就是懂得迂直关系而采取的计谋。

所以，争夺先机之利既有有利的一面，也有危险的一面。如果全军带着所有辎重装备去争夺先机之利，就会因为行动迟缓而失掉时机；如果丢弃装备去争夺，辎重装备就会损失。所以，卷起铠甲，急速行进，日夜兼程，到百里以外去争利，三军将领就可能都被俘虏；而强壮的士兵先到，疲弱的掉队，按行军常规，队伍只能有十分之一的人如期赶到目的地。如果强行军五十里路去争利，先头部队的将领就可能会损折，按行军常规，只有一半的人员能够按时赶到。如果强行军三十里去争利，大约有三分之二的人员能够按时赶到。军队没有辎重就会败亡，没有粮食就会败亡，没有物资储备就会败亡。

不了解各诸侯国的战略企图，就不能和它结交；不熟悉山林、险阻、沼泽等地形的情况，就不能行军；不利用向导，就不能得到有利的地形。

用兵打仗以诡诈多变取胜，根据利益情况决定自己的行动，根据兵力的分散和集中变化战法。

所以，军队快速行动如狂风，舒缓行进如森林，攻击如烈火，坚守如山岳，隐蔽如阴云，行动如雷霆。

抢掠乡邑，分配俘虏来的民众；扩展土地，分配缴获的物资；权衡利害得失，相机而动。

预先懂得迂直转化关系而进行谋划的就胜利，这是军争的一般原则和方法。

《军争》说："听不到指挥员的声音，所以才设置了金鼓；看不见指挥员的动作，所以才设置了旌旗。"金鼓和旌旗都是用来统一全军行动的。全军行动既然整齐划一，那么勇敢的士卒就不会单独冒进，怯懦的士卒也不敢单独后退。这就是指挥大部队作战的方法。所以，夜间作战多用火光和金鼓，白天作战多用旌旗，这是为适应人的视听特点而变换指挥信号的做法。

所以，敌军士兵的士气可以挫伤，敌军指挥员的意志可以动摇。一般来说，军队士气在作战初期旺盛，此后就会懈怠，到了最后，就衰竭了。所以善于用兵的人，避开敌军初来时的锐气，待到其士气懈怠、衰竭时才去打击它，这是掌握和利用军队士气变化的方法。以我军的严整来对付敌军的混乱，以我军的镇静来对付敌军的喧哗，这就是掌握和利用军队心理变化的方法。以自己靠近战场的优势对付远道而来之敌，以自己的良好休整对付疲于奔命之敌，以自己的饱食之师对付饥饿之敌，这是掌握和利用军队体力变化的方法。不拦击严整之敌，不攻击正规之阵，这是掌握和利用权变的方法。

用兵的一般法则是：敌人占据高陵之地，不要去仰攻；敌人背靠丘陵险阻之地，不要去迎击；敌人佯装败逃，不要去追击；敌人士卒精锐，不要去攻打；敌人用小利诱我，不要去贪图；敌人回归其国土，不要去阻截；包围敌人要虚留缺口;对已处绝境之敌,不要过于逼迫。这就是用兵的一般法则。

【兵法解读】

何谓"军争"? 军争就是战争中的主动权问题。在战争中,哪一方占据着主动权,哪一方克敌制胜的几率就高。所以,军争的核心思想就是要让统兵者懂得夺取主动权的重要性并试图解决如何夺取主动权的问题。孙子对于军争的观点很鲜明。孙子认为,军争既有有利的方面,但其中也蕴含着危险。

因此,孙子指出"军争为利,军争为危",就是希望统兵者能够既见其利,又见其危,毕竟"百里而争利,则擒三将军,劲者先,疲者后,其法十一而至;五十里而争利,则蹶上将军,其法半至;三十里而争利,则三分之二至",要是为了争夺主动权而弄得"无辎重","无粮食","无委积"的话,那这场战争可就大事去矣。因此,孙子主张行军打仗要保持机动,主动权是否要去争,兵力是否得分散,这都要视具体情况而定。因此,部队一定得能做到"其疾如风,其徐如林,侵掠如火,不动如山,难知如阴,动如雷震"才行。

军队的天职是战胜敌人,企业的天职是赚取利润。但是这利润就像是战场上的主动权一样,并不是那么容易争的,一旦争不好,就有可能连老本都赔进去。因此,企业同样需要像孙子所说的那样,时刻保持机动性,能攻能守,能进能退。这样的话,进而争夺利润,退而保全自身,这才是真正精明的企业家所应采取的"军争"之道。

【孙子商道】

1. 打造朝气蓬勃的机动型企业

商战精髓:所谓"机动型"的企业,用孙子的话来形容就是"其疾如风,其徐如林,侵掠如火,不动如山,难知如阴,动如雷震"。用今天的话来说就是那种拥有充足的人力、物力，具备优秀的创新能力以及强大执行力的企业。而这样的企业给人的感觉无疑是年轻而富有朝气的，这样的企业在市场上的竞争力当然也是毋庸置疑的。

何谓机动型企业？"机动"这个词有一个跟它意思非常相近的词，叫做灵活。

在20世纪90年代，春兰是中国空调行业的霸主。据春兰空调老总陶建幸回忆说，当时春兰光在空调一项上，1994年全年就赚了近20亿元。但也正是在这一年，陶建幸已经意识到家电已经是夕阳产业，无论空调冰箱还是彩电，市场早晚要萎缩，利润早晚要下跌的。他认为，春兰仅仅依赖彩电、冰箱等产品的横向发展，即使做到极限，也区区不过几十亿元，这与春兰号称要做到数百亿元的规模相距甚远，相比之下，汽车产业的发展空间却是有目共睹。

于是，从那一年开始，春兰没有再在空调上多投入一分钱，而是把钱都投在了摩托车和汽车行业上。1995年，春兰投入了20多亿元，兴建了年产100万辆摩托车和100万辆摩托车发动机的生产线，迈出了自己进军摩托车汽车市场，同时也是展开多元化经营的第一步。之后春兰又以7.2亿元收购举步维艰的南京东风汽车公司，在中型卡车市场小试牛刀。春兰在转型的道路上走得虽然不够激烈，但足够扎实和沉稳，一切都在按着陶建幸的计划来进行。

在市场经济体制下，激烈的市场竞争让春兰体会到了什么是"逆水行舟，不进则退"。由于在几年之前，空调就已经不是春兰重点发展的产品了。因此在2002年，之前所欠下的"债"来了一个总爆发，春兰股份的业绩整整下滑了45.11%，差一点跌破证监会划定的业绩预警警戒线。但即便如此，春兰却并未遭遇太大的危机，因为经过这些年的发展和经营，春兰在汽车制造业内已经占据了相当的份额，2000年10月，春兰卡车冲上了国内卡车销售榜的前3名。到2002年已经进入行业前3名，当年的纯利润高达两个亿。

也是在 2002 年,春兰研究推出国内第一项高能镍氢电池技术,并在 2004 年列入国家"863 计划",成为国内新能源的产业基地。5 年之后,春兰的转型开始得到回报。

如果你认为在汽车行业打拼出一片天地就可以让春兰人和陶建幸得到满足的话,那你可就错了。事实上,春兰的转型还在继续。到目前为止,春兰设计了一个传统产业、现代产业和未来产业三级递进的产业发展格局:即以家电为主的第一支柱产业,以卡车为主的第二支柱产业,第三是以镍氢电池为基础的新能源产业。产业结构的合理化分配才是春兰人最引以为豪的事情,同时也是他们在市场上最有力的竞争资本。

从春兰的发展史我们可以看出,机动型企业就像是市场上的指南针一样,哪一种产业的前景好,潜力大,机动型企业的矛头就指向哪里。就像春兰,上世纪 90 年代是我国的家用电器产业蓬勃发展的 10 年,而春兰在冰箱、空调等大型家电的制造上取得了非凡的成就。进入本世纪以来,家电产业的竞争越发激烈,而潜力却已经所剩无几。再加上我国汽车产业的崛起,春兰就把自己的发展重点转移到了汽车产业上,并且同样取得了相当好的销售业绩。但是近几年,汽车产业的发展也逐渐到了一个瓶颈期,而春兰则早在 2002 年,就已经未雨绸缪地渐渐涉足了现在发展潜力最大的新能源产业,其在经营上的机动性确实非比寻常。

事实上,别看机动性让春兰始终保持着旺盛的生命力和蓬勃的朝气,要想做到这一点,成为一家具有较强机动性的企业却也并非易事。试想,若没有充足的人才、雄厚的资本、源源不断的创新能力和企业内部强大的执行能力,又怎么可能让企业无时无刻地进行转型呢?因此,要想打造一家朝气蓬勃的机动型企业,就一定得在上述那几个方面多下功夫才行。

2. 抢占先机,速度制胜

商战精髓:在面对商机时,你的反应一定要足够快,一定要马上反应过来这是一个极好的赚钱的机会。如果你反应不过来,当然也就不可能把握得住这次商机了。

军争,争的是战场上的主动权。当然,军争既有利益也有风险,但是,当一位统帅决定去图军争之利时,那么他最大的敌人就是时间。毫无疑问的,军争是要付出代价的,孙子说,"举军而争利,则不及;委军而争利,则辎重捐",如果一支部队付出了这样的代价却没有争得主动权,那么也就意味着这支部队已经离失败不远了。因此,当争利的决定做出之后,部队的行动就一定要快,部队的行动越快,争到主动权的可能性就越大,这就是孙子要求好的军队一定要有"其疾如风"的本事才行。

打仗要做到其疾如风,经商更要有分秒必争的意识。因为一个商机往往是突然呈现在人们面前的,因此,在面对商机时,你的反应一定要足够快,一定要马上反应过来这是一个极好的赚钱的机会。如果你反应不过来,当然也就不可能把握得住这次商机了。

2009 年 7 月 22 日,出现了 21 世纪以来最大规模的一次日全食。长沙的某五金店的小老板穆先生在听说这件事的时候就认定了这是个难得的大赚一笔的好机会。因此,在日食出现的几个月前,穆先生就开始张罗大量购置观测日食的专用眼镜。

其实,所有眼镜商都知道这种眼镜,不过,这种眼镜平时一年都卖不出去一件。因此,在穆先生开始大量收购的时候,很多眼镜商都有这种眼镜的库存,而且为了清仓,这种眼镜的价格极其低廉,每副眼镜的进价还不到 20 元。

转眼间,日全食已经快要来临了,这个时候很多人都意识到了卖这种眼镜可以赚钱。但是,当这些人再想去进货的时候,却发现眼镜的价格已经翻了好几番,达到了 150 元一副。如果以这个价格进货,恐怕不但赚不到钱,很可能还会赔钱。所以这些人也只得放弃了。到了 7 月 22 日那一天,日食眼镜的价格已经被炒到了 200 多元一副,穆先生凭借自己的先知先觉,狠狠地赚了一大笔。

20元一副和200元一副,这就是先知先觉和后知后觉的差距。其实,在日食的时候卖眼镜,这是很多人都能想到的一个机会。但能否利用这个机会赚钱,那就看谁的反应更快一些了。穆先生反应快,结果虽然他在这几个月中套住了一部分资金,但是却获得了10倍的利润,正是他的先知先觉,让他在这场利润争夺战中占据了先机。

要想谋取高额利润,不仅仅要反应快,更要动作快。要知道,光空想不行动可是经商的大忌,无论多好的商机都会在你的犹犹豫豫中被浪费掉。

1995年的一天,浙江的一个名叫罗云远的小老板去湖北出差的时候和一大帮朋友聚在一起吃饭。间隙之中,他在不经意间随口问一位在电力系统工作的朋友:"下一步你们有什么动作?"

朋友说:"马上要开始改造湖北省电网了。"

一语惊醒梦中人。朋友的话,让罗云远立刻在心里打起小算盘:"改造电网,每家每户必定离不开电表、电线、电缆之类产品的需求,这可是一块大'肥肉'呀!"想到这里,他吃完饭之后直奔飞机场,坐最近一班的飞机连夜飞回了浙江。然后在浙江找到一家中外合资的五金厂,跟他们签订了合作协议。又马不停蹄地赶回了武汉,不费一点周折地就成了这次湖北电网改造的独家供货商。办理这件事的前前后后,罗云远总共只花了不到两天时间。

很快地,电网改造的消息正式对外宣布。这个时候,很多大商家都看上了这块"肥肉",想要承包下为电网改造提供电表和电缆的业务,却没想到这块肥肉早就被罗云远吃进肚里去了。正是依靠着自己的先见之明和果断的行动,罗云远在湖北电网改造的5年当中大发横财。

从发现商机到敲定合作协议,把肥肉吃进嘴里,罗云远的动作不可谓不快。没办法,因为罗云远知道,他必须得快。因为:第一,他是浙江人,却要去湖北做生意,强龙压不过地头蛇。第二,他只是个小老板,他的优势在这件事上他比别人知道得早。要是等这个消息公布了，凭他的财力，是绝对不可能和那些财大气粗的企业进行竞争的，毕竟，跟政府合作的项目，谁不想做？到时候肯定抢破头，哪还能轮到他？

所以说，罗云远能够把握住这次商机，诀窍就是一个"快"字，是这个"快"字让他毫不费力地得到了这块人人眼馋的肥肉。

3. 有些风险值得冒

商战精髓：商道告诉我们商业的本质就是赌博，并且教给我们一些如何判断商机的方法。但这到底是不是机会，抓住这个机会进行投资到底能不能赚钱，也还是要靠你自己去判断。不过总的来说，富贵险中求，如果你总是在值不值得冒险这个问题上犹豫不决，那么你终将一事无成。

"军争为利，军争为危"，从这个角度来讲，军争可以说就像炒股一样，是不折不扣的"风险投资"行为。但事实上，打仗本身就是一件充满了风险的事情。正所谓"胜败乃兵家常事"，兵法这种东西说白了不过是教给人们一些战争的道理和作战的方法，却是不可能保证读懂了兵法就可以做到常胜不败的。若如此，恐怕这个世界上就再没有败军之将了。

兵法如此，商道亦然。兵法告诉了人们军争既有利益也有风险，至于这个险到底值不值得冒，还得是统军的人自己来做判断。毕竟，做生意所冒的风险远比打仗要低得多了。

生意场上失败了，最多是倾家荡产，要是在战场上失败了，那可就连命都没了。因此，在商场上，一定要有敢于冒险的精神，没有点敢于冒险的魄力，是绝对做不成大事的。

有一次，美国著名企业家哈默先生参加了一个晚宴。突然，一个人凑到哈默跟前请教"发家的秘诀"，哈默皱皱眉说："实际上，这没什么，你只要等待苏联爆发革命就行了。到时候打点好你的棉衣尽管去，一到了那儿，你就直接去联络他们的政府，将棉衣卖给民生部门，再用这笔钱购入其他物资卖给别的部门，这样一来你就能有更多的收入。想想看，这些部门总也有二三百个那么多吧。"

哈默的话，让请教者以为他是在"耍"自己，于是有些不满，气愤地嘟哝了几句，转身走了。

然而这位请教者不知道的是，其实哈默的这番话，正是20世纪20年代时哈默在前苏联13次做生意的精辟概括。通过这次看似冒险的俄罗斯之旅，才让哈默获得了人生第一笔财富。

1921年，由于内战与灾患的干扰，前苏联急需救援物资，特别是粮食。那个时候的哈默，本来可以拿着听诊器，坐在清洁的医院里，不愁吃穿地安稳度过一生。但他厌恶这种生活，在他的眼里，似乎那些未被人们注意的地方，正是值得自己去冒险，去大干一番事业的战场。为了实现自己的梦想，哈默做出了被人认为是发疯的抉择，毅然决然地踏上了被西方描绘成地狱似的可怕的前苏联。

为什么所有人都阻挠哈默的行程？这是因为，当时的苏联被内战、外国军事干涉和封锁弄得经济萧条，人民生活十分困难，各种传染病和饥荒严重地威胁着人们的生命。列宁领导的苏维埃政权果断地出台了新经济政策，鼓励吸引外资重建俄罗斯经济。但很多西方人士对苏联充满偏见和仇视，把苏维埃政权看作是可怕的怪物。到苏联经商、投资办企业，被称作是"到月球去探险"。

其他人对苏联的仇恨，哈默当然不是不知道。但是，他的心里也明白这一点：风险大，利润必然也大，很值得去冒一次险。于是哈默在饱尝大西洋中航行晕船之苦和美国秘密警察纠缠的烦恼之后，终于乘火车进入了苏联。苏联沿途的景象，让哈默这个土生土长的美国人大吃一惊：霍乱、伤寒等传染病流行，城市和乡村到处都有无人收殓的尸体，专吃腐尸烂肉的飞禽，在人的头顶上盘旋。

这一切，让哈默痛苦得不愿再睁开眼睛。但商人精明的头脑告诉他：被灾荒困扰着的俄罗斯目前最急需的是粮食。这时，他想到了美国，由于粮食大丰收，那里的价格早已惨跌到了每蒲式耳一美元。农民宁肯把粮食烧掉，也不愿以低价送到市场出售。而俄罗斯这里有的是美国需要的、可以交换粮食的毛皮、白金、绿宝石。如果让双方能够交换，岂不两全其美？

想到这里，哈默加紧了在苏联的活动。一次，他通过苏维埃紧急会议得知，苏联需要大约 100 万蒲式耳的小麦才能使乌拉尔山区的饥民度过灾荒。正所谓，机不可失，时不再来，哈默立刻向苏联官员建议，从美国运来粮食换取苏联的货物。

哈默的建议，很快得到了前苏联政府的许可，双方达成合作协议。没隔多久，哈默成了第一个在俄罗斯经营租赁企业的美国人。

这件事，让哈默赢得了苏联人的尊重，领导人列宁为此给了他更大的特权，让他当上了苏联对美贸易的代理商。就这样，哈默一下子成了美国福特汽车公司、美国橡胶公司、艾利斯—查尔斯机械设备公司等三十几家公司在前苏联的总代表，哈默就此走上了成功之路。

哈默真正为人们诠释了什么才叫富贵险中求。由于意识形态的不同，美英等资本主义国家向来视前苏联这个社会主义国家为洪水猛兽。甚至把那些跟前苏联做生意的企业家叫做"把灵魂出卖给恶魔的人"。但是哈默不在乎这一点，虽然他对苏联并不了解，但是他敏锐地发现了那其中所蕴含的商机，进而甘冒风险亲身前往苏联联系业务，若非如此，哈默又怎能成为坐拥亿万家产的大富豪？恐怕他直到老死也仅仅只是一个普普通通的医生罢了。

哈默的故事告诉我们，既然做什么生意都不可能完全避免风险，那么在面对一个商机的时候，如果你的理智告诉你这笔生意值得做，这个险值得冒，那么就应当拿出你的魄力和勇气来。这样的话，就算是最后失败了，你也不会后悔。相反，要是因为害怕风险而坐失良机，恐怕你一辈子都会因为这件事而埋怨自己。

4. 做生意，有时就得拿出破釜沉舟的勇气

商战精髓：如果你想要在商场上有一番作为的话，如果你觉得自己有可能耽于享乐而不思进取的话，那么你还不如截断自己所有的退路，破釜沉舟。因为只有这样，你才能重新把自己所有的潜能给逼出来。

"以迂为直，以患为利"。当年，楚怀王派遣宋义为主将，项羽为副将，率军救援正在和秦军苦战的赵国军队。结果当宋、项二人引兵来到黄河边的安阳时，主将宋义却命令原地安营，并且连续 46 天按兵不动。项羽对宋义的行为感到忍无可忍，终于斩了宋义，然后命令部队烧掉自己的营房，只带三天干粮，北渡黄河。在渡过黄河之后又把所有的船只凿沉，所有的饭锅打破，以示以死相拼，永不退缩。正是因为项羽的士兵已经完全没了退路，结果以一当十，经过九次激战大败秦军，项羽从此名扬天下。

我们常说那些做事谨慎圆滑的人做什么事情都会给自己留条退路。其实，退路这种东西，有时候却并非是一种好东西。因为它时常会诱发人自身潜藏着的懈怠、自我安慰的情绪，让人变得不思进取。

京燕广告公司在湖北地区有着很好的声誉，这和创始人余海燕破釜沉舟、不留退路的勇气是分不开的。

早在 1995 年，余海燕高考失利后前往厦门打工，在一家贸易公司从文员做起，而后调到市场部，成为一名业务员。仅用了三个月的时间，余海燕就凭借着出色的业绩，升任业务经理。1997 年，同在厦门的一个武汉朋友来找余海燕，想要和她一起回武汉创业。同年，余海燕和朋友一起回到武汉开始了白手起家之途。

为了筹集创业资金，余海燕经过分析后，决定先投资保险。当时人们的保险意识并不强，经过分析后，她决定给客户写信，用真诚打动了不少人。两年时间，余海燕如愿以偿地积累了十几万元资金，她感觉离自己的创业梦又近了一步。

2002 年，余海燕结识了生命中的一个贵人——彭松涛。彭先生很看好余海燕的开拓精神，于是他提议投资开办广告公司，让余海燕经营。一个月后，武汉新感觉广告传媒有限责任公司成立，她一边经营公司，一边在武汉大学充电，主修广告学。

余海燕以为，事业的成功就会一步步到来。然而，美好的感觉还没出现，各种问题却接踵而至。几个月的时间，公司天天亏损，余海燕也觉得筋疲力尽，余海燕觉得有些挺不住了。

疲惫之时，余海燕不是没有想过放弃，这种生活让她每天充满了压力，早已没了当年的朝气蓬勃。不过思索再三，她想到：如今自己已经走上了创业这条路，不可能再回到以前的样子，与其就这么半途而废，还不如放手一搏。于是，她重新振作起来，将这些年积累下来的资金全部投了进去，结果余海燕成功了。2003 年，余海燕又开办了武汉京燕广告传播有限责任公司，终于有了自己的事业。

谈到自己的成功经验，余海燕感叹道："要想真正获得成功，你就应该破釜沉舟、不留退路地走下去。当选择好自己要走的路时，就应该义无反顾地走下去。"

没错，既然你选择了经商这条路，那就拿出破釜沉舟的勇气来义无反顾地走下去吧。人有时候就是需要逼，如果没有人逼你，那就自己逼自己好了。

商场就是这样一个地方，今天你是赢家，或许明天就变成了输家。同样，很可能你的公司今天还是一个在居民楼里办公的濒临破产的小不点儿，但明天你就有可能咸鱼翻身，一跃成为某个领域的巨无霸。比如婷美。

婷美，著名女性内衣品牌。婷美以塑形内衣启动了整个美体修形产业，成就了自己的内衣霸业。事实上，婷美的发展史也并不是一帆风顺的。曾经，婷美是一家濒临破产的公司，之所以现在能够成为女性内衣的销售霸主，和总裁周枫当年濒临绝境时那破釜沉舟的一次赌博有着很大的关系。

那一年，周枫与合作伙伴们做一个女性内衣项目，眼看启动资金就要花光了，项目还是没有什么进展。合作伙伴对这个项目失去了信心，要周枫把这个项目卖了。可周枫认为这是一个好项目不能卖，要卖也要卖个好价钱。

为了打消周枫继续干下去的念头，合作伙伴说："这样的项目怎么能卖到那么多钱，要不然你自己把这个项目买下来算了。"合作伙伴既然铁了心要退出，周枫也没法勉强他留下来。于是，周峰借钱把这个项目买了下来，同时把自己的房子抵押了，把自己的车变卖了。

合作伙伴离开时带走了很多人，在整个项目都转移到周枫名下之后，他手下就只剩下23名员工了。周枫拿出自己所有的积蓄，把其中5万元存在公司账上，剩下的钱，他准备在北京再打2个月的广告——从当年的11月到12月底。他对员工说："咱们再拼一把，这回若做成了咱们就成了，若不成，你们把那5万块钱给分了，算是给你们的遣散费，我不欠你们的工资。"

周枫的话，顿时感动了所有员工，人人奋勇争先，个个无比卖力。也许是老天爷也被周枫感动了吧，婷美一炮走红。借着婷美这股东风，周枫一下子成了亿万富翁，他的员工们也有很多成了千万富翁、百万富翁。

如今，婷美的成功已经成了经典商业案例。很多大学教授、市场专家在分析周枫和婷美成功的诸多原因时，除了婷美本身能够迎合女性消费者的爱美心理之外，对于婷美总裁周枫也给予了很高的评价。要不是周枫坚持看好婷美的市场前景，并且敢于破釜沉舟、孤注一掷的话，婷美这个原本有价值的项目也就真的完了。

第八章

九变篇：灵活、多变，要做到适时而动

"将通于九变之利者，知用兵矣"。为将者要懂得根据战场上的现实情况来因地制宜地制订应敌之策，企业的管理者同样应该根据企业自身各个方面的情况来制定企业下一步的经营战略。要想让企业决策做到因地制宜，那么企业管理者就一定要有一个灵活多变，敢于创新，善于接受新生事物的大脑。只有企业领导的思想活络了，认识上去了，企业本身才能变得更加灵活，更加充满朝气，才能做到因地制宜，适时而动。

【兵法原典】

孙子曰：凡用兵之法，将受命于君，合军聚众，泛地无舍，衢地交和，绝地勿留，围地则谋，死地则战。

途有所不由，军有所不击，城有所不攻，地有所不争，君命有所不受。

故将通于九变之利者，知用兵矣；将不通于九变之利，虽知地形，不能得地之利矣；治兵不知九变之术，虽知地利，不能得人之用矣。

是故智者之虑，必杂于利害。杂于利，而务可信也；杂于害，而患可解也。

是故屈诸侯者以害，役诸侯者以业，趋诸侯者以利。

故用兵之法，无恃其不来，恃吾有以待也；无恃其不攻，恃吾有所不可攻也。

故将有五危：必死，可杀也；必生，可虏也；忿速，可侮也；廉洁，可辱也；爱民，可烦也。凡此五者，将之过也，用兵之灾也。覆军杀将，必以五危，不可不察也。

【兵法释义】

孙子说：凡是用兵的法则，（大都要遵守如下的规律）将帅领受了国君的命令后，组织军队、征集军需，进行出征，在难于通行的"圮地"不可设营，在四通八达的"衢地"要结交邻国，在难于生存的"绝地"不要停留，在进退不便的"围地"要巧设计谋消灭敌人，在走投无路的"死地"要殊死奋战、死中求活。

有的道路不要走，有的敌军不要打，有的城邑不要攻，有的地方不要争，有的国君命令不要机械地去执行。

将帅如果能够通晓以上各种机变的运用，就是懂得用兵了；如果不能通晓，虽然了解地形，也不能得到地利；指挥军队作战不懂得各种机变的方法，虽然知道"五利"，也不能充分发挥军队将士的战斗力。

因此，聪明的将帅考虑问题，必须兼顾利、害两个方面。在不利情况下要看到有利的条件，大事才可以顺利达成；在有利条件下考虑到不利的因素，祸患才可以预先得到排除。

要使各国诸侯屈服，就用它最厌恶的事情去伤害它；要使各国诸侯忙于应付，就用它不得不做的事情去驱使它；要使各国诸侯被动奔走，就用小利去引诱它。

用兵的法则是，不要寄希望于敌人不会来，而要依靠自己做好充分的准备；不要寄希望于敌人不进攻，而要依靠自己拥有使敌无法进攻的实力。

将帅有五种致命的弱点：只知道死拼，就可能被诱杀；贪生怕死，就可能被俘房；暴躁易怒，就可能中敌轻侮的奸计；廉洁自誉，就可能落入敌人污辱的圈套；一味爱民，就可能使军队陷入烦劳。以上五种危险，都是将帅的过错，也是用兵的灾难。全军覆灭、将帅被杀，必定是由这五种危险引起的,是不可不认真研究,充分认识的。

【兵法解读】

如果说《孙子兵法》的第一篇《始计篇》是专门写给国君的话,那么这第八篇《九变篇》就是专门为统军的将帅所写的。孙子在这一篇中主要讲述的是战争中应根据实际情况灵活运用作战原则的问题。孙子认为,指挥作战要随机应变,那些只知道墨守成规的将领是只不过是个庸才而已。军队在外征战,国君作为军队名义上的最高指挥者,是很难忍得住心中想要对战局指手画脚的冲动的。再加上古代在通讯方面的落后,如果将帅在外征战还要受到千里之外的国君指挥的话,那么也就离丧师辱国不远了。因此,孙子的主张是将帅在外,应当根据敌情的变化而做出自己的判断,绝不能墨守成规死教条,而且一定要懂得权变,懂得将在外,君命有所不受的道理。

世间的万事万物都是在不断地发展变化的。为将者要懂得根据战场上的现实情况来因地制宜地制订应敌之策,企业的管理者同样应该根据一内一外两个方面的情况来制定企业下一步的经营战略和发展方向。这一内,指的是企业自身的财务状况以及管理水平。这一外,指的是企业所处的外部状况,其中包括市场行情、国家政策等等。也就是说,企业在经营的过程中,无论做什么决定,一定要把因地制宜作为前提,绝不能墨守成规,更不能想当然。

要想让企业决策做到因地制宜,那么管理者就一定要有一个灵活多变、敢于创新,善于接受新生事物的大脑。只有企业领导的思想活络了,认识上去了,企业本身才能变得更加灵活,更加充满朝气,才能做到因地制宜,适时而动。

【孙子商道】

1. 别让惯例束缚住你的头脑

商战精髓：兵法与商道，都讲究随机应变，各种变化的运用存乎一心，其精微奥妙之处只可意会而不可言传。要想能够熟练运用，还得自己多动脑子才行。因此，尽信书不如无书，如果你在管理企业的过程中任何事都要依照惯例，照搬书本，让这些东西束缚住你的头脑，那你离赵括、马谡那样的失败也就不远了。

人类作为一种灵长类哺乳动物，其实跟其他的所有动物一样，也有其所谓的"生活习性"。正如熊猫爱吃竹子，猴子爱捉虱子一样，在人的深层潜意识当中，是有一种惰性的。这种惰性总是在不知不觉间影响人的思维，改变人的想法，让人们变得不爱动脑，凡事依惯例而行。

事实上，这种惰性思维在生活中的体现是一种叫做"习惯"的东西。习惯会让人们的生活变得更加有规律，这本是一件好事。但是如果在事业上也处处被习惯所支配，那你可就危险了。想想纸上谈兵的赵括，再想想不知变通的马谡，你就会知道凡事依惯例而行是多么可怕的一件事。

兵法与商道，都讲究随机应变，各种变化的运用存乎一心，其精微奥妙之处只可意会而不可言传。要想能够熟练运用，还得自己多动脑子才行。要知道，其实兵法和商道原本也只是一种惯例而已，其中说的都是那些最普遍的适用于大多数情况下的道理。但对于那些比较特殊的情况，兵法与商道不会，也不可能为人们一一分析到位，告诉人们应当怎样去做。

牛家兴开了一家公司，主要销售家具。可是，他的生意一直没有起色，这让他很焦躁。一天，牛家兴乘火车去外地谈生意。在列车上，乘客们都十分疲惫地看着窗外循序向后倒去的荒野。在一个拐弯处，火车减速，一座简陋的平房缓缓地进入乘客们的视野。

　　这个平房的出现，让许多乘客不由眼前一亮，睁大眼睛欣赏这个寂寞旅途中的一道特别的风景。甚至，有的乘客开始窃窃私语地议论起这座房子。

　　这一切被牛家兴看到了眼里，突然他意识到了什么，然后赶紧拿出本子，在纸上写了些什么。谈完生意后，他又看到了这座旧房子，于是中途下了车，并不辞辛苦地找到了那座房子。房子的主人告诉他："这个房子我早就不住了，因为每次火车都要从门前驶过，那个声音吵得我们全家都休息不好，有时候甚至还会震得杯子都掉下来。我们早就想把房子卖了，不过别人也受不了这种折磨，所以价钱很低也没人问。"

　　听到房主的话，牛家兴不禁兴奋起来，于是用了1万块钱就将这间房子买了下来。他想到，这座房子处于火车的拐弯处，因此火车到了这里势必会将速度降低，经过旅途劳顿的乘客一看到这座房子都会精神为之一振，将它用来做广告真是再好不过了。后来，他赶紧找来了相关工人，在房子的墙壁上绘制了大幅广告，并留下了自己的联系方式。

　　果然，当这份独特的广告刚刚出现第三天后，牛家兴就接到了3个电话，不约而同地都说起了看到的这个广告，想看看他的家具如何。就这样，他的生意越来越好，最后在当地成为了一个小有名气的创业者。

　　凡事都有两面性，头脑僵化的人往往只能看见最普遍也最浅显的那一面，而那些敢于打破常规、头脑灵活的人则可以看见隐藏在暗处的鲜为人知的一面。就拿那所房子来说，人人都会想到，濒临铁路会让其中的住户不堪其扰，所以这座房子注定不会值钱。

　　但是牛家兴却可以从这座不值钱的破房子里看出商机来——这根本就是一个绝佳的广告牌！牛家兴灵活的头脑让他赚大了，不仅1万块钱就买了座房子，而且还免费做了一次广告。要知道，哪怕再多花一倍的价钱，他也不可能在高速路的主干道旁边买到一块这么好的广告牌啊！

　　50岁，这是一个临近退休的年龄，在50岁"高龄"开始创业，这对于绝大多数人来说无异于天方夜谭。然而，尹明善这个 1938 年出生的人，却让所有人刮目相看。

尹明善小时候家里条件不好，他从 12 岁开始就做一些小买卖，来养活自己和母亲。高中毕业后，尹明善先后做过电大英语教师和出版社编辑。在他 50 岁的时候，他终于在出版业赚得了第一桶金。如果是常人，就会将这桶金作为自己的养老钱，颐养天年。但是，尹明善并没有那样做。

1992 年，尹明善已经 54 岁，一般人在这个年纪已经退休回家安享晚年了。可是，他却没有选择退休，而是投资 20 万元，以"出口、创新、信誉好"的经营理念创立了今日赫赫有名的力帆集团。到今天，力帆集团已经拥有 13 家生产企业、5 家营销公司、2 家进出口公司。2005 年，力帆集团销售收入达到 73.2 亿元人民币，出口创汇 2.61 亿美元，居汽车行业第一。根据中国知识产权局对外公布的 2005 年上半年国内企业专利申请量排名，力帆集团居于全国第四位，而且已成为重庆私营企业 50 强排头兵和第一纳税大户。尹明善也是全国政协委员，还是第一批当选当地工商联会长的民营企业家。

有时候，我们需要打破的，不仅仅是惯性思维，更包括自己头脑当中，甚至是整个社会都普遍认同的一些理念，就像尹明善。创业是青壮年的专利，这是社会上普遍存在的"集体意识"，任何一个人都要受到这种"集体意识"的影响和感染。

但是，我们要打破的，也正是这种集体意识对我们思想的控制。古往今来，所有领域的成功者加起来，所形成的也只不过是一个非常小的群体，比这个小群体庞大成千上万倍的大群体则是由那些默默无闻的人所构成的。社会是这样，商场也是这样。

因此，如果你想要让自己的企业从默默无闻的大群体中脱颖而出，你自己的思想首先就不能被"集体意识"所控制，这样你才能做出比那些普通的企业经营者更加理智、更加精明的经营决策，你的企业也才能跟那些普通企业区别开来。

2. 主动求变，与竞争对手拉开差距

商战精髓：若是你的企业也跟其他绝大多数企业一样始终长着一张"大众脸"，混在人群里根本没法引起别人注意的话，在那么多竞争对手的夹击下，你的企业又怎么可能能够做大做强呢？因此，如果你始终循规蹈矩，不温不火地经营，如果你始终不肯主动求变，以求与竞争对手拉开差距，那么我敢断定，你绝对等不到自己的企业脱颖而出的那一天。

"将通于九变之利者，知用兵矣。"孙子认为，为将者如果不懂得变通的道理，那就算不上是一个善于用兵的将领，最多只能算是一个善于纸上谈兵的参谋罢了。经商也是一样。一个不懂得变通的经营者绝对成不了大企业家，顶多能让自己的公司维持一个不胜不败的局面罢了。

要知道，以当今商业之发达，无论你的企业做的是哪一行，都绝不会缺乏跟你争抢利润的竞争对手。你要想成功，就必须想办法让自己变得与众不同。

□口俊夫最早只是东京一家药店的小老板。最开始，他的□口药店跟日本的其他小药店一样，完全没有什么出彩之处，生意也就是马马虎虎，勉强维持。生意不火，□口俊夫在药店里就用看书来打发时间。

有一次，他看了一本书，讲的是一个国家进攻另一个国家绝不能仅仅占领城市。因为城市在一个国家是一个个孤立的点，如果对方让你占据这些点，而从农村这个广大的面上去包围你，困死你，城市之间的交通就会被切断，城市中的军队也就成了瓮中之鳖。看着看着，□口心中一动，当年日军在中国的情况不正是我现在面临的问题吗？我一定要打破这种被围困的局面，让自己占领更大的市场。

□口俊夫想出办法来了，他去银行贷了一笔钱，再把自己的全部积蓄都拿出来，又开了两家店，把□口药店变成了连锁店。这三个不在一条直线上的小店，其地理位置处于一个三角形的三个顶点上，它们之间的连线就构成了

一个三角形。

这三家药店间互相保持着密切的联系，其中任何一家店的某种药品缺货，只要一个电话打到附近的两个店，立刻就能得到支援，任何一个小店就会让顾客感到药品充足、无所不备。囗口知道，药品是一种有统一质量标准的特殊商品。一旦需要，必有一种紧迫感，就尽可能就近购买，而不会考虑药店是否堂皇。这三家药店所形成的覆盖"面"可就比简简单单的三个"点"大得多了，相当于自己包围了整个范围内的居民，当他们需要买药时，首先想到的肯定是囗口药店。

囗口的"三角经营法"取得了惊人的成功，药店的销售额成倍地增加。除了原先预计的以外，他还发现，三角形的连锁店中以任何一个店做广告宣传，等于其他两个店也在做广告宣传。与此同时，经营规模大了，进货量多了，进货成本也就更低了，这也就进一步增加了"囗口医药连锁店"与其他药店进行价格竞争的资本。再加上货全，调货及时，服务态度好，药店的生意就这样自然而然地兴旺起来。

囗口并没因此满足，接着进一步发挥了他的三角经商法。以任何两个老店为基础，再发展一个新店，使这三个店构成一个新的三角形连锁系统。由于有两个老店的支援，新店和老店一样富有实力。这样每建立一个新店，就可以拥有一片新的领地，一片能有效控制的、竞争对手无法进入的领地！

连锁店一家又一家地出现在日本各地，没过多久，囗口的药店就已经"圈占"了整个日本，全国都有囗口的连锁店。1981年，囗口的连锁店发展到512家，大有继续增加的势头。1987年，其销售额占全日本药品销售额的11%，囗口也从一个药店的小老板迅速成长为日本医药业的巨头之一。

在东京这样一个国际化大都市里，像囗口药店那样的小药店恐怕有上万个，要想在这上万个药店里边脱颖而出，混出个名堂来，恐怕比考取国家公务员最火的职位还要难得多。如果说囗口每天往店里一坐什么都不想，只是客人来了就卖药，没人上门就呆着，那可能直到他死，他儿子继承他遗产的时候,□□药店也还是几十年前的规模。而□□药业的崛起,□□俊夫的成功案例向我们充分展示了对于一家企业来说,拥有主动求新、求变的意识是多么得重要。

企业要想与自己的竞争对手拉开差距,在竞争当中压过他们一头,让消费者在无数种选择当中一眼就看中你,那就必须有"不走寻常路"的决心和魄力才行。

3. 善于创新才能有更好的发展前景

商战精髓:这是一个不折不扣的比拼创造力的时代。一家企业如果缺乏创新意识,那么就注定会被社会所淘汰。只有拥有了创新的能力,才算是拥有了一个相对更加广阔的发展前景。

大发明家爱迪生曾说过一句很有名的话：成功就是99%的汗水加1%的灵感。我们从小就在用这句话来激励自己,让自己变得更加勤奋,不要懒惰。

但实际上,爱迪生的本意绝不是这样的,因为这句话不仅有我们常用的前半句,更有我们不常用的后半句。这后半句是:但很多时候这1%的灵感比99%的汗水更重要。两部分加起来,这意思可就完全变了。我们都知道爱迪生作为一个发明家,向来是以善于从实验结果中总结规律而著称的,但却不知道像爱迪生这种为了发明电灯可以把几千种材料放进灯泡里面做实验的人也会如此重视灵感的作用。可见,对于一个人的成功来说,灵感是多么的重要。

上海一家公司的老总坐飞机去北京开会,下飞机后为了赶时间,他决定乘出租车前往目的地。出了机场,他选择了一辆外表光鲜的车。上车后,他发现这辆车不只是外观光鲜亮丽而已。司机打扮得简直就像个英国绅士,谈吐优雅,车内的布置同样让人感觉十分舒服。

车子发动后,司机很热心地问这位老总车内的温度是否适合;又告诉他车内有 CD，问他要听音乐还是听收音机，听收音机的话他还可以自行选择频道。老总选择了一盘美国乡村音乐的 CD，轻快的音乐加上车内凉爽的环境让这位老总在炎炎夏日中一扫旅途带来的疲劳，精神为之振奋。

车子遇到红灯停了下来，司机回过头来告诉老总，车上有早报及最新的时尚杂志；座位前面有一个小冰箱，冰箱中的果汁及可乐都是免费的，可以自行取用。这些特殊的服务让这位老总大吃一惊，他望了一下这位司机：司机愉悦的表情就像车窗外和煦的阳光，他不禁开始怀疑，这真的是出租车吗？

过了一会儿，司机对老总说："前面路段可能会塞车，看得出来您在赶时间，如果稍微绕点远的话，大概能节省 10 分钟左右，您看？"在征得老总同意后，这位司机又体贴地说："我是一个随和开朗的人，我很喜欢聊天，如果您想聊天，除了政治及宗教外，我什么都可以聊。如果您想休息或看风景，那我就静静地开车，不打扰您。"

目的地到了，司机下了车，绕到后面帮乘客开车门，并递上名片，说了声："希望下次有机会再为您服务。"事到如今，这位老总终于忍不住了，他不禁问道："你是从什么时候开始采取这种服务方式的？"

司机回答说："从我忽然开窍，意识到我必须做一些与众不同的事情的时候。"

这位司机自然是所有出租司机中的佼佼者，而他之所以能够成为现在这样一个"有特点"的出租司机，在全北京几万个出租司机当中脱颖而出，他"开窍"时那一瞬间的灵感起到了决定性的作用。

改革开放的总设计师邓小平曾经说过：科学技术是第一生产力。而科技的内核则是创新。创新与灵感是有血缘关系的——灵感是创新的长辈。事实上，现在商业理论早已经承认创新也同样是一种生产力，更是现代商业领域的一大产业。众所周知，现在有很多人，根本就是在靠卖创意赚钱的。这是一个不折不扣的比拼创造力的时代。一家企业如果缺乏创新意识，那么就注定会被社会所淘汰。只有拥有了创新的能力，才算是拥有了一个相对更加广阔的发展前景。

世界上有数千家保险公司，然而英国这家保险公司，却显得有些另类：从成立之初就专门经营已婚夫妇的保险，其实说白了就是爱情保险。

这家保险公司规定，只要双方已经正式结婚，那么，他们就可以投保爱情长久保险。并且，爱情保险的手续也很简单，夫妻只需每月交纳 5 英镑保险费即可。

而这家公司的保险利益，与其他公司相比更是与众不同：从保险合同正式生效之日起，只要投保夫妻可以保持 25 年的和睦相处，那么到时候就可以领取 5000 英镑的爱情保险金奖励。

与此同时，如果尚在保险期内，夫妻有一人因为意外或疾病不幸死亡，那么，另一方就可以可领到 1000 英镑的保险抚恤金。如果是伤残，那么保险公司将根据伤残程度不同，给予 500 英镑至 1000 英镑的保险补偿金。

对于离婚，这家公司也有特别规定。如果夫妻二人经调解无效最终选择离婚，那么受伤害、被抛弃一方，则可以得到 3000 英镑的保险赔偿金。

就是这项与众不同的业务，让这家公司取得非常大的成功，在英国乃至整个欧洲都有不少业务。

爱情保险，也亏这家保险公司想得出来。可是，现在的年轻人不就认这个吗？如果这家保险公司没有爱情保险这个创意，那么直到如今，他们肯定也还只是英国一家最普通的保险公司而已。在绝大多数保单都被那些大公司垄断的情况下，除了锐意创新之外，要想把公司做强做大，他们还真没有第二条路可以走。

现如今，无论做什么，都是创意先行。你有价值一百万的创意，你就有机会赚到一千万；你有价值一千万的创意，你就有机会赚到一个亿。想想那句火遍了大江南北的"今年过节不收礼，收礼只收脑白金"，创意的魔力还用再多说吗？

4. 只要肯动脑，就没有做不成的事

商战精髓：其实，这世上没有解决不了的问题，只是我们没有找到解决问题的方法而已。只要我们肯动脑，用智慧去思考，用创新思维去想办法，那么，一切问题都能解决。

事实上，当你觉得竞争对手比你强大得多，自己的企业在发展的道路上走得步履维艰的时候，你不妨想想在商海当中几起几落之后现在仍旧站在中国财富榜顶端的史玉柱。你现在再苦，能苦得过史玉柱当年因为巨人大厦而倾家荡产的时候吗？因此，只要你肯动脑子，就没有做不成的事。正所谓创意先行，让一切皆有可能。

2005 年，宝洁公司为了进一步扩大经营规模，决定高薪招聘有能力有创意的职场精英担任营销主管。面对众多应聘者，招聘工作的负责人说："相马不如赛马。为了能选拔出高素质有创造力的人才，我们决定出一道实践性的试题，题目是：想办法把木梳尽量多地卖给和尚。卖得最多的人就可以成为本公司的营销主管，年薪二十万，外加提成，公司配备专车，每年享受 3 周带薪假，五险一金。"虽然公司开出的条件足够优厚，但绝大多数应聘者却对题目感到异常愤怒：出家人剃度为僧，要木梳有何用？岂不是神经错乱，拿人开涮？过一会儿，应聘者接连拂袖而去。最后只剩下两位应聘者，张文博和吴子轩。负责人对他二人交代："以 10 日为限，届时请两位将销售成果向我汇报。"

10 日之期转眼即过，张文博卖出了 10 把木梳。他是这样对寺院的住持说的："由于山高风大，进香者的头发都被吹乱了，而蓬头垢面显然是对佛祖的大不敬，因此应在佛殿的门口放把木梳，供善男信女梳理鬓发之用。"住持采纳了张文博的建议，买下了木梳。10 天时间，张文博去了 10 座香火旺盛的名山大寺，卖出了 10 把木梳。

吴子轩迟到了几天，但是吴子轩的推销成果令从事销售工作 20 年的招

聘负责人都大跌眼镜，他一次性卖出了 1000 把木梳，并且还有后续订单。吴子轩说他去了峨眉名寺清音阁，清音阁颇具盛名、香火极旺，一年四季朝圣者络绎不绝。吴子轩对住持说："凡是大老远跑到峨眉山来进香朝拜的人，都有一颗虔诚之心。贵寺乃是名山大寺，理应对这些虔诚之人有所回赠，以作纪念，保佑其平安吉祥，鼓励其多做善事。我有一批木梳，而住持您的书法超群，可先刻上'积善梳'三个字，然后便可做赠品。"住持大喜，立即买下 1000 把木梳做成了积善梳。并请吴子轩在寺中小住几天，共同出席了首次赠送"积善梳"的仪式。得到"积善梳"的施主与香客很是高兴，一传十，十传百，进香者更多，清音阁的香火也比原来更旺了。这还不算完，清音阁住持希望在吴子轩那里再订购更多不同档次的木梳，以便分层次地赠给各种类型的施主与香客。

最终，张文博和吴子轩二人都被录取了，因为公司看中的不是他们最终卖出了多少木梳，而是他们在把木梳卖给和尚时体现出来的创造力。因此，招聘负责人对他二人说："公司所看重的，是你们的创造力，只要你们能在今后的工作中将创造力充分地发挥出来，那么你们在公司当中，绝对是前途无量！"

大公司招聘，就是有大公司的"风范"，看看宝洁，就连招聘题目都做得如此有创意。的确，宝洁公司看中的绝不是他们两个人到底能卖出几把梳子，因为他俩就算是一人卖出十万把，所获得的利润对于宝洁这样的大公司来说也还是九牛一毛。宝洁公司出这道怪题的目的本就是为了考验那些应聘者，看看他们是不是善于动脑子，是不是具有创新能力，是不是那种相信"人力有时而穷"的平庸之人。要知道，在商场上，"人力有时而穷"这句话可从来都是行不通的。

与此同时，宝洁公司在这次招聘中体现的重视创新的经营理念才是我们最值得借鉴的。在招聘的时候把对于未来员工创新能力的考查搞得如此郑重其事，可见宝洁本身就是一家极其重视创新，并且从来不会墨守成规的企业。显然，要是换了那种在经营上循规蹈矩，在投资上谨小慎微的企业，不用说别的，就是那道惊世骇俗的考试题，在公司内部就肯定通不过。而重视创新，也正是宝洁之所以为宝洁的原因之一。

第九章

行军篇：在发展中谋求更好的
自我管理

孙子在市篇中所论述的如何行军、如何打仗的理论虽然很难实际应用在商业领域，但是孙子关于治军方式的论述却是对我们极有启发性的。毕竟，无论是治军还是管理企业，做到令行禁止都是极其重要的，这就是我们今天常说的"执行力"问题。因此，我们也不妨以孙子"令之以文，齐之以武，是谓必取"的治军理论为参考，多花些心思，多用些手段，在发展中谋求更好的自我管理，把自己手下的团队打造成一支战无不胜、攻无不克，拥有无比强大执行力的铁军。

【兵法原典】

孙子曰：凡处军、相敌，绝山依谷，视生处高，战隆无登，此处山之军也。绝水必远水；客绝水而来，勿迎之于水内，令半济而击之，利；欲战者，无附于水而迎客；视生处高，无迎水流，此处水上之军也。绝斥泽，惟亟去无留；若交军于斥泽之中，必依水草，而背众树，此处斥泽之军也。平陆处易，而右背高，前死后生，此处平陆之军也。凡此四军之利，黄帝之所以胜四帝也。

凡军好高而恶下，贵阳而贱阴，养生而处实，军无百疾，是谓必胜。丘陵堤防，必处其阳，而右背之。此兵之利，地之助也。

上雨，水沫至，欲涉者，待其定也。

凡地有绝涧、天井、天牢、天罗、天陷、天隙，必亟去之，勿近也。吾远之，敌近之；吾迎之，敌背之。

军旁有险阻、潢井、葭苇、林木、□荟者，必谨慎复索之，此伏奸之所处也。

敌近而静者，恃其险也；远而挑战者，欲人之进也；其所居易者，利也。

众树动者，来也；众草多障者，疑也；鸟起者，伏也；兽骇者，覆也；尘高而锐者，车来也；卑而广者，徒来也；散而条达者，樵采也；少而往来者，营军也。

辞卑而备者，进也；辞强而进驱者，退也；轻车先出其侧者，阵也；无约而请和者，谋也；奔走而陈兵者，期也；半进半退者，诱也。

杖而立者，饥也；汲而先饮者，渴也；见利而不进者，劳也；鸟集者，虚也；夜呼者，恐也；军扰者，将不重也；旌旗动者，乱也；吏怒者，倦也；粟马肉食，军无悬缶而不返其舍者，穷寇也；谆谆翕翕，徐与人言者，失众也；数赏者，窘也；数罚者，困也；先暴而后畏其众者，不精之至也；来委谢者，欲休息也。兵怒而相迎，久而不合，又不相去，必谨察之。

兵非贵益多也，惟无武进，足以并力、料敌、取人而已。夫惟无虑而易敌者，必擒于人。

卒未亲附而罚之，则不服，不服则难用也。卒已亲附而罚不行，则不可用也。故令之以文，齐之以武，是谓必取。令素行以教其民，则民服；令素不行以教其民，则民不服。令素行者，与众相得也。

【兵法释义】

孙子说：军队在不同地形条件下行军、作战、驻扎和观察、判断敌情，应遵循的原则是：通过山地，要沿着溪谷行进；军队驻扎要面南向阳，占据高处；同占据高地的敌人作战，不能强行仰攻，这是在山地行军作战的原则。横渡江河后一定要远离江河驻扎；敌人渡水而来，我方不要在江河中迎击，而要等敌军渡过一半时再发动攻击，这样才有利；如果要与敌作战，不要紧靠水边迎击敌人；在江河地带驻扎，也要居高向阳，不要在敌人的下游驻扎，这是在江河地带行军作战的原则。通过盐碱沼泽地带，要迅速离开，不要逗留；如果在盐碱沼泽地带遭遇到敌军，那就必须靠近水源草地而背靠树林，这是在盐碱沼泽地带上行军作战的原则。在开阔地带应选择平坦之处安营，并使军队的主要侧翼倚托高地，前低后高，这是在平原地带行军作战的原则。掌握这四种利用地形的原则，就是黄帝之所以能战胜四帝的原因。

大凡驻军，宜选择干燥的高地而不宜选择潮湿的洼地，宜选择向阳之地而避开背阴之处，选择宜于部队生存、物资供给富足的地带驻扎。将士不生疾病，这样就有了胜利的保证。在丘陵堤防驻军，军队务必驻扎于向阳之地，并最好背靠高地。这些对于用兵都是有利的，能得到地形的辅助。

上游降雨，水流冲来，要想涉水过河，应等待水流平稳之后再行动。

凡是遇上绝涧、天井、天牢、天罗、天陷、天隙这六种地形，必须迅速离开，不要靠近。我军应远离这类地形，而让敌人去靠近它；我军应面向这类地形，而让敌人去背靠它。

进军路上遇有险阻、水洼、芦苇、山林和草木茂盛的地方，必须谨慎地反复搜索，这些都是敌人可能设下埋伏或隐伏奸细的地方。

敌人向我逼近而保持安静，是依仗自己占据着险要地形；敌人离我很远而来挑战，是想引诱我军前进；敌人在平坦之地驻扎或布阵，是因为可以采取有利的军事行动。

众多树木摇动，是敌人隐蔽前来；草丛中有许多障碍，是敌人布下的疑阵；群鸟惊飞，是下面埋有伏兵；野兽受惊奔跑，是敌大举突袭我；尘土高扬而且笔直，是敌人的战车向我奔驰过来；尘土低而宽广，是敌人的步兵向我开赴过来；尘土散乱飞扬，是敌人在砍运木柴；尘土稀少又时起时落，是敌人正在扎营。

敌人措辞谦逊却在加强战备，是准备进攻；敌人措辞强硬同时又摆出前进的姿态，是准备撤退；敌人轻车先出动并且部署在侧翼，是在布列阵势；敌人事先没有约定而前来议和，是另有阴谋；敌人急速奔跑并摆列军阵，是在约我决战；敌人半进半退，是企图引诱我军。

敌人倚着兵器站立，是饥饿的表现；汲水的士兵抢先饮用，是干渴的表现；见利而不进取，是疲劳的表现；营寨上鸟群聚集，表明那是空营；敌人夜间惊叫，是恐慌的表现；敌营惊扰纷乱，是将领缺乏威严；旗帜摇动不整齐，是敌人队伍已经混乱；军吏容易发怒，是厌倦的表现；用粮食喂马，杀牲口吃肉，收拾起炊具，部队不返回营舍，表明那是准备拚命突围的穷寇；敌将低声下气同部下讲话，表明他失去人心；不断犒赏士卒，表明敌军处境艰难；不断惩罚部属，表明敌人陷于困境；对部下先粗暴后又畏惧，是最不精明的将领；敌军派人前来送礼谢罪，是想休兵停战；敌人气势汹汹出兵同我对阵，但迟迟不交锋又不撤退，必须谨慎地观察其企图。

兵力不是越多越好，只要不轻敌冒进，并能够做到集中兵力，正确判明敌情，战胜敌人就可以了。缺乏深谋远虑而又轻敌妄动的人，一定会被敌人所俘虏。

士卒还没有亲近依附之前就惩罚他们，他们必定不服，不服就难以调遣。士卒已经亲近依附仍不能实行严格的军纪，那么他们就不能用来作战。所以要用怀柔的手段使他们服从命令，用严格的军法军纪使他们整齐一致，这样就必定能够取胜。平时的命令能够得到严格执行，并以此管教士卒，士卒就会养成服从的习惯；平素的命令不能得到严格执行，并以此管教士卒，士卒就会养成不服从的习惯。平素能够严格贯彻执行军令，表明将帅与士卒之间关系融洽。

【兵法解读】

在本篇中，孙子主要讲的是将领如何带兵打仗，并且如何根据敌人的行动来判断敌人意图的问题。对此，孙子在本篇总结了32条经验，也就是详细列举了32种现象，统称战场观察的"相敌"32法。与此同时，孙子还讲到了关于将领如何治军，如何取得部下的信任，让部下言听计从的问题。对此，孙子提出了"令之以文，齐之以武"的管理原则，为将者应当用怀柔的手段示恩于部下，让部下服从自己的命令，并且用严格的军法军纪手段来规范部下的行为，这样才能做到令行禁止。

孙子在本篇中所论述的如何行军，如何打仗的理论对于我们这些有志于学习商道的人来说用处不大。但是，孙子关于治军方式的论述却是对我们极有启发性的。毕竟，无论是治军还是管理企业，做到令行禁止都是极其重要的。因此，我们也不妨以孙子"卒未亲附而罚之则不服，不服则难用也。卒已亲附而罚不行，则不可用也。故令之以文，齐之以武，是谓必取"的治军理论为参考，多花些心思，多用些手段，把自己手下的队伍打造成一支战无不胜、攻无不克的铁军。

【孙子商道】

1. 善待手下，赢得支持

商战精髓：任何一个领导要想做出一番事业，那么对于他来说，手下对他的拥戴都是必不可少的。作为企业的领导者，你如果想让手下的员工心甘情愿地为你卖命，那么你就必须首先善待他们，尊重他们。因为人与人之间的尊重都是相互的，你尊重别人，别人才可能尊重你。

《礼记》有云："文武之道，一张一弛。"所谓"文"，指的是相对温和的政策，所谓"武"，指的则是相对严厉的政策。"令之以文"，这是孙子所主张的御下之术，要求统兵的将领能够善待士卒，因为只有这样，将领才能得到士兵们的衷心拥戴。

还记得三国时期的名将张飞最大的弱点是什么吗？张飞这个人，本身文化水平不高，因此他对于那些学识渊博、智谋出众的士大夫比如诸葛亮，是极其敬佩的。与此同时，张飞勇力过人，因此他对于手下那些办事不力、畏敌怯战的军校则极其严厉，一旦不合他意，就要捆起来拿鞭子抽。结果，在张飞一味的高压政策之下，他手下的部队虽然作战勇猛、纪律严明，但是将士们对他这个人却是充满了怨恨。结果，张飞最后也是因为他这个缺点而死在部将范疆、张达手上。

如果你像张飞那样不得属下人心的话，你的员工们当然不会像范疆、张达对付张飞一样对付你，但至少在日常工作中消极怠工、心不在焉肯定是免不了的。

台湾著名企业家郑崇华先生于1971年4月创立了台达集团。时至今日，近40年的时间过去了，台达集团已经在郑崇华的经营之下成为了在全世界有17家工厂，而全球员工多达20000人，总市值达到几十亿美元，并且创造了连续35年增长高达30%以上的商业奇迹的世界名企。现如今，台达是世界头号电源供应器制造厂商、世界上最大的零组件厂商、世界上最大的计算机业周边产品供应商。集团产品横跨电子零部件、电源、电池、显示器、工控产品、薄膜感测器等高科技领域。

郑崇华在谈到自己的经营之道时说："日本人对老板往往是盲目服从，因此日本的老板很好做。但中国人却很聪明，中国人常常是三个和尚没水喝。但是，我没有感到我们中国人有什么不好管理，我觉得都还好。对人的尊重和信任是很重要的。我做了这么久没有开过一张支票，没有盖过一个章。我让一个小姐管钱、一个小姐管账，这些事情，都是她们替我来做，我信任她们。而我的有些朋友把这些看得牢牢的，生怕人家把钱拐跑了。比如你让人家出任会计部之前，你要先了解人家。既然你认定人家是可靠的，那么在用人家的时候，你就要无条件地信任人家。我有一个朋友问我，他为什么老是碰到坏人。我说老兄啊，假如我是你的会计，也要拐跑你的钱。因为你不信任人家，不尊重人家，把人家当作小偷看，人家心理便会不平衡。"

与此同时，郑崇华还说："我在用人的时候，不喜欢用那些比较笨的人。相反，我希望我的员工都是那种善于与人沟通，懂得善待下属的聪明人。并且，我总是喜欢尽量找年轻的人去做事，而老一辈去做规划。在让年轻人做事的时候，你不能给他们设置太多的条条框框，而且就算是你把很多实践经验告诉了他们，他们也同样会感觉不以为然。所以，我在让年轻人做事的时候总是让他们自由发挥，给他们创造条件，让他们充分发挥自己的想象力，去创造。但是同时，他们毕竟太年轻了，他们做事的时候你还是要在后面看着，万一事态严重了，你得及时提醒他们。实际上，对于那些年轻人来说，他们最不缺乏的就是干劲，你充分地信任他们，把工作放心地交给他们去做，这对他们来说，反而是一种尊重。让年轻人做事就要容忍他们身上的毛病，犯了错误他们会自动改正。如果不是故意犯错的话，我们不会故意惩罚他，因为他自己心里已经很难过了，你就不要再刺激他。我常和同仁讲，每个人都有他的优点和缺点，你要学人家的优点，不要学人家的缺点，更不要刻意地去批评人家的缺点。否则，你肯定成不了一个好领导，带不出一个好团队。"

作为台达这样一家世界名企的创始人兼董事长，郑崇华不可谓不成功。郑崇华曾经半开玩笑地说过："我的成功经验就是用人。别人爱占天时就让他占，爱占地利也由他，我学刘备，我要占人和。"郑崇华的确是一个刘备般的管理者。和刘备一样，郑崇华的用人之术，一是充分信任，二是多看人的优点。

当年刘备兵败当阳，人人都说赵云单人独骑往西北而去是去投曹操去了，偏偏就只有刘备不信。结果赵云也果然没有辜负刘备的信任，把阿斗给他带了回来。在对待魏延的问题上，诸葛亮认为这个人脑后有反骨，是个反复无常之人。但刘备却认为魏延有勇有谋，人才难得，于是把他留下了。结果魏延果然成了蜀国的大将，多立战功。

相比于刘备对于赵云和魏延的信任，郑崇华同样毫不逊色，他既肯把公司的财政大权全权委托给会计，还愿意给那些经验极其缺乏的年轻人施展自己才华的空间。这样的领导，又怎么可能会不得人心，又怎么可能会得不到手下员工们的衷心拥戴？

2. 打造充满人性化色彩的企业文化

商战精髓：企业文化绝不是规章制度。"文化"是要靠人的自觉性来执行的，那些不人性化的制度是绝不适合跟企业文化联系在一起，甚至跟规章制度联系在一起都是不应该的。因为企业是人的组织，人性化是企业必须考虑的一个因素。

所谓企业文化，指的是企业全体员工在长期的发展过程中所培育形成的并被全体员工共同遵守的最高目标、价值体系、基本信念及行为规范的总和。企业文化作为一股管理新潮，已经越来越受到广大管理者们的重视，并且成为了现代企业管理学体系当中极其重要的一个组成部分。可以说，任何一本管理学著作当中，都不会没有关于企业文化方面的内容。

企业文化管理的概念现在是如此之火，以至于任何一个管理者，都想让自己手下的团队拥有自己的文化。但事实上，这其中也颇有些东施效颦者。他们想要用企业文化来约束员工的行为，但没想到却帮了倒忙，反而让作为管理者的自己失了人心。

阿里巴巴集团的创始人之一，当代中国的著名企业家马云在做客央视的时候曾谈及一家反受企业文化之害的公司。

有一次，马云去那家公司参观。当时正好赶上大中午，只见公司二楼研发部里所有的灯和电脑都关了，整个楼层一片阴暗。马云进去一问才知道，原来公司最近提倡节约，要让节约成为公司的企业文化。所以研发部的经理要求大家中午都关掉电器，并美其名曰：让大家中午休息一下。如果有人中午不休息，还会遭到严厉的批评与处罚。

马云满腹狐疑地问那个研发部经理：你们老总到底是想省电，还是真的想让大家中午休息一下？那位经理倒也实在，对马云实话实说："我们老总说了，近期是为了省电，从长远考虑是为了在公司内部形成重视节约的企业文化。"

听到这话，马云心里忍不住咯噔一下，暗叫不好：你要省电就直说嘛，犯不着这么拐弯抹角的，大家也能理解你的好意。可是你找这么一个借口，还强制推广下去，电钱没省下多少，却失去了员工们的信任。这样下去，研发部的工作效率肯定要降低，反而得不偿失，这样的"企业文化"，不要也罢！

这家公司就是典型的"画虎不成反类犬"。企业文化毕竟是"文化"，"文化"哪有强制执行的？这家公司的老总分明是既想省电又想赶时髦，结果把两个目标混在一起，弄出了一个大笑话。

事实上，绝不是什么东西都适合形成企业文化的，像节约这种事情，虽然不是说就一定不行，但却绝不能强制执行。打着企业文化的旗号来省电，让整个公司的员工一中午都在黑暗中度过，这种不人性化的事情要是真形成了"文化"，那还了得？

第一次世界大战让英法等老牌资本主义强国遭受了致命的打击。实际上从那时开始，美国就已经是世界上经济实力最强大的国家了。但是，到了20世纪50年代，日本的发展速度出乎所有人的预料，这个从战争的废墟上重建起来的国家以惊人的速度崛起，速度超过了世界上的任何一个国家。到了20世纪70年代，日本已经逐渐威胁到了美国作为全世界头号经济强国的地位。

美国企业在与日本企业的竞争中不断失败，尤其是汽车行业，日本车已经全面占领了美国市场，作为美国工业基础的钢铁工业和某些高科技产品的优势地位也逐渐被日本人夺走。

面对着日本一日千里的发展速度，美国朝野惊慌失措，每个人都切身地感受到了日本的崛起给美国带来的威胁。为此，许多之前沉醉于"美国世界第一"的美国人也不得不冷静下来思考：为什么第二次世界大战后经济上濒临崩溃、技术属于三四流的一个弹丸之地的日本，在短短的20多年便实现了经济腾飞？日本经济成功的奥秘在哪里？美国能否仿效日本的做法？

经过美国无数经济学家反复进行的思考和论证，美国人惊喜地发现，日美企业管理的差异根本点不在于管理方法和手段上,而在过去一致认为是相同的管理因素上。美国是一个理性的国家,在企业管理上强调的是技术、设备、方法、规章、组织结构和财务分析等硬因素。

而日本人的管理哲学则带有明显的东方非理性色彩,他们比较注重目标、信念、价值观、文化这类主观因素。它重视人性、重视人力资源,把职工当作"社会人"、"决策人"甚至是"自动人",最大限度地发挥职工的潜力,调动他们的积极性、主动性和创造性。

经过反思,美国人逐渐认同了东方管理哲学的理念,发现自己之前的管理方式实在是有点缺乏人性化。大家都是人,又怎么能仅仅把员工当作纯粹的生产要素,当作会讲话的机器,当作"经济人"看待呢?这无疑是会损害员工的感情,并且不利于企业的长久发展的。

事实上,打造充满人性化色彩的企业文化的理念正与孙子"令之以文"的思想相契合。士卒和员工都是人,是人就需要得到别人,尤其是在上位者的关怀。因此,谁更能让员工从感情上亲近企业,谁更能让企业产生强大的凝聚力,那谁无疑就更能在现代市场竞争中站稳脚跟。

3. 授权——企业领导的必修课

商战精髓:一个人再能干,他的精力也是有限度的;一个人的能力再大,也有难以企及的地方。因此,作为一家企业的领导者,你应该懂得如何把你手中的权力下放,把一些事交给手下去干。可以说,这是你作为企业领导必修的一门功课。如果你不会,也就称不上是一个合格的领导。

有位著名的企业家曾说过:"创业之初,我带大家向前冲;事业发展到一定阶段,我站在大家中间和他们一起前行;而今日,我在大家后面看着他们冲,我只指方向。"如果你是一家小公司的老板,手下有十来个员工,你也有可能做到随时监督每个人的工作。但是,如果你手下有100个人呢?有1000个人呢?你还能每件事都亲自解决吗?这显然不可能。

汉高祖刘邦出身寒微，按照易中天的说法，他在起兵之前就是个不学无术的地痞流氓。可就是这样一个人，却灭亡了盛极一时的大秦，击败了当时公认的"社会精英"——西楚霸王项羽。

事实上，刘邦最大的优点就是他非常善于借用团队的智慧。他曾说过这样一段非常有名的话："夫运筹帷幄之中，决胜千里之外，吾不如子房（张良）；镇国家，抚百姓，给饷馈，不绝粮道，吾不如萧何；将百万之众，战必胜，攻必取，吾不如韩信。三者皆人杰，吾能用之，此吾所以取天下者也。项羽有一范增而不能用，此所以为吾擒也。"

刘邦作为汉王，他可以将后勤全权委托给管理型人才萧何，可以对智囊性人才张良的出谋划策言听计从，可以将几十万大军的指挥权交给只见过几次面的卓越军事统帅韩信。这就是刘邦的聪明之处：他不仅知道自己不行，还知道什么人行。反观跟刘邦争夺天下的项羽，他本身具有超强的个人能力，武艺超群天下无敌，但韩信、陈平这样的人才在他帐下都得不到重用，最后反而去投靠了刘邦，唯一对他忠心耿耿的范增最后也让他的刚愎自用给气死了。刘邦懂得授权之道，项羽事事都靠自己，从来信不过别人，这就是项羽败给刘邦最根本的原因。

有些企业领导知道自己管不过来，于是勉勉强强把权力分给了下属。但在授权的同时，却出于对下属能力与忠诚度的担心，仍时刻关注，对下属的工作指指点点，唯恐公司事务偏离自己希望的轨道。结果呢？不但自己身上的压力丝毫没有减轻，反而弄得属下们怨声载道。要知道，大商人以信取人，这种做"甩手掌柜"，把责权慷慨地授予下属的行为看似冒险，其实却是一种最好的借力之法。既能解放自己，把精力更多地投入到对于企业发展大方向的把握上，又能让公司中的琐碎事务得到高效而快速的解决，可谓一举两得。

奥尼尔是美国一家汽车公司的销售总监。对于工作，奥尼尔十分勤奋，在销售部，他每天都是第一个来，最后一个走。因为这家公司的销售网覆盖全美,美国每一个角落的销售工作都是他的职权范围,因此他总感觉自己有处理不完的事务。时间一长,奥尼尔把自己弄得身心俱疲,但销售业绩却始终得不到提高。

对于这样的现实,奥尼尔很沮丧。他明明已经拼尽全力了,但老天就是不肯给他应有的回报。他很清楚,这种情形如果再持续下去,公司会毫不客气地让自己卷铺盖走人。

无奈之下,奥尼尔开始反思自己的管理理念。在经过一番思考后,他开始试着把要做的所有工作按重要性、难易程度排序,把各项工作分派给适合的下属去完成,自己只负责三件事:一是布置工作,告诉下属该如何去做;二是协助下属,当下属遇到自己权力之外的困难时,出面帮助下属解决困难;三是工作的验收,并视下属完成工作的状况给予激励或惩罚。

在尝试了一段这种"不负责任"的工作方式之后,奥尼尔惊奇地发现,自己有一种获得了"解放"的感觉。下属开始表现出极强的主动工作劲头,公司业绩明显攀升,而自己更是从大量事务性工作中解脱出来,可以把全部精力都投入到制定新的销售计划和销售策略当中去了。他描述自己就像一个自动化工厂的工程师,把生产和装配的权力都下放给了机器和工人们,而自己每天只是在优雅的环境里走动,视察自行高效运转的流水线,并且为流水线排除故障就可以了。

尝到甜头的奥尼尔再也不觉得自己身心疲惫了,他甚至把很多细枝末节事务的决定权下放给了自己那位能干的秘书。他现在甚至每天能抽出四五十分钟与小女儿一块儿看动画,每周陪妻子逛一个下午的商场了。可奥尼尔越是这样,销售部的工作效率就越高,销售业绩也节节攀升,奥尼尔这下可算是彻底知道下放权力的好处了。难怪奥尼尔意味深长地说:"充分地授权给下属,让我更多地享受到了亲情和生活的乐趣。"

奥尼尔在学会授权的前后情况的对照,正说明了授权对于企业领导的意义。权力这种东西,一旦被人拿到手中之后,再想从这个人的手里给拿出来,那是很困难的。因为人天生就有一种对于权力的占有欲。但是对于企业领导来说,过多的权却反而是一种负担,让你陷在各种各样繁琐的事务中而不能自拔。

想想看,以诸葛亮之能,尚且需要有马谡这样的参军,杨仪这样的长史来协助他的工作。但即便这样,他还是在仅仅53岁的时候就积劳成疾,与世长辞了。如果你没有诸葛亮一般的才干,如果不想像诸葛亮那样被活活累死,那么授权于下属就是你最好的选择。

4. 团队合作,让企业内部固若金汤

商战精髓:对于企业来讲,团队的力量永远比个人的力量更加值得依靠。特别是在全球化迅速发展的今天,只有在企业内部打造完美的团队协作精神,才能让你的企业内部变得固若金汤,在对外的时候也更具竞争力。

在展开本节的论述之前,让我们先来看这样一则寓言。

从前,有两个饥饿的人得到了上帝的恩赐:他们一个人得到了一篓鱼,另一个人则得到了一副渔竿。他们需要用各自得到的东西来养活自己,否则就只能饿死。于是,带着上帝的恩赐,他们分开了。

得到鱼的人还没走几步就又觉得饿了,于是他便用干树枝点起篝火开始烤鱼。也许是饿得太久了,他狼吞虎咽,一口气就吃掉了三条鱼。又过了两个星期,他再也没有得到新的食物,最终饿死在空鱼篓的旁边。

另一个人选择了鱼竿,他深知要是不想饿死,就一定要找到获取食物的方法。可是他本来就很饿,现在还是没有吃的,只能咬牙苦撑,一步步地向海边走去,准备钓鱼解饥。可是,人的忍耐力毕竟是有限的,他终于用完了自己的最后一点力气,带着无尽的遗憾撒手人寰了。

上帝摇了摇头,他要的不是这样的结局,于是他决心再发一回慈悲。就这样,又有两个饥饿的人分别得到了上帝恩赐的一副渔竿和一篓鲜活的鱼。与上次不同的是,这两个人比之前那两个人更聪明,他们预见到了各奔

东西就是死路一条。于是他们结伴而行，一起去寻找有鱼的大海。

一路上，每当他们饿了时，就烤一条鱼两人分着吃，就算再饿也不敢放纵自己吃得太饱。终于，经过艰苦的跋涉，在吃完了最后一条鱼的时候，他们到达了海边。从此，两人开始了以捕鱼为生的日子，有了各自的家庭、子女，有了自己建造的渔船，过上了幸福安康的生活。

团结共进、众志成城，才能创造更多的价值。无论何时，团队的力量总是远远大于个人的力量。因为在团队中，每一个人的智慧和才能都是有限的。唯有借助他人的能力和智慧，取长补短，为我所用，才能广采博集，发挥集体的智慧。另外，一个能被员工理性感知的企业发展空间、一个可以让员工满意的工作环境和团队协作的工作氛围，及相对简单的人际环境，则是企业打造完美团队协作精神的良方。

在香港商业史上，李兆基、郭得胜、冯景禧是传奇的"三人组"。早在1958年，这三个年轻人就走到了一起，共同组建了永业企业公司，开始向地产业进军，在香港商场上留下了一段好朋友同心协力共创大业的佳话。

尽管这三个人的关系非常好，但是，他们的性格特点又有所不同。其中，李兆基的年龄最小，但是就数他的主意多；而郭得胜年龄最长，因此他拥有别人没有的经验，面对什么事都非常老练；冯景禧居中，精通财务，擅长证券交易。公司建立后，三个人主动分工，每个人都在自己拿手的领域打拼，而在自己不熟悉的领域，则很放心地交给对方来处理。

当公司成立后，他们接手的第一桩生意就是买入沙田酒店。这个时候，三个人分别展现出自己的特长，李兆基出主意，郭德胜主要进行商业谈判，而冯景禧则规划资金流向。结果他们以低价收购了一些无人问津而又富有发展潜力的地皮，重建物业出售。这时，李兆基提出了"分层出售，分期付款"的设想，结果得到了一致通过。打入市场后，这个方法迅速赢得了消费者的信赖，房子很快便销售一空。从此，这三个人的名声打响了，被誉为香港商业"三剑侠"。

　　李兆基、郭得胜、冯景禧这"三剑侠"既是企业的老板,同时也是企业中最普通的员工,因为他们也都只是企业这个团队中的一分子罢了。事实上,要想在企业内部打造完美的团队协作精神,提升企业的凝聚力,就必须使公司的每个成员都能强烈地感受到自己是雄伟城墙中的一块砖,是不可缺少的一分子。砖与砖之间紧密结合是建立城墙的基础,这种紧密结合就是凝聚力。员工凝聚力是企业发展的源泉和集体创造力的源泉,而只有步调一致,凝聚力的作用才能有效发挥。

　　与此同时,身为领导者,更要逐渐形成自身的行为习惯及行事规范。这种规范同时也表现出了这个团队的行为风格与准则。企业的规章制度、标准化的建立健全,在这方面可起辅助的作用,而这个部署的关键是团队的核心人物自身。典范作用是建立领导权威的最主要因素,通常我们所说的以身作则就是这种含义。

　　则是什么,就是规则! 领导通过自身的系列言行对规章制度、纪律的执行,逐步建立起领导的威信,从而保证管理中组织、指挥的有效性。员工也会自觉地按照企业的行为规范要求自己,形成团队良好的风气和氛围。

第十章

地形篇：知己知彼，方能战无不胜

"夫地形者，兵之助也。料敌制胜，计险厄远近，上将之道也。"孙子对于地形与战争的关系做出了极其精辟的论断。但对于企业经营者来说，仅仅做到对周遭的形势了如指掌也还是远远不够的。现代社会已步入信息化时代，谁能做到知己知彼，谁最先掌握市场信息，谁就能在现代商战中处于优势地位。而这，正是《孙子兵法·地形篇》所带给我们的商学启示。

【兵法原典】

孙子曰：地形有通者、有挂者、有支者、有隘者、有险者、有远者。我可以往，彼可以来，曰通。通形者，先居高阳，利粮道，以战则利。可以往，难以返，曰挂。挂形者，敌无备，出而胜之，敌若有备，出而不胜，则难以返，不利。我出而不利，彼出而不利，曰支。支形者，敌虽利我，我无出也，引而去之，令敌半出而击之，利。隘形者，我先居之，必盈之以待敌。若敌先居之，盈而勿从，不盈而从之。险形者，我先居之，必居高阳以待敌；若敌先居之，引而去之，勿从也。远形者，势均，难以挑战，战而不利。凡此六者，地之道也，将之至任，不可不察也。

故兵有走者、有驰者、有陷者、有崩者、有乱者、有北者。凡此六者，非天之灾，将之过也。夫势均，以一击十，曰走。卒强吏弱，曰驰。吏强卒弱，曰陷。大吏怒而不服，遇敌怼而自战，将不知其能，曰崩。将弱不严，教道不明，吏卒无常，陈兵纵横，曰乱。将不能料敌，以少合众，以弱击强，兵无选锋，曰北。凡此六者，败之道也，将之至任，不可不察也。

夫地形者，兵之助也。料敌制胜，计险厄远近，上将之道也。知此而用战者必胜；不知此而用战者必败。

故战道必胜，主曰无战，必战可也；战道不胜，主曰必战，无战可也。故进不求名，退不避罪，惟人是保，而利合于主，国之宝也。

视卒如婴儿，故可以与之赴深溪；视卒如爱子，故可与之俱死。厚而不能使，爱而不能令，乱而不能治，譬若骄子，不可用也。

知吾卒之可以击，而不知敌之不可击，胜之半也；知敌之可击，而不知吾卒之不可以击，胜之半也；知敌之可击，知吾卒之可以击，而不知地形之不可以战，胜之半也。故知兵者，动而不迷，举而不穷。故曰：知己知彼，胜乃不殆；知天知地，胜乃可全。

【兵法释义】

孙子说：地形有通形、挂形、支形、隘形、险形、远形。我军可以去，敌人可以来的地形，叫做通形。在通形地带，要抢先占据地势高而向阳的地方，保持粮道畅通无阻，这样与敌交战时就有利。可以进入，但难以返回的地形叫做挂形。在挂形地带，敌人如果没有防备，我军就可以突然出击战胜他们；敌人如果预有防备，我军出击不能取胜，又难以返回，这样就对我军不利。我军出击不利，敌军出击也不利的地形叫做支形。在支形地带，敌人即使以利引诱我们，我军也不要出击；可以假装退却，诱使敌人出来一半时，我军突然回击，这样就有利。在隘形地带，如果我军先到达，就要用重兵占领隘口，以等待敌军来犯；如果敌人先用重兵占据隘口，我军就不要去攻击；如果敌人没有用重兵据守隘口，那就迅速攻占它。在险形地带，如果我军先到达，就要控制地势高而向阳的地方，以待敌人来犯；如果敌人先到达，就应该率军撤离，不要进攻。在远形地带，敌我双方的力量均等，不适宜挑战，我军在这种情况下不利于作战。以上六点，是作战中利用地形的基本原则。这是将帅最重要的职责，对此不能不认真考察研究。

战争中军队有走、弛、陷、崩、乱、北等六种情况。这六种情况，都不是自然的灾害，而是由于将帅的过失造成的。双方形势相当，去攻击兵力十倍于己的敌人，必会败逃，叫做"走"。士兵强悍、基层军官懦弱，叫做"弛"。基层军官强悍、士兵懦弱，叫做"陷"。部将怨怒而不服从指挥，遇到敌人擅自出战，主将又不了解他们的能力，叫做"崩"。主将软弱而无威严，训练管理不得其法，官兵不守秩序，布阵没有章法，叫做"乱"。将帅不能正确判断敌情，以少击众、以弱击强，作战时又没有精锐的先锋部队，叫做"北"。以上六种情况是导致作战失败的原因。这是将帅最重要的职责，对此（同样）不能不认真考察研究。

地形是用兵作战的辅助条件。正确判明敌情以夺取胜利，考察地形的险易远近，这是优秀将领的职责。懂得这些道理去指挥作战，就必然胜利；不懂得这些道理指挥作战，就必然失败。

所以，根据战争规律有必胜把握的，即使国君说不要打，坚持打也是可以的；根据战争规律不能取胜的，即使国君说要打，不打也是可以的。所以，进不追求名声，退不回避罪责，只求保全军队和民众，而又符合君主的利益，这样的将帅是国家的宝贵财富。

将帅对待士兵能够像对待婴儿一样，士兵就可以跟随将帅赴汤蹈火；将帅对待士兵能够像对待自己的爱子一样，士兵就可以与其同生共死。但是，只知厚待士兵却支使不动他们，只知溺爱士兵却指挥不动他们，士兵违法乱纪却不能惩处他们，这样的士兵就像宠坏的孩子一样，是不能用来作战的。

只知道自己的士兵能打，但不知道敌军不可以打，取胜的把握只有一半；知道敌军可以打，但不知道自己的士兵不能打，取胜的把握也只有一半；知道敌军可以打，也知道自己的士兵能打，但不知道地形不利于作战，取胜的把握仍然只有一半。所以，真正懂得用兵的将帅，行动起来不会迷惑，采取的措施变化无穷。所以，了解敌人，了解自己，就会取胜而不会失

败。知道天时,知道地利,就可以全面获得胜利。

【兵法解读】

《孙子兵法·地形篇》是我国最早的有关军事地形学的精辟论述。孙子在这里集中探讨了利用地形的重要性,提出了在不同地形条件下军队作战的若干基本原则,辩证地揭示了敌情与军事地理的相互关系,并根据当时实战的具体要求,具体列举了军队在作战中可能遇到的六种地形,并就此提出了详尽、适宜的用兵方法。基于"地形者,兵生助也"这一精辟论断,孙子主张将帅要重视对地形的观察和利用,并且将判断敌情同利用地形两者密切地联系起来,这就是所谓:"料敌制胜,计险易远近,上将之道也。"与此同时,在本篇中,孙子还阐述了官兵关系的基本准则,主张将领既要爱护关心士卒,又要严格治军纪律,做到"爱"、"严"结合,奖惩适宜。正所谓:"视卒如婴儿,故可以与之赴深溪;视卒如爱子,故可与之俱死。厚而不能使,爱而不能令,乱而不能治,譬若骄子,不可用也。"

"夫地形者,兵之助也。料敌制胜,计险隘远近,上将之道也。知此而用战者必胜,不知此而用战者必败。"对于企业经营者来说,仅仅做到对周遭的形势了如指掌也还是远远不够的。现代社会已步入信息化时代,谁能做到知己知彼,谁最先掌握市场信息,谁就能在现代商战中处于优势地位。

企业经营决策中,在建厂的地形、原料供应及运输、销售网点分布等方面,应多考虑交通是否便利,地形是否合宜,将对企业经营有莫大帮助。企业经销网络如遭竞争对手封住,则要设法再找新的销售途径,谋创奇迹,突围解围。至于专利、商标的假冒等纠纷,会使企业陷入难以生还的"死地",此时要奋力拼搏,据理力争。与此同时,在企业内部,领导对待员工也不仅仅应当"视如婴儿","视如爱子"。"厚而不能使,爱而不能令,乱而不能治,譬如骄子,不可用也。"对部属厚爱而不能使用,溺爱而不能命令,违纪而不能制裁,这样的部属就好比骄子,是不能用来共同奋斗的。

因此，企业管理者在善待属下的同时更要重视企业的制度建设，在企业内部做到恩威并济、令行禁止。只有这样，才能真正做到企业上下团结一心，在商场上才能真正做到战无不胜。

【孙子商道】

1. 找到对手弱点，趁虚而入

商战精髓：如果你的企业要想在存活下来的同时还能在商战当中战胜一个对手的话，那么在对企业所在行业的总体状况，企业在整个行业中所处的具体位置，国家的政策导向等外部条件有一个相对透彻的理解和认识的基础上，你还需要对你的对手有一个全方位的了解。只有这样，你才能找到对手的弱点，并且有针对性地对去发动攻击。

在20世纪70年代初，汤姆公司是美国一家区域性电话公司。但是，汤姆公司由于经营不善，遇到了很严重的财务困难，于是公司决定聘请著名企业家维尔乐先生担任公司的总经理，借助他的经营能力使汤姆公司扭亏为盈，走出困境。

在接手汤姆公司之初，维尔乐并没有马上就进行大刀阔斧的改革，而是把时间花在了对他们发展道路上最大的拦路虎斯诺公司的分析和研究上。维尔乐发现，斯诺公司几乎垄断了全美范围内所有的电话业务，但他同时也深知，像这样的全面垄断虽然可以使一家公司获得很高的利润率，但也会同时造成该公司经营上的无效率，而斯诺公司就是这一现象的典型代表。

虽然斯诺公司在科技上具有领先地位，但同时也为其他公司提供了许多竞争的机会。维尔乐还发现，斯诺公司把长途电话收费定得较高，是为了保持较低的电话基本租金和区域性服务的成本，这无异是在"邀请"那些无心于发展地方性通信业务的公司，去参与长途通话业务的竞争，因为只要

有一家公司能够提供价格比斯诺公司更低廉的长途电话业务，那么这家公司就有可能打破斯诺公司的垄断，从斯诺公司的碗里分一杯羹。

维尔乐在了解到上述情况之后，对于汤姆公司未来的发展方向和实现扭亏为盈的方式已经基本做到心中有数了。

于是他开始每天去联邦通信委员会的公共阅览室里翻阅相关的文件和资料，找出了许多他人所未曾留意的规定。虽然地方性的电话系统在法律上允许独占，但联络各地之间的长途电话却没有规定可以独占，无论是在法律条文、国会的报告还是联邦通信委员会的规章里对这个问题都是只字未提。而且，维尔乐还发现了一条更为重要的规定，就是联邦通信委员会在接到要求建立电话线路申请后60天内必须处理完毕。假使委员会内的陪审团成员中无人反对这项申请，委员会就会很自然地按照规定将这条线路的使用权划归于申请者的名下。基于上述这些重要情报，维尔乐制订了一个完备的计划。

他一边向联邦通信委员会提交了数百件重要通信线路的申请；一边斥资建设斯诺公司的线路之外的第二条长途电话线路。这样一来，他就成功地将斯诺公司所织下的垄断巨网冲开了一个缺口，为汤姆公司的经营和发展拓宽了道路。后来，虽然经过无数次由斯诺公司促成的法律诉讼和国会听证以及联邦通信委员会的裁决，但由于维尔乐事先早已经做好了充分的准备，谋划好了应付的策略，这些志在打压汤姆公司的阴谋最终都没能得逞。

在维尔乐的计划达成之后，从1980年到1985年这5年间，汤姆公司的营业额和利润每年都增长1倍以上。到了1990年，汤姆公司已经成为年营业额20亿美元的大企业，真正有实力和斯诺公司分庭抗礼了。

如果说在维尔乐到来之前，斯诺公司的规模和实力是一只篮球的话，那么汤姆公司则顶多算得上是一只乒乓球。对于汤姆公司这样的小企业来说，像斯诺公司这样的霸主级大公司是绝对不会将其当做商战假想敌的。

而这一点，正是汤姆公司在和斯诺公司进行竞争时唯一可以利用的优势。维尔乐深知这一点，因此他在接手汤姆公司之后，几乎把所有的精力都花在研究斯诺公司的弱点上了。只要汤姆公司可以抓住斯诺公司的弱点，然后出其不意地发动进攻，那么汤姆公司虽小，但也仍然有很大的机会可以在斯诺公司的垄断巨网上撕开一个缺口，并从斯诺公司的利益大锅里分一杯羹。

汤姆公司的成功案例说明，再庞大的企业，再精明的对手，只要你肯花心思去研究，就总能够找到他的弱点。这样一来，无论你的对手是谁，在你趁虚而入的突然攻击之下，也必然会陷入混乱，你距离商战胜利的目标也就非常之近了。

2. 并购目标之前，先得下足细功夫

商战精髓：如果你想要搞并购的话，也同样需要做到知己知彼，而且还要比你以打败对手为目标时下更多的功夫。毕竟，吞并一家企业要远比在商战当中打败一家企业困难得多。

商场，说白了就是一个大鱼吃小鱼，小鱼吃虾米的地方。一家企业要想实现高速发展，要么是锐意创新，利用科技的力量，要么就是大肆并购其他的企业，靠资本融合取胜。如何锐意创新，我们之前已经讲了很多，这里不再赘述。

香港和黄集团是由和记洋行和黄埔船坞两大部分组成的大型洋行。在上世纪 70 年代，和黄集团在香港的众多洋行当中，论规模可以排到第二位，同时，和黄也是香港十大财团所控制的最大上市公司。和黄集团是这个案例中的被收购目标，而收购这家香港首屈一指的大公司的，是大名鼎鼎的李嘉诚。当然，在当时李嘉诚还不是现在这个亚洲首富，世界十强呢。

1973 年，和记、黄埔纷纷受到了股市大灾和世界性石油危机以及香港地产大滑坡的严重影响，加上和黄主人祈德尊家族经营不善，和黄集团因

此陷进了财政泥潭，接连两个财政年度一共亏损了近2亿港元。两年后，祈德尊家族终于顶不住了，如果没有外来资产注入，和黄集团就要宣布破产了。在这个时候，香港汇丰银行站了出来，他们为和黄注入了1.5亿港元的资金，以缓解和黄的燃眉之急，而汇丰银行注资的条件则是和记出让33.65%的股权给汇丰。

和黄的危机解除之后，按照事先的约定，汇丰成为了和记集团的最大股东，黄埔公司也由此与和记分了家。直到1977年9月，和记又一次与黄埔合并，共归汇丰名下，定名为"和记黄埔(集团)有限公司"。

但是，汇丰毕竟是一家银行，他们是不可能长时间经营和记黄埔的，他们早晚有一天会把和记黄埔出售，转化为银行的资本。李嘉诚看到了这一点，因此，他对和黄产生了兴趣。因为在李嘉诚看来，和记黄埔虽然近况不佳，但却是一家极具发展潜力的企业，只是目前经营不善罢了。现在和记黄埔的大股东是汇丰银行，李嘉诚要想收购和记黄埔，就必须和汇丰银行拉关系打交道。自此，李嘉诚开始施展他大师级的并购操作手腕。

事实上，在1978年，李嘉诚还在因为另一桩关于九龙仓公司控股权的买卖跟汇丰银行打交道。在九龙仓，李嘉诚的长江实业和汇丰银行是竞争对手。当汇丰总裁沈弼出面规劝李嘉诚时，李嘉诚果断地放弃九龙仓控制权的争夺，卖给沈弼一个面子，借以与汇丰增进友谊，为下一步收购和黄埋下伏笔。

之后，李嘉诚又频频与沈弼接触，二人交情日深。李嘉诚又利用汇丰急需扩大自己实力，增强储备资金的机会向沈弼提出自己有意收购和记黄埔。和记黄埔现在是汇丰银行旗下的产业，汇丰即使要把它卖掉，也还是希望它能够得遇明主，获得一个好的发展前景，重振昔日雄风。就在一段交往中沈弼发现了李嘉诚的精明能干、诚实从商的作风及其如日中天的业绩，这就不能不说是缘分和运气了。

沈弼慧眼识珠，认定李嘉诚堪托大任，可以重振和黄。所以，虽然当时

对汇丰的和黄股垂涎者甚众，但沈弼及汇丰根本没有考虑让别人角逐和竞争，在他的心目中，李嘉诚就是和记黄埔真正的明主。

很快，汇丰银行在 1979 年 9 月与长江实业达成协议，以每股 7.1 港元的价格，将其手中持有占 22.4% 的 9000 万和黄普通股售予长江实业。汇丰让售李嘉诚的和黄普通股价格只有市价的一半，并且同意李嘉诚暂付 20% 的现金。恐怕自从世界上有了企业并购这回事之后，再也没有任何一家收购公司所获得的优惠像长江实业这么多了。李嘉诚对沈弼足够真诚，沈弼对李嘉诚也绝对够意思。

至此，李嘉诚已经完成了收购和记黄埔最关键的一步。紧接着，李嘉诚集中火力乘胜追击，继续在股市大量吸纳和黄股票。经过一年的全面吸纳，到 1980 年 11 月，李嘉诚成功地拥有了 39.6% 的和记黄埔股权，控股权这时已十分牢固。1981 年初，李嘉诚正式成为香港第一位入主英资洋行的华人大班，同时被选为和记黄埔有限公司董事局主席。和记黄埔也正式成为了长江实业旗下的一家子公司。

如果你觉得李嘉诚这笔收购做得实在很轻松的话，那你可就大错特错了。有一组数据可以证明这一点。在当时，长江实业实际资产是 6.93 亿港元，而和记黄埔的市价总值则有惊人的 62 亿港元，是长江实业的近 9 倍，李嘉诚所完成的，根本就是一桩"蟒蛇吞大象"的伟大收购，是一次堪比当年"企业并购大师"曹操成功吞并"河北袁绍股份有限公司"的伟大胜利！

现在你知道为什么沈弼要给李嘉诚那么大的优惠了，那实在是因为李嘉诚根本就不具备收购和记黄埔的实力。但李嘉诚还是做到了，他用自己天才般的经商智慧从汇丰银行那里得到了比他自己的长江实业还要大 9 倍的和记黄埔。

李嘉诚把生意做到这个份上，就像金庸武侠小说中的一种功夫"凌波微步"一样，举手投足顺势而行又毫不费力，自然可以形随意动。所以虽是"微步"，是周旋于足尖毫厘间的细功夫，但确实已臻武学的至高境界。

3. 任人唯亲乃企业取死之道

商战精髓：亲人并不一定是亲信，如果你任人唯亲，让他到你的公司做他胜任不了的工作，那么你的企业离众叛亲离也就不远了，因为这分明是取死之道。如果是一个跟你共同工作过的人，工作过一段时间后，你觉得他的人生方向是正面的，你交给他的每一项重要的工作他都努力地去完成，他的才能足以做你最得力的助手，那么这个人就可以做你的亲信。这是企业用人最基本的原则。

父死子继，兄终弟及，这是古代封建王朝的传承之道。而对于一家企业来说，用这种方式进行管理，进行传承，却是极其愚蠢的。

我国的民营企业是从改革开放之后才开始兴起的。因此，关于企业传承的问题，仅仅在 10 年之前，都还不能成其为问题，因为那时，企业家们还都处在壮年，企业如何传承的问题对于他们来说显得过于遥远了。但是随着时间的推移，这个问题已经引起了越来越多的企业家的重视。对于你来说，或许你还不是一个成功者，还算不上是企业家，但是如果你有一颗企业家的心，想要在商场上有所作为的话，那么，企业如何传承，或者说如何为企业培养优质的接班人是你早晚都要考虑的问题。

为了使自己的儿子能够早承父业，李嘉诚对儿子的培养，在很久以前就开始了。据说，在泽钜、泽楷兄弟俩不满 10 岁时，李嘉诚就在长实会议室内为兄弟俩设置了专门的席位，让他们从小耳濡目染，接受商业训练。有人不禁纳闷，不满 10 岁的孩子懂得什么？其实，李嘉诚并不计较他们听懂了什么，重要的是商业氛围的熏陶，李嘉诚用心良苦，可见一斑。

1985 年，李泽钜从美国斯坦福大学毕业后立即加入了李嘉诚的长江实业。不要以为这是李嘉诚任人唯亲的体现，因为李泽钜在长实只是一个普通职员而已。曾有董事提议让泽钜进董事局，但立即遭到了李嘉诚的强烈反对，因为李嘉诚并不想让他一步登天，而是想让他在基层多历练历练。

1987 年，已经在基层锻炼了两年的李泽钜接手了自己人生中的第一笔大生意——万博豪园。1988 年，长江实业专为"万博豪园"项目成立了太平洋协和发展公司，以 3.2 亿加币投标获得了温哥华世界博览会的一块黄金地皮，面积达 82 公顷，约占温哥华市区面积的 1/5，而按照李泽钜的设想，将在这上面投入 170 亿港元，向社会推出 7600 个左右的住宅单位。如此庞大的投资项目，一面世即被称作"加拿大有史以来最大的一个地产发展项目"，是"东方人的大手笔"。到了 1990 年，推向市场的"万博豪园"产生轰动效应，创下两个小时卖掉一幢大楼的纪录。

"万博豪园"的成功显示出李泽钜在经商方面的确有很好的天赋和实力，使李泽钜顺理成章地博得一片赞誉，顺利地在长江实业集团里站稳了脚跟。。但李嘉诚认为，要奠定李泽钜的重要地位，仅仅有这一个功绩还远远不够。为了进一步树立儿子的威信，李嘉诚导演了一出"儿子超过老子"的好戏。

1997 年 1 月 6 日，长江实业集团宣布，将在两个星期以内，实施一项名叫"长江集团迈向基建纪元"的重组计划，目标是通过一系列让人眼花缭乱的股权置换行为，对长江系统的四家上市公司——长江实业、和记黄埔、港灯集团和长扛基建进行重组。而这次重组，同样也是由李泽钜全权负责的。

几年之后，重组使长江实业获得不俗的特殊项目收益。据一些证券公司的估计，长实当年的特殊项目收益可达 41 亿港元，特别值得一提的是，长实系的各大企业的总资产额从 730 亿港元猛增至 1540 亿港元，成为香港资产值最高的上市公司。更重要的是，李泽钜一手策划的重组计划没动用一分钱，便使长实大赚了一把，使投资者也受惠，由此可以看出他的确有非凡的生意头脑。

长江实业的成功重组再次让李泽钜大出风头。大型外资基金里昂基金还特别出了一期大标题是《李泽钜的胜利》的特刊，高度评价了李泽钜在本次重组中的表现，使香港机构投资者大为看好李泽钜。而这，正是李嘉诚所

最希望看到的,为此,李嘉诚多次在公开场合声称,李泽钜已经全面超越了自己。

在李嘉诚的刻意扶持之下,李泽钜已完全走到了长江实业的前台,成为了新一代华资商人管理者的杰出代表,李嘉诚和他的长江实业足可称得上是后继有人。

从旁听到基层历练,从接手大型房地产项目到主持整个长江实业的资产重组计划,李嘉诚对于接班人按部就班的培养横跨了数十年,终于造就出了李泽钜这个不逊于自己的合格的下一代长江实业的"掌门人"。

可以说,李嘉诚的经商智慧绝不仅仅体现在他在商场上如何叱咤风云所向披靡,他的资产如何与日俱增水涨船高。如果没有一个合格的接班人的话,当他自己百年之后,他的这些成就,他所赚下的这些家业又将归于何处呢? 毕竟,不是所有人都有像比尔·盖茨那样把所有家产都捐给慈善事业的豁达胸怀的。今早给自己被养一个优秀的接班人同样也是你知己知彼的经商智慧重要组成部分,不是吗?

4. 令行禁止,严格执行企业的规章制度

商战精髓:正是因为集体中的每个人都拥有自我意识,都会下意识地为自己打算,企业才有了设立各种规章制度的必要。而企业内部一旦设立了规章制度,就一定要严格执行,对于违反制度者,一定要做出适当的处罚。"厚而不能使,爱而不能令,乱而不能治,譬如骄子,不可用也"。赏罚不明的后果白纸黑字地写在这里,具体要怎么做我们大可以自己权衡一二。

企业是一个集体,是集体就一定离不开各种各样的规章制度。这是因为,集体中的每一个人,都是一个拥有自我意识的个体。对于人类来说,自我意识是我们区别于其他动物的重要标志,是我们人类的骄傲。但是对于集体来说,自我意识就不见得是好东西了。

沃尔玛是全球最大的连锁零售企业,同时也是全世界最大最成功的企

业，曾长时间在世界 500 强企业当中稳居榜首。在美国本土，沃尔玛有一座 880 号分店，这家店坐落在得克萨斯州欧文镇的贫民区，总部新给这家店派来的经理叫埃德·纳吉。埃德·纳吉来到这里的首要任务就是将这家店进行规范化管理，彻底杜绝这家店里原本屡禁不止的盗窃行为——无论是员工还是顾客。

埃德·纳吉在来之前就已经想通了为什么在这家店里盗窃行为屡禁不止，其根本原因在于没人制定任何制度，也没有任何奖励机制，同样也没有严格的惩罚规章。对于店员来说，顾客偷窃，损失由公司来承担，自己没必要管得那么宽；对于顾客来说，既然店员看得不紧，那么能占点小便宜也是不错的。进而，就连店员们自己也开始盗窃店里的商品，反正到时候往顾客身上一推就是了，自己也不用为此承担任何责任。

因此，埃德·纳吉上任之后所做的第一件事就是召集该店的各部门主管，向他们详细讲述沃尔玛的经营理念，并对他们进行重新培训。为了彻底杜绝这一现象，埃德建立了一系列严格的员工行为规范，加强管理，并把责任具体落实到每一个店员的身上，甚至规定他们必须仔细检查每个被送出商店后门的空盒子，并制定出一系列奖惩机制。

但总是会有人无视制度的存在，一名叫玛丽的店员不仅不愿受新制度的约束，甚至还在背后说埃德的坏话，并且说他制定的那些制度"愚蠢透顶"。这样的行为当然为埃德所不容，既然她敢"以身试法"，那埃德就必须拿她"明正典刑"。于是，埃德开除了玛丽，并在全商店范围内进行了通报。

有罚就有奖，有一天，一个名叫琼斯的店员发现了一只装婴儿车的大箱子，里面藏着价值 400 美元的磁带。很快，店里抓住了那名试图偷窃的顾客。第二天早上，埃德开了个会，表扬了发现盒子和抓住小偷的琼斯，还给他发了一小笔奖金。他成了店里的英雄，每个人都对她报以热烈的掌声。就这样，每个人都开始乐于为店里的事操心，在短短的一段时期内，原来懒散的风气就被扭转过来了。

　　沃尔玛把埃德·纳吉派到 880 分店绝非是因为看中了他的管理才华可以让这家店扭亏为盈,实在是因为埃德·纳吉拥有令行禁止、赏罚分明,制订并且严格执行规章制度的管理铁腕! 因为这家店之所以亏损不断,最根本的原因就是缺乏规章制度,导致店员们每个人都有自己的"小算盘",每个人都在为了自己的利益做打算。而埃德·纳吉到来之后所出台的一系列举措也都并非是针对经营上的,他所要着重解决的也正是店员们无组织无纪律的恶习!

第十一章

九地篇：根据敌我形势，
制订应对策略

孙子在《九地篇》中强调，将领应当根据部队所处的九种不同的情况分别作出判断，进而得出在某一种情况下具体应该采取何种策略的结论。而对于企业来讲，作为领导者你同样应该根据企业所处的具体情况作出相应的判断，或"衢地则合交"，或"践墨随敌，以决战事"等等。只有做到了这一点的企业领导者，才能算是一个合格的企业家。否则，你治理企业就像是盲人骑瞎马，掉进沟里是迟早的事。

【兵法原典】

孙子曰：用兵之法，有散地，有轻地，有争地，有交地，有衢地，有重地，有泛地，有围地，有死地。诸侯自战其地，为散地。入人之地不深者，为轻地。我得则利，彼得亦利者，为争地。我可以往，彼可以来者，为交地。诸侯之地三属，先至而得天下众者，为衢地。入人之地深，背城邑多者，为重地。山林、险阻、沮泽，凡难行之道者，为泛地。所从由入者隘，所从归者迂，彼寡可以击我之众者，为围地。疾战则存，不疾战则亡者，为死地。是故散地则无战，轻地则无止，争地则无攻，衢地则合交，重地则掠，泛地则行，围地则谋，死地则战。

所谓古之善用兵者，能使敌人前后不相及，众寡不相恃，贵贱不相救，上下不相收，卒离而不集，兵合而不齐。合于利而动，不合于利而止。敢问："敌众整而将来，待之若何？"曰："先夺其所爱，则听矣。"

兵之情主速,乘人之不及,由不虞之道,攻其所不戒也。

凡为客之道:深入则专,主人不克。掠于饶野,三军足食。谨养而勿劳,并气积力,运并计谋,为不可测。投之无所往,死且不北。死焉不得,士人尽力。兵士甚陷则不惧,无所往则固,深入则拘,不得已则斗。是故其兵不修而戒,不求而得,不约而亲,不令而信。禁祥去疑,至死无所之。吾士无余财,非恶货也;无余命,非恶寿也。令发之日,士卒坐者涕沾襟,偃卧者泪交颐。投之无所往者,诸、刿之勇也。

故善用兵者,譬如率然。率然者,常山之蛇也。击其首则尾至,击其尾则首至,击其中则首尾俱至。敢问:"兵可使如率然乎?"曰:"可。"夫吴人与越人相恶也,当其同舟而济,遇风,其相救也,如左右手。是故方马埋轮,未足恃也。齐勇如一,政之道也,刚柔皆得,地之理也。故善用兵者,携手若使一人,不得已也。

将军之事:静以幽,正以治。能愚士卒之耳目,使之无知。易其事,革其谋,使人无识。易其居,迂其途,使人不得虑。帅与之期,如登高而去其梯。帅与之深入诸侯之地,而发其机,焚舟破釜,若驱群羊。驱而往,驱而来,莫知所之。聚三军之众,投之于险,此谓将军之事也。九地之变,屈伸之力,人情之理,不可不察也。

凡为客之道:深则专,浅则散。去国越境而师者,绝地也;四达者,衢地也;入深者,重地也;入浅者,轻地也;背固前隘者,围地也;无所往者,死地也。

是故散地,吾将一其志;轻地,吾将使之属;争地,吾将趋其后;交地,吾将谨其守;衢地,吾将固其结;重地,吾将继其食;泛地,吾将进其途;围地,吾将塞其阙;死地,吾将示之以不活。

故兵之情:围则御,不得已则斗,过则从。

是故不知诸侯之谋者,不能预交。不知山林、险阻、沮泽之形者,不能行军。不用乡导,不能得地利。四五者,不知一,非霸、王之兵也。夫霸、王之兵,伐大国,则其众不得聚;威加于敌,则其交不得合。是故不争天下之交,不养

天下之权，信己之私，威加于敌，则其城可拔，其国可隳。施无法之赏，悬无政之令，犯三军之众，若使一人。犯之以事，勿告以言。犯之以利，勿告以害。

投之亡地然后存，陷之死地然后生。夫众陷于害，然后能为胜败。

故为兵之事，在于佯顺敌之意，并敌一向，千里杀将，是谓巧能成事者也。

是故政举之日，夷关折符，无通其使；励于廊庙之上，以诛其事。敌人开阖，必亟入之，先其所爱，微与之期。践墨随敌，以决战事。是故始如处女，敌人开户，后如脱兔，敌不及拒。

【兵法释义】

孙子说：根据用兵的法则，地理区域可划分为散地、轻地、争地、交地、衢地、重地、泛地、围地和死地。诸侯在本国境内作战的地区，叫做散地。进入敌境不深的地区，叫做轻地。我方得到有利，敌方得到也有利的地区，叫做争地。我方可以去，敌方可以来的地区，叫做交地。同多个诸侯国相毗邻，先到达就可以获得诸侯国援助的地区，叫做衢地。深入敌国腹地，背靠敌人众多城邑的地区，叫做重地。山林、险阻、沼泽这类难于通行的地区，叫做泛地。军队进入的道路狭窄，回撤的道路迂远，敌人用少量兵力就可以战胜我方众多兵力的地区，叫做围地。奋勇速战就能生存，不奋勇速战就会灭亡的地区，叫做死地。因此，散地就不要恋战，轻地就不要停留，争地就不要强攻，交地就不要断绝联络，衢地就结交诸侯，重地就掠取粮草，泛地就迅速通过，围地就设谋脱险，死地就力战求生。

古代善于指挥作战的人，能够使敌人前后部队不能相互策应，大部队和小分队无法相互依靠，官兵之间不能相互救援，上下级之间无法聚集合拢，士卒离散难以集中，即使集中起来，阵形也不整齐。对我有利就打，对我不利就不打。试问："敌人兵士众多且又阵势严整地向我发起进攻，那该用什么办法对付它呢？"答案是："先攻取敌人的要害之处，它就会听从摆布

了。"

用兵的关键在于迅速，趁敌人来不及防备的时候，由敌人没有料到的道路（进取），攻击敌人没有戒备的地方。

进攻作战的一般规律是：深入敌国腹地，军心就会专一，防守者就不能战胜它；在敌国丰饶的田野上掠取，全军就有了足够的粮草。要注意休整部队，不要使其过于疲劳；保持士气，积蓄力量，部署兵力，巧设计谋，使敌人无法判断其意图。将部队置于无路可走的绝境，士卒就会宁死不逃；士卒宁死不逃，怎么会不尽力作战呢？士卒深陷危险的境地，无路可走，军心就会稳固；深入敌境，军心就会凝聚；遇到迫不得已的情况，军队就会殊死奋战。因此，军队不须整治就能注意戒备，不用强求就能完成任务，无须约束就能亲附团结，不待申令就会遵守纪律。禁止迷信活动，消除士卒的疑惑，他们至死也不会逃避。我军士卒没有多余的钱财，这并不是他们厌恶财物；我军士卒没有第二条生命，这也不是他们厌恶长寿。当作战命令颁布之日，坐着的士卒泪沾衣襟，躺着的士卒泪流面颊。但把他们投置到无路可走的绝境，他们就都会像专诸、曹刿一样的勇敢。

善于指挥作战的人，能使部队互相策应如同"率然"一样。"率然"，是常山的一种蛇。打它的头部，尾部就来救应；打它的尾部，头部就来救应；打它的中部，头尾都来救应。试问："可以使部队像'率然'一样吗？"回答："可以。"吴国人和越国人互相仇视，但他们同船渡河遇上大风时，就会如左右手一样相互救援。因此，把战马并排绑在一起，把车轮埋入地下，想以此来稳定部队，是不可靠的；能使部队齐心同勇如一人，靠的是政治和管理的原理；使士卒强的和弱的都能发挥作用，靠的是利用地形的规律。所以善于用兵的人，使军队携手团结如同一人，是使他们不得不这样做的结果。

统率军队的方法是：将领要沉着冷静而幽深莫测，要公正严明而治理得宜。能蒙蔽士卒的视听，使他们对于将领的计划一无所知。变更作战部署，改变原定计划，使士卒无法识破真相；不时变换驻地，故意迂回行进，使

士卒无从推测将领的意图。将领向部队赋予作战任务，要像让他们登高然后抽掉梯子一样，使得部队有进无退；将领率领士卒深入诸侯国土，如同击发弩机射出的箭一样一往无前，烧掉舟船，打碎饭锅，以显示死战的决心；对待士卒，要如同驱赶羊群一样，赶过去又赶过来，使他们不知道要到哪里去。集结军队，把他们投置到险恶的境地，这是指挥军队的方法。九种地理区域的应变处置，攻守进退的利弊得失，士卒的心理状态，是不能不认真考察的。

在敌国境内作战的规律是：进入敌境深，军心就稳固；进入敌境浅，军心就涣散。离开本土，越过国境作战的地区，叫做绝地；四通八达的地区，叫做衢地；进入敌境深的地区，叫做重地；进入敌境浅的地区，叫做轻地；背靠险阻、前临狭隘道路的地区，叫做围地；无处可走的地区，叫做死地。因此，在散地，要统一部队的意志；在轻地，要使部队紧密相连；在争地，要急速攻击敌人的后路；在交地，要谨慎防守；在衢地，要巩固与诸侯列国的结盟；在重地，要保持军粮的供应；在泛地，要迅速通过；在围地，要派兵占据缺口；在死地，要显示殊死一战的决心。

士卒的心理状态是：陷入包围就会竭力抵抗，迫不得已就会拼死战斗，身处绝境就会听从指挥。

不了解诸侯国的战略意图，就不能预先与它结交；不熟悉山林、险阻、沼泽等地形情况，就不能行军；不利用向导，就不能得到地利。以上九种地区，如有一种不了解，都不能成为霸主王者的军队。凡是霸主王者的军队，进攻敌对大国，能使敌国的军民来不及动员集中；军威就加在敌人头上，能够使它还来不及与别国结交。因此，即使不争着同天下的诸侯结交，不在别国培养自己的势力，只要伸张自己的意图，把兵威施加在敌人头上，就可以拔取敌人的城邑，摧毁敌人的国都。施行不合惯例的奖赏，颁布不拘常规的号令，指挥全军就如同使用一个人。向部下布置作战任务，但不说明其中的意图；统率士卒，只说明有利的条件，而不告诉他们行动的危害。

使士卒置身于亡地，才能保存自己；使士卒陷身于死地，才能死中求生。军队深陷于绝境，然后才能奋起拼杀、赢得胜利。

指导战争这种事，在于假装顺从敌人的意图，集中兵力于一个方向，千里奔袭，擒杀敌将。这就是所谓的巧妙能达成胜利（的道理）。

在决定战争行动的时候，要封锁关口，废除通行凭证，不允许敌国使者往来；要在朝廷之上反复谋划，做出决策。敌人暴露破绽，一定要迅速地乘虚而入。先攻击敌人的要害部位，但不要与敌约期决战。既要执行作战计划，又要根据敌情灵活应变。战争开始前，要像处女那样柔静，诱使敌人放松戒备；战争开始后，则要像脱逃的兔子一样行动迅速，使得敌人来不及抵抗。

【兵法解读】

本篇从战略地理学的高度，全面论述了军队在九种不同战略地形下进行突袭作战的指导原则。特别强调要根据官兵在不同作战区域所具有的心理状态，来制定切合实际的战略战术，确保在战略进攻中实施突然袭击以取得成功。

首先，孙子从战略态势上，概括了九种不同作战地区的基本特点，论证了它们对官兵心理状态的影响，并提出具体灵活的应变措施，以保证在突袭作战中能充分发挥军队的战斗力。第二，孙子推崇战略突袭；提倡深入敌国进行作战，认为这样做具有使士兵听从指挥、努力作战，就地解决军队给养，士兵无所畏惧等诸多优点。第三，孙子将其基本作战指导原则贯彻到自己的突袭理论之中，强调在实施战略突袭行动时，要善于利用敌之弱点，避实击虚，迅速行动，集中兵力，争取主动。第四，孙子结合战略突袭行动的特点，提出了一些具有一定进步意义的治军主张，如强调政令严明，禁止迷信谣言，重视保持军队的团结一致等。

孙子在《九地篇》中强调，将领应当根据地形所处的九种不同的情况，分

别作出判断,进而得出在某一种情况下具体应该采取何种策略的结论。而对于企业来讲, 领导者同样应该根据企业所处的具体情况作出相应的判断,或"衢地则合交",或"威加于敌,拔其城,隳其国",或"践墨随敌,以决战事"等等,千变万化,不一而足。只有做到了这一点的企业领导者,才能算是一个合格的企业家。

【孙子商道】

1. 精准预测,夺取顺理成章的胜利

商战精髓:事实上,这个世界上真的就有那么两种精于预测的人,其中一种人是军事家,而另一种人则是企业家。

预测,这项能力对于世界上的任何一个人来说,恐怕都是一个不小的诱惑。2010年足球世界杯期间,"章鱼哥"保罗以精准的预测迅速窜红于网络。章鱼保罗之所以这么火,还是基于人们对于善于预测者的崇拜心理,和内心潜意识深处对于预测能力的追求所致。

军事家用兵一向讲究"料敌机先",只要他们能猜到敌军的动向,他们就可以做出针对性的安排,是伏击也好,是包围也罢,总之,取胜是手到擒来的事情。而对于企业家来讲,他们所预测的则是市场的前景和财富的动向。他们能够预测到未来的商机在何处,他们同样可以提前作出针对性的布置。赚大钱,自然也就成了顺理成章的事情。当然,军事家和企业家进行预测,靠的并不是天上星辰的指引,也不像章鱼保罗那样看哪边的的食物顺眼就吃哪边的。他们预测未来,靠的是广泛收集各式各样的相关资料和情报,以及对这些资料和情报的深入分析。

李嘉诚不愧是商界的一大典范,他的一言一行往往被作为商业界的典型案例来使用,这次也不例外。我们这次要说的,是20世纪80年代中后期,李嘉诚经过精准预测之后,在加拿大的一系列投资活动。

在 20 世纪 80 年代中后期的那几年，加拿大的经济相当不景气，大量企业破产，国内失业人口剧增。结果，加拿大人为了缓解所面临的经济危机，吸引外资，竟然横穿太平洋，"病急乱投医"地找到了远在香港的李嘉诚。而李嘉诚在对加拿大和香港本地的形势做了一番分析之后，果断做出了投资的决定。仅他一人，就为饱受经济危机摧残的加拿大带来了 100 多亿港元的巨资。而且，由于李嘉诚在香港商业拥有极其崇高的威望，香港众多唯李嘉诚马首是瞻的华商，包括他的好友、同样是世界级华人富豪郑裕彤、李兆基等人，竞相带着大笔资金进军加拿大。

其实，加拿大和李嘉诚可谓一拍即合。香港寸土寸金，李嘉诚早就萌生缔造跨国大集团的宏志。现在和黄、港灯相继到手，现金储备充裕，自然想找一个适合投资的国家大显身手。而就在这时，加拿大正好送上门来。更巧的是，加拿大地广人稀，在李嘉诚看来，这样的地方无疑拥有很好的发展前景，绝对是投资者的乐土。

因此，李嘉诚、马世民以及长江实业副主席麦理思频繁穿梭于太平洋上空。1986 年 12 月，在加拿大帝国商业银行的撮合下，李氏家族及和黄透过合营公司 Union Froth 投资 32 亿港元，购入加拿大赫斯基石油公司 52% 股权。时值世界石油价格低潮，石油股票低迷，李嘉诚看好石油工业，做了一笔很合算的交易。这是当时最大一笔流入加国的港资，不但轰动加国，亦引起了香港工商界的普遍关注。其后，李嘉诚不断增购赫斯基石油股权，到 1991 年，股权增至 95%。其中李嘉诚个人拥有 46%，和黄与嘉宏共拥有 49%，总投资为 80 亿港元。仅这一笔投资，就让加拿大所遭受的经济危机，缓解了大半。

实际上，李嘉诚进军加拿大这条路走的也并不顺当。如果不是他事先对可能发生的各种情况有一个精准的预测，李嘉诚在加拿大的投资计划同样很有可能遭遇失败。比如，按照加国商务法例，外国人是不能收购"经营健全"的能源企业的。赫斯基在加国西部拥有大片油田和天然气开发权、一间大型炼油厂及 343 间加油站。除石油降价因素带来资金周转困难，并无出

现债务危机。幸得李嘉诚早已经安排两个儿子加入加拿大籍，收购计划才得以顺利通过。

至于李嘉诚一定要让自己的势力范围向海外扩展的原因，后来兼任加拿大赫斯基公司主席的马世民在一次接受美国《财富》杂志记者采访时一语道破天机："若说香港对我们而言太小，这的确有点狂。但困境正在日渐逼近，我们没有多少选择余地。而对于李嘉诚来说，他在几年前就已经预测到这一点了。"

在李嘉诚如此精准的预测之下，恐怕任何人、任何企业作为李嘉诚的对手跟他站在竞争的对立面上，都会感到前所未有的压力吧。好在李嘉诚一向是谦和待人，从不把事情做绝，否则，还不知道有多少公司会直接或者间接地死在他的手上呢。对于李嘉诚来说，他在做生意时总是先看、后想、再行动。对于一桩生意，如果他没有80%以上的把握，那是绝对不会轻易出手的。因此，只要是李嘉诚想做的生意，别人是很难争得过他的。而事实上，这一切的一切还都是得益于李嘉诚那精准的预测能力。

2. 死地则战，没有退路不等于必死无疑

商战精髓：商业领域的波诡云谲比之战场实是有过之而无不及，对于混迹其中的企业来说，很有可能一招不慎便自蹈死地。正所谓"围地则谋，死地则战"，如果在这个时候企业还不能够破釜沉舟拼死一搏，力争挽救自己命运的话，那么这家企业可就真的没救了。

孙子口中的九地，分别包括散地、轻地、争地、交地、衢地、重地、泛地、围地和死地。而这九地之中，又以死地最为危险。部队一旦身处死地，那就是九死一生，如不死战，就必定逃不过全军覆没的命运。

1992年，卖软件出身的史玉柱成了千万富翁，也正是在那个时候，史玉柱有了开公司的想法。出于对IBM这个"蓝色巨人"的推崇，史玉柱将自己的企业命名为"巨人"。就这样，巨人高科技集团成立，注册资金1.19亿元。

同年，巨人集团的总部从深圳迁往珠海，同时，18 层的巨人大厦设计方案出台。但到后来，这个方案从 18 层升至 70 层，预算超过 10 个亿。史玉柱以集资和卖楼花的方式，筹集了 1 亿元的首笔资金。

接下来，史玉柱相继推出"M — 6405"、中文笔记本计算机、中文手写计算机等多种产品，其中仅中文手写计算机和软件的当年销售额即达到 3.6 亿元。再加上巨人大厦的动工，史玉柱成为了中国十大改革风云人物。

成功来得太过容易，史玉柱有点被胜利冲昏了头脑。他开始筹集资金，想要建设一栋中国最高的摩天大楼，他把这座计划要建 70 层的大楼的名字都想好了，就叫"巨人大厦"。

然而好景不长，1996 年，巨人大厦资金告急，史玉柱拆东墙补西墙，结果巨人集团"失血过多"，迅速衰落。而巨人大厦也只盖到第三层就被迫停工。

实际上，到此，史玉柱已经失败了，他手头不仅已经没有了任何的流动资金，而且还欠了一屁股的债。但是他还不甘心就此接受失败，重新冷静下来的他心里很清楚，胜败乃兵家常事，自己能创业第一次，就同样能创业第二次。更何况，自己手里还有两个项目呢！这两个项目一个是其赖以成家的软件，一个就是后来大名鼎鼎的"脑白金"。

史玉柱心里很明白，自己这是背水一战，这一战既有可能是自己的最后一战，也有可能是自己咸鱼翻身，东山再起的一战。当时，在这两个产品中，史玉柱只有能力经营其一。经过反复权衡，史玉柱最后选择了脑白金项目。毕竟，软件市场相对有限，而脑白金则不同，当时保健品产业刚起步，没有像样的竞争，更没有让人头疼的产品同质化和价格战。最关键的是，脑白金的利润颇丰，成本价占售价的 30%，销售费用占 20%，剩下白花花的银子，就全是利润了。

山穷水尽的史玉柱找朋友借了 50 万元，开始运作脑白金。资金紧张，史玉柱不像以往那样铺天盖地地搞宣传，而是玩起了免费体验。在几经考

察后,史玉柱把大本营安在了江阴。

江阴地处苏南,是中国最富庶的地区之一,购买力强且离上海、南京都很近。但江阴毕竟是小地方,在这里投入广告节省成本。

对借债举事的史玉柱而言,这可以说是最后的机会了,必须一击即中。启动江阴市场之前,史玉柱先来了一番市场调查,以此来了解当地人的需求和消费特点。在调查中,史玉柱了解到,当地的保健品大多是作为节日的礼品赠送。史玉柱觉得这里面有名堂,在反复思量之后,终于推出了"今年过节不收礼,收礼只收脑白金"的广告。

此后,史玉柱带着脑白金转战无锡、南京、常熟、常州以及东北的吉林,就这样,各个城市的市场逐个被打开。到 1998 年底,史玉柱的脑白金覆盖了全国三成以上的市场,月销售额突破千万。到了 2000 年,脑白金创下 13 亿元的销售业绩,居业内之首。史玉柱麾下员工数千人,销售网络遍及全国,规模甚至超过了鼎盛时期的巨人集团。

企业走到了绝路,无非是两种结局,一种是无法挽救,从此在商海中消失;另一种就是凤凰涅口,"置之死地而后生",通过自身的努力,从失败的阴影中走出来,去争取新的辉煌。对于史玉柱来说,他并不是那种甘心承受失败的人。因此,他就算借钱,就算是下半辈子去捡破烂,也一定要打这最后一仗。结果,史玉柱真的赢了,史氏巨人被击倒之后重新爬了起来,而且变得更强。死地则战,也许史玉柱真的读过《孙子兵法》吧。

3. 千万别让胜利冲昏了头脑

商战精髓:太轻易的胜利会冲昏人的头脑,成功的喜悦难免会让人志得意满,让人失去理智和判断力。对于企业,尤其是那些在几年甚至是短短几个月间迅速崛起的企业来说,这是一个管理者需要加倍重视的问题。不仅仅是你自己,也同样包括你公司里的员工。如果不及时地刹住这种由轻易成功而带来的盲目自信的话,那么你的企业崛起的速度固然可观,衰败

起来也绝不会比你崛起多用多少时间。

有的时候,胜利来得太快,成功来得太突然也并不是一件好事。当年,曹操经过苦战,终于打败了袁绍。紧接着,他稳扎稳打,步步为营,逐渐蚕食了袁绍所有的兵力和地盘。那时的曹操绝对称得上是一个极其杰出的军事家,一招一式把袁绍打得毫无还手之力。但是后来,曹操率领大军南下,不费一兵一卒就占领了荆州,并且在当阳长坂坡把宿敌刘备杀得丢盔弃甲,几乎丢了性命。

不过,这次的胜利来得太快了,结果曹操本人却失去了当年破袁绍时的沉稳劲儿,进而在与孙刘联军的对抗中屡出昏招,不仅断送了大好的形势,更是把手中的 83 万大军全都葬在了赤壁的一场大火之中。

"旭日升冰茶,爽口爽心!""旭日升暖茶,滴滴暖人心!"

恐怕除了那些"90 后"们,所有的人都不会对这两段广告词感到陌生。因为在世纪之交的那几年,旭日升的冰茶和暖茶实在是太火了。

早在 1993 年,旭日升还是一个小小的年销售额不过几十万元的供销社。到了 1995 年,旭日升的年销售额就已经达到了 5000 万元,整整翻了 100 倍。1996 年,这个数字骤然升至 5 个亿,短短一年间,又翻了 10 倍。在市场销售最高峰的 1998 年,旭日升的销售额达到了 30 亿元。可以说,旭日升简直就是以光速在崛起,他们的销售额甚至已经脱离了乘数效应,是在以几何级数增长。

创新是旭日升取得如此成功的原动力。旭日升的创新在于他们选择了一个百姓熟悉而且市场完全空白的切入点,并创造了一个全新的"冰茶"概念。1999 年,旭日集团确定"冰茶"为集团商品特有名称,并在工商局注册。另外,创业早期,旭日集团在全国 29 个省、直辖市、自治区的各大城市密集布点,建立了 48 个旭日营销公司、200 多个营销分公司,编织起了庞大的营销网络。

短短几年间,旭日集团一跃成为中国茶饮料市场的龙头老大。但是旭

日升的迅速成功引来了众多跟风者的竞争。难道你注册了"冰茶"的专利，我们就做不得茶饮料了吗？很快，康师傅、统一、可口可乐、娃哈哈等一群"冰红茶"、"冰绿茶"相继出现在了消费者的面前。旭日升"冰茶"的独家生意很快就被分食、弱化了。2001年，旭日升的市场份额从最初的70%跌至30%，销售额也随之大幅下降。如果这时的旭日升能够正视自己的这些竞争对手，并且安下心来跟这些企业展开市场竞争的话，那么旭日升直到今天，仍旧会是中国饮料市场上一股不可忽视的力量。但是，靠创新发家的旭日升压根儿从心里就看不起这些无耻的跟风者，根本就不屑于跟他们展开竞争。

旭日升集团的成功主要得益于他们的低成本营销战略、集中一点的战略以及差异化战略。结果，在旭日升后期，低成本战略使得集团除了冰茶易拉罐尚可外，其他产品都有些粗制滥造。集中一点的战略旭日升则是这样运用的：虽然我们现在还不足以跟可口可乐展开全面的竞争，但是我们可以把优势集中于一点——就是超市渠道，把从超市产生的销售额全部送还超市，用于做品牌，做形象，做促销，在这一点上压过可口可乐。

这分明就是"打架不要命"！时至今日，这种战法也没有任何一家企业敢再次尝试。而旭日升对差异化战略的错误解读则彻底断送了企业的大好前途：1999年康师傅的热罐装纯茶饮料在市场上逐步占据上风。这时候集团若及时跟进，凭借茶饮料第一品牌的优势，至少可以跟康师傅、统一三分天下。但旭日升固执地认为康师傅既然走在前面了，我们跟进一个热罐装产品有什么意思？一定要与之开展差异化竞争。于是就有了粗制滥造的"变得彩"产品。集团为之又亏损了数千万元。

从那之后，旭日升就算再想跟康师傅和统一进行竞争也不可得了。自2001年开始，如日中天的旭日升开始明显地滑落，2002年下半年，旭日升停止铺货。从起步到巅峰，旭日升用了5年时间，这已经够快的了，但是仅仅3年，旭日升就从王座上狠狠地跌落下来。一度风光无限的"旭日升"渐渐成

为人们脑海中的一个回忆，不禁令人唏嘘不已。

在快速消费品市场上，"旭日升"冰茶犹如一颗耀眼的流星，闪亮却迅速地划过市场。究其衰落的原因可能有很多，但其中最关键也是最致命的，是他们被自己所创造的商业奇迹冲昏了头脑，蒙住了双眼，开始变得盲目自信起来。这个案例告诉我们，在企业上升和发展的过程中需要明确的战略方针和正确的策略；同样，在企业收缩和调整的关键时刻，更需要周全的计划和具体的有效步骤。

循序渐进，不能操之过急，先稳定高层，稳定员工，然后逐步调整，削弱增强，留老去新等等。这样才有可能将原有的优势保持下去，将一个"商场暴发户"真正地变成"商业贵族"。

第十二章

火攻篇：谨慎、周密，要有计划性和目的性

"主不可以怒而兴师，将不可以愠而致战"，这是孙子在《火攻篇》中所阐释的核心观点。发动商战是企业的大事，同时也是迫不得已的选择。如果你仅仅只是为了商战而商战的话，那么你的企业就很可能会陷入商战的泥潭不可自拔，甚至会使企业遭受灭顶之灾。相反，只有那种时刻做到谨慎、周密，并且一举一动都有超强的计划性和目的性的企业才能获得在相对稳定的市场环境中快速发展的机会，才称得上是有"名企相"的企业。

【兵法原典】

孙子曰：凡火攻有五：一曰火人，二曰火积，三曰火辎，四曰火库，五曰火队。行火必有因，烟火必素具。发火有时，起火有日。时者，天之燥也。日者，月在箕、壁、翼、轸也。凡此四宿者，风起之日也。

凡火攻，必因五火之变而应之。火发于内，则早应之于外。火发而其兵静者，待而勿攻。极其火力，可从而从之，不可从而止。火可发于外，无待于内，以时发之。火发上风，无攻下风。昼风久，夜风止。凡军必知有五火之变，以数守之。

故以火佐攻者明，以水佐攻者强。水可以绝，不可以夺。

夫战胜攻取，而不修其功者凶，命曰"费留"。故曰：明主虑之，良将修之。非利不动，非得不用，非危不战。主不可以怒而兴师，将不可以愠而致战。合于利而动，不合于利而止。怒可以复喜，愠可以复悦，亡国不可以复

存，死者不可以复生。故明君慎之，良将警之。此安国全军之道也。

【兵法释义】

　　孙子说：火攻的形式有五种：一是焚烧敌军人马，二是焚烧粮草，三是焚烧辎重，四是焚烧仓库，五是焚烧粮道。实施火攻必须具备一定的条件，火攻器材必须平时准备好。放火要看天时，起火要选日子。所谓天时，是指气候干燥的时候；所谓日子，是指月亮行经"箕"、"壁"、"翼"、"轸"这四星宿所处方位的时候。凡是月亮在这四个星宿位置的时候，就是起风的日子。

　　凡是火攻，必须根据以下五种因火攻引起的变化而灵活处置。在敌营内部放火，就要及早派兵从外面进行策应。火已烧起而敌军依然保持镇静，我方就应持重等待而不发起进攻，等火势烧到最旺之时，可以进攻就进攻，不可以进攻就停止。火可以从外面燃放，就不必等待内应，根据时机放火就行了。要顺风放火，不要逆风进攻。白天风刮得久了，夜晚就会停止。军队都必须掌握这五种火攻方法的变化，等待放火的时间条件具备时再进行火攻。

　　用火来辅助军队进攻，效果会显著；用水来辅助军队进攻，攻势会加强。水可以把敌军分割隔绝，但却不能焚毁敌人的军需物资。

　　打了胜仗，攻取了土地城邑，却不能巩固战争胜利成果的，就必定会有祸患，这种情况叫做"费留"。所以说，明智的国君要慎重地考虑，贤良的将帅要严肃地对待。没有利益不要行动；没有取胜的把握不要用兵；不到危急关头不要开战。国君不可因一时的愤怒而发动战争，将帅不可因一时的怨恨而出阵求战。符合己方的利益才用兵，不符合己方的利益就停止。愤怒可以重新变为欢喜，怨恨也可以重新变为喜悦，但是国家灭亡了却不能复存，人死了却不能再生。明智的国君对此应该慎重，贤良的将帅对此应该警惕，这是安定国家、保全军队的基本原则。

【兵法解读】

本篇主要论述战争中火攻的运用条件和实施方法,同时提出了"主不可以怒而兴师,将不可以愠而致战"的战略思想。火攻,就是利用火的力量去攻击别人。自古以来,火都属于大规模的杀伤性武器,倍受历代军事家的喜爱。但是,用火攻是有严格条件限制的。火攻的条件首先是天气干燥,风向适宜;其次是做好发火器具的准备;其三要掌握发火的时机。

孙子的这些思想在激烈的商业竞争中具有重要的启迪意义。首先,进行任何商业活动,必须对自己乃至周围的环境作出正确的评估,以便最大限度地发挥优势,规避不利因素,从而获得最大的经济效益。所以企业的经营者和管理者在做出实际动作之前必须考察是否具备其发展所要求的特定条件。如果条件成熟,那么就要抓住机会,果断行事;如果条件还不成熟,那么就应该搁置行动、偃旗息鼓,等待时机。同时,作为企业的经营者和管理者,还要时刻防备竞争对手在自己的薄弱环节上做手脚。因为你的竞争对手也和你一样,在评估他的四周环境。

其次,孙子提倡"兵以诈立,以利动","非利不动,非得不用,非危不战"。意思就是说,利益是一切行动的最高原则。孙子多次提出"合于利而动,不合于利而止",实际上就是在提醒企业的经营管理者,不管我们做什么决定,实际都是为了获得利益。如果没有实在的利益,那么就没有必要采取行动。企业不应该为胜而胜,倘若与对手力拼,行销费用将增加,即使最后击败了对手,取得了胜利,自身也已大伤元气,这样的"惨胜"也是不值得的。

空有战胜攻取之名,却不注重巩固胜利成果,这是难以达成可持续发展这一战略目标的。特别是一些损人不利己的事情,毕竟,商业竞争的最终目的,还是去获取利益,而不是毁灭对手。

【孙子商道】

1. 抓住机会，放弃些小利益是值得的

商战精髓：机会不只是某个人的机会，而是所有人的机会。当一个真正的机会出现时，能够大大提升人生事业的好机会来临时，必然会有很多人跳起来争抢。就看谁出手更快，腕力更强。机会也有自己的坏脾气，它往往让人先做出让步才肯光顾，这时就要看商人的气魄了。

有舍才能有得，当真正的机会出现时，适当的割舍下小的利益永远是值得的。

因为在机遇的背后，暗藏的是更大的利益。所谓"合于利而动"，真正的机会总是千载难逢的。所以做出适当的牺牲是值得的。

商业领域的不朽传奇美国微软公司是由比尔·盖茨和保罗·艾伦共同创立的。他们是中学同学、好友，在上学时就经常在一起玩电脑，搞编程。

一天，保罗·艾伦在报纸上看到一则新闻："世界上第一部微型电脑诞生，其性能堪与大型商用电脑相匹敌。"当时，艾伦的脑子里马上有了想法："微型电脑一旦出现，就可能像电视机一样普及到每个家庭。但是微型电脑的性能再出色，没有合适的配套软件也是不行的。而编写软件，不正是自己和比尔·盖茨的强项吗？这绝对是个好机会啊！"艾伦马上跑回学校，跟比尔·盖茨说了这个想法，而且认定：谁第一个为世界上第一台微型电脑提供软件，谁就将占得先机。盖茨深有同感。他俩立即给这台电脑的生产者——微型仪器公司的老板罗伯茨打电话，表示愿意为这台电脑提供软件。但罗伯茨告诉他们：他们想到的东西，至少已有 50 个人也想到联系他了。而他暂时还不想跟任何人合作，除非这个人能够拿出写好的，并且能够让他满意的软件来。

罗伯茨的这番话让比尔·盖茨和保罗·艾伦感到了前所未有的压力。他

们马上行动了起来,争取能把这个机会抓在自己手里。事实上,面对如此多的竞争,很多人都会迟迟疑疑,不敢倾力投入,因为一旦别人抢了先,他们所有的辛苦都将付之东流。但盖茨和艾伦从不考虑失败的损失,他们只考虑如何成功。

一连 8 个星期,两人把自己关在哈佛大学的电脑房里,每天只睡一两个小时,其余的时间都在埋头苦干编写程序。经过不懈的努力,他们两个终于捷足先登,用自己的作品打动了罗伯茨,换来了跟微型仪器公司合作的机会。以此为契机,他俩干脆退了学,直接开了一家软件公司,这就是后来大名鼎鼎的微软公司。但当时,微软是名副其实的"微"软,公司只有不到 10 个人的规模,联系业务也很不容易。

一天,素有"蓝色巨人"美称的世界名企 IBM 公司忽然派人来到微软,口口声声说想要跟微软进行合作。事情是这样的。当时,IBM 正在开发一款新电脑,急需与之配套的软件,打听到微软公司的软件技术比较领先,这才千里迢迢找上门来。通常,这样的大公司不会主动找微软这种小公司合作,因此盖茨和艾伦两人简直是受宠若惊。当然,IBM 并不是来微软扶贫的,他们也有自己的要求。IBM 提出,微软在与自己合作之前,先要签一份保密协议。

这份保密协议的内容是:由于与微软的合作涉及 IBM 公司的重要商业机密,因此,微软公司不得将此项机密告知任何第三方,否则要承担一切责任;但 IBM 公司对微软公司的任何机密都不感兴趣,因此也不承担任何保密责任。显然,这是一个"不平等条约"。但盖茨还是毫不犹豫地签了字。之所以决心受这样的屈辱,盖茨有自己的考虑。事实上,对于微软这样的小公司来说,跟 IBM 合作的机会可不是天天都有的,而且他非常清楚,以自己目前的斤两,IBM 根本不会给自己任何讨价还价的机会。

合作达成之后,微软就开始紧锣密鼓地为 IBM 编写软件。但是很快,事情出现了波折,微软使用的操作系统 CP/M 的版权,属数字研究公司的基尔

代尔教授所有。IBM得知此情，为避免版权麻烦，便撇下微软，直接找基尔代尔教授去了。

这就是世界名企IBM的"风范"。但是，盖茨对此毫无办法，只能忍气吞声。可是正当盖茨为失去这个大好机会十分懊恼时，没过几天，IBM的特使竟然又回来了。原来，数字研究公司难以接受那份不平等的"保密协议"，他们对合作的理解是：平等互利。如果不平等，还谈什么合作？所以，他们要求IBM方面对协议的有关条款进行修改。IBM则认为数字研究公司没有诚意，于是果断中止了跟他们的合作谈判，重新回来找只要合作的比尔·盖茨了。

跟IBN公司合作，既是机会，同样也是挑战。就因为那一纸保密协议，在软件设计过程中，包括盖茨和艾伦在内的微软程序员们不得不在比牢房还要封闭、像蒸笼一样闷热的密室里工作，还要遵守其他种种禁令。如此苛刻的条件，盖茨竟然也都一一答应。因为他知道，机不可失，时不再来，这是一个让自己的公司发展壮大的绝佳机会，暂时性地吃点亏，又算得了什么呢？

在双方的共同努力下，IBM的新型电脑一上市就大获成功，狂销50万台，一举击败"苹果"等知名电脑，独占鳌头。微软公司也一夜成名，在同行中一举获得领先地位。这为它日后称霸软件世界奠定了坚实的基础。

一个好的机会，背后蕴藏的是不尽的利益。就像IBM带给微软的好处，是无法用数字来衡量的。面对这样的机会、这样的利益，企业就要全力以赴去抓住，即便是做出一些牺牲。从眼前或局部来看，牺牲一些利益是一种损失，但从长远的目标来看，这种牺牲并不是损失，而是一种投资。

一味地固执、坚持、不放弃任何利益，往往不会抓住真正的机会。放弃很多时候都是一种策略，它实际上是用最小的损失，换取自己最终的目标。因此这不是一种损失，而是一种所得。

2. 把面子留给别人，把实利留给自己

商战精髓：对于真正精明的商人来说，面子大有可用。他们可以把出名的机会让出来，这时候就会有许多爱名者主动与你合作。而实际上，他们并没有付出什么有实际价值的东西，却换来了实实在在的利益。

面子是最没有用的东西，特别是对商业而言，面子没有任何价值。因为有它并不能对经营有任何的帮助，它只是一些虚名罢了。但是实际上，绝大多数人都特别好面子。因为这种虚名尽管带不来什么实际的好处，却能满足一个人的成就感。

在美国商业领域享有盛名的"钢铁大王"安德鲁·卡内基实际上并不是一个土生土长的美国人。他出生在英国，是在 5 岁的时候跟着父母移民来到美国的。来到美国之后，由于家境贫寒，小安德鲁没有读书学习的机会，而是从 13 岁开始，就去工厂里给人家当学徒工混饭吃了。

在卡内基 10 岁那年，他无意中得到了一只母兔子。不久，母兔子生下一窝小兔。卡内基是不折不扣的贫民家的孩子，自己都时常吃不上饭，又哪有钱买饲料喂养这窝小兔子呢？于是，他想了一个办法：请邻居小朋友来参观他的兔子，小朋友们一下子就喜欢上了这些可爱的小东西。

于是，卡内基宣布，只要他们肯拿饲料来喂养小兔子，他将用小朋友的名字为这些小兔子命名。小朋友出于对小动物的喜爱，都愿意提供饲料，使这窝兔子成长得很好。卡内基的想法是，只要我的小兔子能够活得好就行了，至于他们叫什么名字，又有什么关系呢？

卡内基在工厂里一步一步由学徒工混成了小职员。又从小职员一步一步混成了钢铁公司的老板，步入了钢铁工业的大门。有一次，为了竞标太平洋铁路公司的卧车合约，卡内基与竞争对手布尔门铁路公司铆上了劲。双方为了得到这笔买卖，不断削价火并，没过几天便到了无利可图的地步。

一天，卡内基到太平洋铁路公司商谈投标的事，结果刚从太平洋公司

出来，就在门口碰见了布尔门铁路公司的老板布尔门先生。按理说，"仇人"相见，应该"分外眼红"才对。在平时，卡内基在心里不知把布尔门诅咒过多少次了，但这次，他却主动上前向布尔门打招呼，并对他说："我们两家公司这样做，根本已经脱离了商业竞争的范畴，而就是在斗气了，这样下去对谁都没有好处。"接着，卡内基向布尔门提出两家公司尽释前嫌，联手接下这单生意的计划。

布尔门见卡内基一番诚意，原本憋在肚子里的火气也无从发作。他虽然没有当面让卡内基难堪，但还是不愿意与卡内基合作。卡内基反复询问布尔门不肯合作的原因，布尔门沉默了半天，说："如果我们合作的话，新公司的名称叫什么？"

卡内基一下明白了布尔门的意图。他想起了自己少年时养兔子的事。于是，卡内基果断地回答："当然是'布尔门卧车公司'啦！"卡内基的回答使布尔门有点不敢相信，直到卡内基重复了一遍，布尔门才确信无疑。这下，布尔门真的有些佩服卡内基了，并且认定卡内基可以成为一个很好的合作伙伴。

就这样，两人很快达成了合作协议，取得了太平洋铁路卧车的生意合约，结果当然是"双赢"——布尔门和卡内基两家公司都在这单生意中捞足了油水。

这个世界上，能让人名利双收的事情并不多。如果非要在这两者之间做出取舍的话，那么应该取的是利，应该舍的是名。毕竟，利是实实在在的东西，是拿得到手里的好处，而名则是虚无缥缈的东西，带不来实际的实惠。但偏偏，人们更愿意得到好的名声，所以不如投其所好，把名声让给别人。这样既哄得别人高兴，又容易捞到实实在在的好处，何乐而不为呢？

记住孙子的那句话，"非利不动"，我们的目标就是获利，那么我们自然是奔着目标而去，把实实在在的利益拿到手。

3. 稳健是企业发展的根本

商战精髓：商场多险恶，企业的发展应当以稳字为前提，一步一个脚印地往前走。不能看到诱惑了，就不顾风险，撒开腿就往前跑，最终蒙受损失。真正成功的企业，无一不是稳扎稳打，一点点积累起来的。很少有单靠投机就能成功，就能长久的企业。

孙子说："怒可以复喜，愠可以复悦，亡国不可以复存，死者不可以复生。故明君慎之，良将警之。此安国全军之道也。"意思是愤怒可以重新变为欢喜，怨恨也可以重新变为喜悦，但是国家灭亡了却不能复存，人死了却不能再生。明智的国君对此应该慎重，贤良的将帅对此应该警惕，这是安定国家保全军队的基本原则。

实际上，孙子是在突出一个"稳"的概念。

打个比方，在这个世界上，热衷于炒股的有两种人：一种是投资家，一种是投机家。投资家与投机家的区别在于：投资家看好有潜质的股票，作为长线投资，既可趁高抛出，又可坐享常年红利，股息虽不会高，但持久稳定。投机家热衷短线投资，借暴涨暴跌之势，炒股牟暴利，自然会有人一夜暴富，也更有人一朝破产。

李嘉诚是个典型的投资家，而非投机家。到上个世纪 80 年代末，吞并了和记黄埔的李嘉诚身价一夜之间翻了好几番，长江实业的规模也变得十分庞大，以至于他的精力智力都不够同时应付管理多个大型公司。

因此，精明的李嘉诚果断改变了经营策略，他不再行险搞企业并购，而是转而通过债券股票来进行投资，利用富有进取心的商家为他赚钱生利。这样，一来，虽然李嘉诚资产的迅速膨胀靠的是行险，但在形成规模之后，他却真的安下心来了。

关于自己的经营理念，李嘉诚做过一个形象的比喻："我的游泳技术很普通，划船技术亦很普通。当我要过一条河的时候，如果我决定划船过去，

那么我就必须得肯定我的能力不是仅可以划到对岸,而是要在划回来时还要大有余力才行。正如我要游泳到浮台,我不会想着游到浮台上休息,而是预计我到浮台立即再游回来也有余力。"李嘉诚的性格就是这样,他从不打无把握之仗。然而一旦看准的事情,他便会全力以赴,毫不迟疑。

李嘉诚深知,股市中既有人算(个人的决定),也有天算(股市规律),但即使人的预测再精准,计划再周密,也还是赶不上外部条件的变化。这就是人算不如天算,再精明的商人,也不可能保证自己一辈子不会失算。故而李嘉诚大进大出,都是一待良机,急速抛出,绝不为了多赚些钱而冒险等待所谓最好的机会。这样虽然他的决定屡屡让旁观者遗憾,但他很少失手,倒是那些遗憾者中遭灭顶之灾的大有人在。从这里看到,李嘉诚在股市中稳扎稳打、善抓机会的优势是他立于不败之地的根本原因。

众所周知,李嘉诚是靠生产塑胶花而发家的,在有了一定的资产之后才转行经营房地产。但即便是生意越做越大,李嘉诚也还是没有关闭塑胶花厂。其后,香港形势一直不太明朗,李嘉诚就坚持"所有的鸡蛋不放在一个篮子里"的哲学,开拓了向英国、澳大利亚、加拿大的投资市场,并且除股票外,兼而投资债券等等。

债券这种东西可以称得上是最保守的投资策略了,收益甚至比储蓄也高不了多少。而且,持有人只能享有略高于定期银行存款的利息,而无权分享公司的红利。但李嘉诚购买债券却有一个特色,就是他买的债券可以交换对方公司的股票。当时,债券有 1 年至 3 年的期限,若认定该公司业务有可靠的增长,便以债券交换股票。假若交换不成,就将债券保留至期满,连本息套回,稳赚不赔。

1990 年,李嘉诚购买了约 5 亿港元的合和债券。另又购买了爱美高、熊谷组、加怡等 13 家公司的可兑换债券共计 25 亿港元。结果是胡应湘的合和债券表现十分出色。李嘉诚马上把合和债券兑换成股票。当初价值 5 亿的股票,到 3 年后升值到近 9 亿,账面溢利达 3 亿港元。而爱美高、熊谷组、加怡等 13 家公司则

表现不佳，李嘉诚没有轻举妄动，而是将债券保留到了最后。

李嘉诚的成功靠的就是稳健。当初，他有机会通过股票市场把自己的规模扩大，但是这样做同样风险巨大，甚至可能血本无归。于是李嘉诚选择了稳妥的路线，他的企业得到了长足而稳定的发展，后来当香港企业前景不明时，李嘉诚又开始了多元化，不把鸡蛋放在一个篮子里，而是分散经营。这样即便赔了一个，也能够用剩下的赢利来维持发展的平衡。

古话说"有张有弛，文武之道"，这句老话实际上就是在商场上应该奉行的原则。如果企业的步子迈小了，那么我们可以"张"，可以把步子迈得大一点，但要保持发展的稳定性。一旦步子迈大了，就又须要弛，要把步子收回来，做到"稳健中求发展，发展中不忘稳健"。

第十三章
用间篇：情报、信息是
商战决胜的关键

一个间谍决定一场战争的胜负，这样的事例在战争史上屡见不鲜，这充分说明了信息对于战争的重要意义。而对于企业来讲，在商业竞争中，除了要全力争取获得别人的情报，同时也要隐机藏略，不过早暴露自己的新工艺新技术、产品经销和发展的计划，并需要采取必要的措施，防止渗透、杜绝泄密，以此来保护企业的安全和利益。

【兵法原典】

孙子曰：凡兴师十万，出征千里，百姓之费，公家之奉，日费千金。内外骚动，怠于道路，不得操事者，七十万家。相守数年，以争一日之胜，而爱爵禄百金，不知敌之情者，不仁之至也。非人之将也，非主之佐也，非胜之主也。故明君贤将，所以动而胜人，成功出于众者，先知也。先知者，不可取于鬼神，不可象于事，不可验于度。必取于人，知敌之情者也。

故用间有五：有因间，有内间，有反间，有死间，有生间。五间俱起，莫知其道，是谓神纪，人君之宝也。因间者，因其乡人而用之。内间者，因其官人而用之。反间者，因其敌间而用之。死间者，为诳事于外，令吾闻知之，而传于敌间也。生间者，反报也。

故三军之事，莫亲于间，赏莫厚于间，事莫密于间。非圣智不能用间，非仁义不能使间，非微妙不能得间之实。微哉！微哉！无所不用间也。间事未发，而先闻者，间与所告者兼死。

凡军之所欲击，城之所欲攻，人之所欲杀，必先知其守将、左右、谒者、门者、舍人之姓名，令吾间必索知之。

必索敌人之间来间我者，因而利之，导而舍之，故反间可得而用也。因是而知之，故乡间、内间可得而使也；因是而知之，故死间为诳事可使告敌；因是而知之，故生间可使如期。五间之事，君必知之，知之必在于反间，故反间不可不厚也。

昔殷之兴也，伊挚在夏；周之兴也，吕牙在殷。故惟明君贤将能以上智为间者，必成大功。此兵之要，三军之所恃而动也。

【兵法释义】

孙子说：凡是兴兵十万，出征千里的（作战），百姓的耗费、国家的开支，（没有不）日耗千金（的）。前方后方动乱不安，民夫戍卒在路上奔波，不能从事正常生产的，有七十万家。这样相持数年，为了一朝决胜。如果吝惜爵禄和金钱，不肯用来重赏间谍，以至于因不知敌情而导致失败，就是不仁慈到了极点。这种人不配作士兵的统帅，算不上国家的辅臣，不能成为胜利的主宰。英明的君主和贤良的将帅之所以一出兵就能战胜敌人，功业超越众人，就在于能事先了解敌情。事先了解敌情，不可祈求于鬼神，不可用相似的事去类比，不可用日月星辰运行的度数去验证，一定要取之于人，即从熟悉敌情的人那里获取情报。

用间的方式有五种：因间、内间、反间、死间、生间。五种间谍同时使用，使敌人无法知道我方用间的规律，这是最神妙莫测的方法，也是国君的法宝。所谓因间，是利用敌国君臣的乡亲充当间谍。所谓内间，是利用敌方的官吏作间谍。所谓反间，是使敌方间谍为我所用。所谓死间，是指散布假情报，使我方间谍知道并传给敌间。所谓生间，就是能够活着回来报告敌情的间谍。

军队中的事，没有比将领与间谍的关系更为亲近的，没有对间谍的奖

赏更为优厚的，没有比使用间谍的事更为秘密的。不是高明智慧的人不能使用间谍，不是仁慈慷慨的人不能指使间谍，不用心微妙就不能获得间谍的真实情报。微妙呀，微妙！无处不用间谍！间谍的工作还没有开始，（如果先）被人听到此事的，间谍和知情者都要被处死。

凡是准备攻打的敌方军队、攻占的敌方城池、刺杀的敌方人员，都必须预先了解敌方将领、左右亲信、传达人员、守门官吏、门客幕僚的姓名，指令我方间谍一定要将这些情况侦察清楚。

一定要查出那些前来侦察我方军情的敌人间谍，收买和利用他们，加以诱导后放回去。这样，反间就可以为我所用了。通过反间的情报，乡间、内间就可以为我使用了。通过反间的情报，死间就可以传送假情报给敌人了。通过反间的情报，生间就可以如期返回报告敌情了。五种间谍的运用，国君都必须了解掌握。而掌握敌情的关键在于对反间的使用，所以，对反间不可以不优厚。

从前殷商的兴起，是因为伊尹曾经在夏朝为间；周朝的兴起，是因为姜尚曾经在商朝为间。所以，明智的国君、贤能的将帅，（无一不是）能够任用智慧高超的人充当间谍，（如此）就一定能够成就大功。这是用兵的关键和军队行动的依据。

【兵法解读】

本章主要讲述战争中使用间谍的重要性及方法。获得可靠的情报，是一切军事行动的前提。情报，虽可以通过各种新的侦察技术来获得，但要深刻地了解敌方的实情内幕，最有效的手段莫过于用间。

孙子认为，收集敌方信息，要事先了解敌情。用占卜等方法不可靠，也不可用过去相似的事作类比，更不能用夜观天象的方法来推断，一定要从了解敌情的人那里获得。因此，使用间谍就显得很有必要。就算为此耗费大笔金钱也是值得的。

孙子把间谍分为五类，即因间、内间、反间、死间、生间。因间是最简单的一种间谍，当然，取得的效果往往也是最差的，只能了解一般情报，也很容易被对手识破或查获，这是需要兵家所明察的。内间是指策动敌人营垒之内的人为我所用。反间，就是收买或利用敌方派来的间谍，使其为我所用，反间计的内容是以假乱真。死间，是指故意散布虚假情况，让我方逃跑到敌方的人员制造假情报而传达给敌人，敌人上当后，往往将其处死。生间，是指派往敌方侦察后亲自返回报告情况的人。

打间谍战，这本身就是一项十分繁杂和机密的事情。对从事间谍战的人要特殊对待，在感情上要特别亲近，在奖励上要特别优厚，在使用上要特别信任。

在选用指挥间谍战的人才时，要看重这个人的智慧和胸怀，他必须有善于分析的头脑，和缜密的思维。在间谍的人选中，最理想、最重要的是"以上智为间"。

在日趋激烈的商业竞争中，商战情报在经济战中具有巨大的作用。情报是决策正确并随时加以合理调整的源泉和依据。在市场交易成本中，信息成本是很重要的一种。很多大型企业不惜工本地在世界各地建立庞大的产业情报机构，窃取、探听对方机密，寻求对手弱点，发挥自己优势，力图击败对手。成功的谍报工作，能使企业在现代商战中获胜，即使处于不利地位，也便于扭转局势，重掌主动权；但是，也可能因情报工作的失败，遭受巨大的损失。

所以如何准确地了解竞争对手的信息，为正确的决策服务，并不是一件容易的事情。当前，世界各国对经济、科技领域的防间保密工作越来越重视。一些国家的企业集团用间花样之多，手段之奇，情报之准确、迅速，大可与某些国家的军事情报网相媲美，有时企业家所得到的新消息甚至比政府和新闻界更迅速、准确。

在商业竞争中，除了要全力争取获得别人的情报，同时也要隐机藏略，

不过早暴露自己的新工艺、新技术、产品经销和发展计划。企业家们需要采取必要的措施,防止渗透、杜绝泄密,来保护企业的安全和利益。

【孙子商道】

1. 为企业筑起保密的防火墙

商战精髓:商场上,谁能先获得情报,往往谁就能战胜对手。因此,商业情报可谓是价值千金,各个商家无不想方设法地去获取别人的情报。与此同时,商家又要千方百计保护自己的机密不被别人窃取。在现代商业中,大多数的企业,更是基于军队的保密体系来拟定保密计划,搭建起一道道反间谍的防火墙。

商场上,谁能先获得情报,往往谁就能战胜对手。因此,商业情报可谓是价值千金,各个商家无不想方设法地去获取别人的情报。与此同时,商家又要千方百计保护自己的机密不被别人窃取。正像孙子说的那样"无所不用间也",一个不小心,就可能泄露最紧要的机密。 在现代商业中,大多数的企业,更是基于军队的保密体系来拟定保密计划,搭建起一道道反间谍的防火墙。

美国国际商用机器公司,即大名鼎鼎的 IBM 公司,在很长一段时间之内一直垄断着国际商用电子计算机市场。日本同样有志于发展电子计算机产业,并且有在半导体电子计算机领域赶上和超过美国,挑战 IBM 霸权的雄心壮志。

然而,IBM 的竞争优势并不是一天两天建立起来的,因此日本公司想要与 IBM 竞争,并不是一天两天就能做到的事。但计算机行业是高技术行业,如果能够通过特殊手段搞到对方的技术资料,就有可能在短时间内取得长足的进步。

于是,日本日立公司自然而然地就想到了进行商业间谍活动。而且,他

们在 1980 年 11 月，还真的从一个名叫莱蒙德·卡戴特的 IBM 员工那里搞到了 IBM 公司的最新产品 308X 计算机的 27 册绝密设计资料中的 10 册。这些资料在电子计算机领域就好比是武林中的《九阴真经》，哪家公司得到了这些资料，就真的有机会去跟 IBM 一较高下了。

当然，这只是一个开始，资料残缺不全，作用就会大打折扣，就像黄药师手中的《九阴真经》下半册一样。

为把余下的 17 册资料也搞到手，日立公司继续采取行动。其高级工程师林贤治给一个名叫马克斯维尔·佩利的人发了一份电报，要求佩利设法搞到其余 17 册资料。

这个名叫佩利的人曾在 IBM 公司工作过 21 年，辞职前曾任 IBM 公司先进电子计算机系统实验室主任，IBM 的很多工程师都是他的老部下。但是，佩利并不是一个唯利是图的人，他知道什么事情能做，什么事情不能做，再加上他原本就对 IBM 公司很有感情，于是接到电报后，便将此事告诉了 IBM 公司。

负责 IBM 安全保卫工作的查理·卡拉汉闻知此事大惊失色，同时心中也暗自庆幸，幸亏日立公司找到的是佩利，要是别人，恐怕还真的有可能禁不住巨额报酬的诱惑，铤而走险，泄露公司机密呢。既然卡拉汉已经知道了事情的真相，他便将计就计请佩利再帮自己一个忙，让他假意答应日立公司的要求，接近日立方面的林贤治，搜集日立公司派遣商业间谍窃取商业情报的证据。

1982 年，美国 IBM 公司正式起诉日本日立公司，并提供了充分的证据。很快，在日、美两国政府的积极参与下，1983 年 3 月，旧金山法院对主犯，日立公司林贤治判处罚款 1 万美元，缓刑 5 年；从犯大西勇夫罚款 4000 美元，缓刑 2 年，并勒令交还其盗窃的全部资料。

企业机密，关系到企业的命运与生存，是与企业的安全和利益息息相关的事项。因此保守企业机密是每个企业必须重视的。不能因为要使企业

的产品能在国际市场上站稳脚跟,给企业带来经济效益,就把企业的机密泄露出去。

以往,一些人由于保密意识单薄,身边缺少"把关人",致使企业的一些秘密外泄,损失惨重。如今商业的开放程度越发加深,企业间的合作越来越密切,企业间的信息战也会更趋激烈。企业秘密和科技情报将成为商业间谍窃取的重要目标。因此,企业安全管理者一定要提高警惕,切莫在"满足对方需要"时泄露机密。

2. 当心无孔不入的"技术扒手"

商战精髓:毫无疑问,科学技术是一种很重要的竞争优势。但是它一旦为你所有,对手的竞争优势就丧失了。对于一个生产性的企业来说,通过获取对手的领先技术从而加快自己的发展,是商战中的"用间"妙法。

市场上的竞争,归根结底是以利益的获得为目的,所以保密工作十分重要。但是,在当今的环境下,商业间谍们无孔不入,手段无所不用其极。商业间谍们除了运用侦察等公开手段以外,甚至不惜使用"窃密"和"用间",而且这种事情屡见不鲜。

特别是对于那些技术领先的企业,更成为了商业间谍的主要攻击目标。

在19世纪中期,英国的棉纺工业发展较快。英国有一家布拉泽公司的纺织技术非常先进,他们的的生产蒸蒸日上,纺织品涌向世界各地,利润又从世界各地源源不断地流入他们的工厂,这个现象引起了日本同行的注意。

布拉泽公司的职员和工人们平时都到对面的一家饭馆吃午饭。这家餐馆是那条街上唯一的一家餐馆,尽管价格昂贵,但每天还是顾客盈门。

过了一段时间,在这家餐馆的附近新开了一家日本餐馆,餐馆里的员工都是清一色的日本人。这家日本餐馆一开业,就十分引人注意。因为他们

的价格比英国餐馆便宜，而且味道鲜美，服务态度极佳。

很多布拉泽公司的职员经不起这些特色的诱惑，情不自禁地把就餐重心移向这家日本人开的餐馆。甚至公司的一些高级工程师也慕名前来。

这家餐馆对待客人十分慷慨，有时职员或工人没带钱，在那里可以先赊账，等到有钱了再还也行。久而久之，这家餐馆成为布拉泽公司员工就餐的首选餐馆。

由于出售饭菜价格低廉、成本高而引起亏损，几年后的一天，这家餐馆突然倒闭了。很多布拉泽公司的职员和工人们都深感惋惜。

这时候，日本餐馆的经理和伙计由于没有生活来源，温饱都成了问题，他们希望能够通过以前的老顾客——布拉泽公司的一些工程师及高级职员，帮他们在布拉泽公司谋求一个职位，以便筹集路费，返回家园。

那些高级职员对他们格外同情，再加上平时受到日本堂倌的"特殊照顾"，因此都极力向公司推荐。

起初公司也相当谨慎，但是由于高级职员们屡次的担保，公司答应了他们的请求。但是公司规定所有进厂工作的日本人不许进车间，只许在车间外面做粗工。只要一到车间门口，就由英国人接替。

日本人的勤勤恳恳和任劳任怨得到了公司领导的认可。经过一个时期的观察，公司发现这些日本人并无任何可疑之处，再加上往日的"交情"，警戒慢慢也就消除了。

日本人在公司里的工作范围逐渐地扩大了，后来由于公司的发展需求，有些日本人竟然被安排到了技术部门上班。

让英国人做梦也不曾想到的是，这家日本餐馆的全班人马都是日本第一流的纺织专家。他们在布拉泽公司里一边工作，一边把英国纺织机的先进设备部件、结构及作用等都牢牢地记在心里。

等到这些日本专家掌握了英国先进的纺织技术后，他们声称已积蓄了一笔款子并准备回家了。他们顺利地办好了出国护照，回到了日本。

回国后,这些日本人经过几年的艰苦奋斗,设计出一套在当时说来是相当先进的纺织机械。他们在英国卧薪尝胆偷学回来的纺织技术,在一定程度上促进了日本纺织业的发展。

众所周知,英国的资产阶级革命就是由纺织技术的重大改革而引发的。事实上,英国人的纺织技术直到他们的资产阶级革命成功后几百年,仍然是世界上最好的。而在全世界范围内,不知有多少国家,多少企业都在因为英国人的这一特长而眼红呢。为了窃取英国人的纺织技术,那一伙日本人可谓是处心积虑,他们甚至不惜让一群技术精英以开餐馆的失败这件事为由赚取英国人的同情心,以达到打入英国人工厂内部的目的。

可怜英国人保持了数百年的优势技术就这样被一群"开餐馆的"给偷走了。因此,面对无孔不入的间谍,企业可一定要小心了。

3. 市场信息和商业情报是企业决策的最大依据

商战精髓:一个企业的领导者,他的每一个决策也绝不能凭空臆断,而应广泛收集商业情报信息,做出正确决策。从情报与企业经营的联系看,由于情报质量不同,经营者所做的决策有极大差别,即便是高智能的企业家,若依据不充分的、可信度低的情报所做的决策,也不可能是正确的。所以,只有收集到可靠的情报,企业才能在竞争中立于不败之地。

约翰·皮尔庞特·摩根的大名恐怕没有人没听说过,他从一个无名小辈,发展成为纽约市华尔街的第一号人物,并用摩根财团的经济实力掌控了整个美国的政治、经济命脉。他之所以能够取得如此的成就,跟他一生采取敢于冒险,并且善于把握机会的经营策略是分不开的。

南北战争时期,一位素昧平生的陌生人来到华尔街专程拜访摩根,这人比摩根大两三岁,名叫克查姆。跟克查姆谈了没几句,摩根就发现这个人果敢机智,很有才华。两人都有一种相见恨晚的感觉。"有一笔黄金买卖,想不想干?"谈话深入之后,克查姆忽然这样问摩根。原来,克查姆的父亲是华

尔街的投资经纪人，克查姆从他父亲那里得到一些消息，最近一段时期，北军伤亡惨重，因此，政府准备出售 200 万美元的战时国债。

这个消息对于摩根来说，是相当及时的，也是至关重要的。因为摩根深知，在生意场上，必须得有可靠的消息来源做保障，同时，还要具备冒险的精神，只有这样，才能从交易中牟取暴利。"只要能赚钱，为什么不干？"面对送上门的良机，摩根浓眉下那双深不可测的蓝色大眼睛立刻闪烁出喜悦的光芒。

在克查姆的建议下，摩根立即同在伦敦开公司的好友皮鲍狄先生打了个招呼，两家公司合资秘密收购了总价值高达 400 万到 500 万美元的黄金。摩根将其中一半黄金给皮鲍狄汇往伦敦，另一半自己留下，并且在汇款时故意走漏了风声。于是到处都在流传着摩根和皮鲍狄疯狂囤积黄金的消息，而此时又恰遇查理斯敦港的北军战败，黄金价格暴涨。摩根等的就是这一刻，他马上把自己囤积的黄金全部抛出，成捆成捆的钞票顷刻间全部落入他的钱袋。

摩根靠这种故作姿态、欲买而示之以卖，欲卖而示之以买的策略让他着着实实地发了一大笔。在这次炒作金价的行动中，充分显示了摩根过人的经商才干。

在商战中，企业领导者的决策对于一个企业的成败而言是有决定性意义的。而决策的依据就是来源于各种各样的情报，于是，情报成为了决定企业生死的关键因素。

作为经营资源的情报，应该说最主要的是同经营环境如何变化，主导产品的需求动向如何变化有关的情报。作为一个企业家应该了解到，情报的采集能力和选择能力对制定合理的企业战略在商战中夺取胜利的至关重要性。

4. 在商场中，信息具有无可估量的价值

商战精髓：掌握情报就意味着商机，抢得商机，就能先发制人。一个精明的商人是不会放过任何一点有用的信息的。

情报是"三军之所恃"，掌握情报就意味着商机，抢得商机，就能先发制人。一个精明的商人是不会放过任何一点有用的信息的。如今，我们身处信息时代，信息就是我们创业的基础。所以，捕捉信息，就是商战成功的关键之一。当然，光有信息还是不够的，还要对信息进行具体的分析，这样才能得出正确的结论，做出正确的抉择。

维尔森·哈瑞尔公司研制出的"秘方401"清洁剂去污能力很强，很受消费者的欢迎，几乎独霸了美国的清洁剂市场。然而，财大气粗的美国杂货业大王波克特甘宝公司也在打这块市场的主意，他决定要把这块市场从维尔森·哈瑞尔公司那里抢过来。

于是，在美国的丹佛市，维尔森·哈瑞尔公司与波克特甘宝公司爆发了一场十分精彩的清洁剂市场争夺战。

波克特甘宝公司投入大量的人力、财力，开发了一种新型的喷雾清洁剂。这种喷雾清洁剂性能优越，包装精巧，名叫"奇特"。再加上波克特甘宝公司雄厚实力的支持，"奇特"给"秘方401"造成了极大的压力。

面对如此强大的对手，哈瑞尔公司悄悄地派出工业间谍，通过间谍秘密的调查，探得"奇特"清洁剂第一步将在丹佛市推上市场。维尔森·哈瑞尔公司就此展开了一个设计巧妙的营销圈套，准备与波克特甘宝公司一决高下。

首先是制造脱销，维尔森·哈瑞尔公司停止向丹佛市供货，把该市的市场拱手让给甘宝。没有了竞争对手的波克特甘宝公司果然威力十足，"奇特"喷雾剂一上市就有很多主妇踊跃购买，原因是买不到"秘方401"清洁剂。"奇特"在试验市场上大获全胜。这个好消息很快传到总部，波克特甘宝

公司的"奇特"喷雾剂全面投入生产。

哈瑞尔公司的第二步计划开始实行了。通过已经形成的销售网络大量投到市场，将"秘方401"清洁剂加大包装，降低售价，在丹佛市开展限期抢购活动。

主妇们见到这么实惠的清洁剂，马上大量采购，这一次采购的清洁剂能够让很多家庭用半年之久。

等到"奇特"清洁剂推向市场时，多数人家已不缺清洁剂了，购者寥寥无几。

这次的失败让"奇特"清洁剂的库存增加了很多，波克特甘宝公司像被捆住了手脚的大象，再大的力量也使不出来了，不得不放弃了清洁剂项目。从此以后，维尔森·哈瑞尔公司独霸了清洁剂市场。

在市场竞争中，竞争是激烈的，形势是错综复杂而又瞬息万变的。这就要求经营者必须善于广泛收集市场信息，了解市场销售行情，准确掌握竞争对手的产品优劣，紧跟消费市场的新动向，与各路好手展开竞争，以取得市场竞争主动权。

金娜娇，京都龙衣凤裙集团公司总经理，下辖9个实力雄厚的企业，总资产已超过亿元。金娜娇是一位传奇性的商人，她的传奇性在于她曾是一名遁入空门、卧于青灯古佛之旁、皈依释家的尼姑，但后来，她却成为了这样一位大商人。也许正是这种独特的经历，才使她能从中国传统古典中寻找到契机；也正得益于她在空门中练就的敏锐感觉，才让她抓住了一次又一次的人生机遇。

1991年9月，金娜娇代表新街服装集团公司在上海举行了隆重的新闻发布会。在返往南昌的回程列车上，和同车厢乘客的闲聊中，她偶然间获得了一条不可多得的信息。

一位乘客在闲聊时对金娜娇说："我在北京见过一位老太太，这个老太太原本是清朝末年一位员外的夫人。其实吧，这个老太太没有什么出奇之处，但

是她有一样宝贝。她这件宝贝既不是金子，也不是宝石，而是一身衣服。这身衣服可了不得，是用白色和天蓝色真丝缝制的，白色上衣绣了100条大小不同、形态各异的金龙，长裙上绣了100只色彩绚烂、展翅欲飞的凤凰，被称为'龙衣凤裙'。"

听到这番话，从事服装行业多年练就的本能让金娜娇心中一动。她先是不动声色地问："这龙衣凤裙真有这么玄？"那个人不服气地说："当然了！吹牛的是小狗！我跟你说，那位员外夫人现在还健在呢！不信你可以自己去看啊！她就住在……"就这样，金娜娇得到了员外夫人的详细住址。

得到这条消息之后，金娜娇欣喜若狂，她马上改变了自己的行程，马不停蹄地找到那位近百岁的员外夫人。作为时装专家，当金娜娇看到那套色泽艳丽、精工绣制的龙衣凤裙时，也被惊呆了。她敏锐地感觉到这种款式的服装大有潜力可挖。

于是，当金娜娇得知这位老太太现在过得相当拮据的时候，金娜娇毫不犹豫地拿出了5万元现金，当场买下了这套稀世罕见的衣裙。回到厂里，金娜娇立即选取上等丝绸面料，聘请苏绣、湘绣工人，在那套龙衣凤裙的款式上融进现代时装的风韵。功夫不负有心人，历时一年，设计师制成了当代的龙衣凤裙。紧接着，在广交会的时装展览会上，"龙衣凤裙"一炮打响，国内外客商潮水般涌来订货，订货额高达1亿元。

吃水不忘挖井人，空门出身的金娜娇为了报答那位老太太，把她接到了自己的身边，当做母亲一样的供养。

事实上，如果换成一般人，这个意外的消息顶多不过是茶余饭后的谈资罢了，根本不会意识到这套龙衣凤裙当中蕴含着多么巨大的商机。知道那件"龙衣凤裙"的人虽然不会太多，但肯定也不在少数，但究竟为什么只有金娜娇才与之有缘呢？用上帝偏爱金娜娇来解释显然没有道理。重要的在于她"懂行"，在于她对服装的潜心研究，在于她对服装信息的渴求，在于她能够立刻付诸行动。

孙子强调，作战前要收集信息，不打无准备的战争。而在商战中，要想收集到足够多的、有效的信息，就要培养敏锐的洞察力，就需要我们平日多加留心身边的各种事物。

当然，只是有信息还是不够的，如果不对它进行仔细地分析研究，那么信息始终只是一些粗略的表面现象，你也就永远无法触及实质。

因此，企业的领导者在获得信息之后，要充分发挥自己的才能，对表面的现象进行深刻、仔细的研究分析，把握实质性的东西，然后利用它，先发制人，打垮你的竞争对手。